Fuentes

CONVERSACIÓN Y GRAMÁTICA

Debbie Rusch
Boston College

Marcela Domínguez
University of California, Los Angeles

Lucía Caycedo Garner
University of Wisconsin-Madison

with the collaboration of
Donald N. Tuten University of Wisconsin-Madison
Carmelo Esterrich Denison University

Houghton Mifflin Company Boston Toronto
Geneva, Illinois Palo Alto Princeton, New Jersey

Sponsoring Editor: E. Kristina Baer
Senior Development Editor: Sandra Guadano
Project Editor: Helen Bronk
Production/Design Coordinator: Jennifer Waddell
Senior Manufacturing Coordinator: Priscilla Bailey

Cover

Designer: Linda Manly Wade, Wade Design.
Image: "Escher's Tropical House" by Humberto Calzada, Miami, Florida
Photography by Mark Koven.

Text Permissions

The authors and editors thank the following persons and publishers for permission to use copyrighted material.

Chapter 2: page 62, Reprinted from *Crónica* (Guatemala). Originally appeared in El País (Spain); **Chapter 5**: page 136, Reprinted with permission from *Univisión*, New York, NY; **Chapter 7:** pages 188–189, Reprinted with permission from the Instituto Costarricense de Turismo, San José, Costa Rica.

Credits for the remaining texts and for photos, illustrations, realia, and simulated realia are continued at the end of the book.

Printed in the U.S.A.

Student Edition ISBN: 0-395-68836-1
Library of Congress Catalog Card Number: 95-76984

5 6 7 8 9-DC-99 98 97

MAR CANTÁBRICO
FRANCIA
San Sebastián
Santander
La Coruña
Bilbao
Santiago de Compostela
ANDORRA
León
Pamplona
Vigo
Burgos
PIRINEOS
Soria
Río Ebro
Río Duero
Zaragoza
Barcelona
OCÉANO ATLÁNTICO
Salamanca
SIERRA DE GUADARRAMA
Segovia
Ávila
Madrid
SIERRA DE GREDOS
Toledo
PORTUGAL
Río Tajo
Islas Baleares
Menorca
Cáceres
ESPAÑA
Valencia
Mallorca
Río Guadiana
Ibiza
SIERRA MORENA
Alicante
Costa Blanca
Río Guadalquivir
Córdoba
Sevilla
SIERRA NEVADA
Granada
MAR MEDITERRÁNEO
Mulhacén
Costa de la Luz
Cádiz
Málaga
Costa del Sol
ÁFRICA
Estrecho de Gibraltar
0 100 200 Km
0 50 100 150 Mi
Islas Canarias
Lanzarote
La Palma
Tenerife
Fuerte-ventura
Gomera
Hierro
Gran Canaria
ÁFRICA
OCÉANO ATLÁNTICO
ESPAÑA
Islas Canarias
ÁFRICA
MARRUECOS

ESPAÑA

Contents

CAPÍTULO 4
La América precolombina 87

CAPÍTULO 5
El buen paladar 115

CAPÍTULO 6
La política: ¿Un mal necesario? 139

To the Student

Fuentes: Conversación y gramática and *Fuentes: Lectura y redacción* present an integrated skills approach to intermediate Spanish that develops both receptive (listening and reading) and productive (speaking and writing) skills simultaneously. The primary objective of the program is to offer you an opportunity to acquire communicative skills while developing an awareness and appreciation of Hispanic cultures.

Fuentes: Conversación y gramática

The following description of the chapter parts includes study suggestions designed to help you get the most out of your study of Spanish.

1. Chapter opener: Each chapter begins with a photograph that introduces the chapter theme and a list of chapter communicative goals (for example, narrating in the past, hypothesizing). These goals reflect what you will actually be able to do upon completing each chapter.

2. Listening activities: A taped conversation, monologue, radio commercial, or interview with listening comprehension activities follows the opener.

Tips for listening:

- Visualize the conversation's setting and speakers.
- Listen for a global understanding the first time you hear the conversation and listen for more specific information the second time, as indicated in the activities.
- Remember that you do not need to understand every word of each conversation.

3. Grammar: Functional grammar explanations in English provide a review of concepts that you studied in the first-year course as well as additional points to expand your understanding. Examples and charts illustrate the main functions, the grammar points, and key information. A series of activities follows each topic so that you apply what you are learning.

The chapter explanations relating to verb tenses usually contain only the conjugations of regular verbs as a reminder of the forms. Appendix A gives further information about tense formation and charts of forms for you to review as needed.

Tips for grammar study and activities:

- Prepare well before each class, studying a little every day rather than cramming the day before the exam.
- Focus on what you can do with the language or on what each concept allows you to express.
- Work cooperatively in paired and small-group activities.

4. Vocabulary: New vocabulary words and phrases are presented in thematic groups—such as adverbs of time, descriptive adjectives, food, the environment —to make learning easier. An end-of-chapter section provides a wrap-up list of vocabulary with translations or page references to help you study more productively.

Tips for vocabulary study:

- Pronounce words aloud.
- Study new words over a period of days.
- Try to use the new words in sentences that are meaningful to you.

The appendixes at the back of the book provide an important reference tool for consultation and review throughout the course. Appendix A contains verb charts and information on tense formation. This appendix allows you to review irregular present indicative forms when learning the subjunctive, for example, so that you don't need to search through earlier chapters to see where they were presented.

Other appendixes include accent and syllabication rules, object pronouns and their placement, and numbers. A Spanish-English dictionary follows the appendixes.

Fuentes: Lectura y redacción

Fuentes: Lectura y redacción is designed to help you perfect your ability to read and write in Spanish. It contains lively, up-to-date topics and readings that are coordinated with the topics and grammar presented in *Fuentes: Conversación.*

Ancillary Components

Fuentes: Activities Manual

The Workbook portion of the *Activities Manual* allows you to practice the functional grammar and vocabulary presented in *Fuentes: Conversación* in order to reinforce what you learn in class as you progress through each text chapter.

The Lab Manual section provides pronunciation and listening comprehension practice. The lab activities, coordinated with a set of recordings, can be done toward the end of each chapter and prior to any quizzes or exams.

Conversation Cassette

A cassette with recordings of the conversations at the beginning of the chapters in *Fuentes: Conversación* is provided with the student text in case you want to listen to them outside of class.

Audiocassettes
A set of recordings to accompany the Lab Manual contains pronunciation practice, listening comprehension activities based on structures and vocabulary presented in *Fuentes: Conversación*, and a final conversation dealing with the chapter theme. The cassettes are available for purchase or can be used in your language lab.

Computer Study Modules
A series of computerized exercises covering the structures and vocabulary presented in each chapter of *Fuentes: Conversación* is available in Macintosh and IBM formats. These exercises can be used to help you perfect language structures and verb forms while receiving immediate feedback.

As you work with the *Fuentes* program, remember that learning a language is a process. This process can be accelerated and concepts studied can be learned more effectively if you study on a day-by-day basis. What is learned quickly is forgotten just as quickly, and what is learned over time is better remembered and internalized.

More important, envision yourself as a person who comprehends and speaks Spanish. Don't be afraid to take risks and make errors; it is part of the learning process. Enjoy your study of the Spanish language and cultures as you progress through the course.

Acknowledgments

The publisher and authors wish to thank the following reviewers for their invaluable comments and suggestions during the development of this program, many of which are reflected in the final text:

Leela Bingham, Miramar College
Kathleen G. Boykin, Slippery Rock University
Cida S. Chase, Oklahoma State University, Stillwater
Malcolm Alan Compitello, Michigan State University
William H. Conrad, Point Loma Nazarene College
Richard K. Curry, Texas A&M University
Rosa M. Fernández, University of New Mexico, Albuquerque
Natalia M. Francis, University of Wisconsin-Madison
Herschel Frey, University of Pittsburgh
Robert K. Fritz, Ball State University
Adine Golemba, Oakland University
George D. Greenia, College of William and Mary
Jeannette M. Harker, Florida Atlantic University
Paula R. Heusinkveld, Clemson University
Teresa H. Johnson, Saint Louis University
Keith Mason, Princeton University
Ana Menéndez Collera, State University of New York, Stony Brook
Louise C. Neary, University of Illinois, Urbana-Champaign
Paul E. O'Donnell, University of Michigan, Flint
Theresa L. Pettit, Syracuse University
Delia E. Sánchez, Phoenix College
Sally W. Thornton, Indiana University of Pennsylvania
Nicasio Urbina, Tulane University
M. Stanley Whitley, Wake Forest University

Special thanks and appreciation are due to the following individuals for their thorough and constructive review of the entire manuscript:

Robert L. Davis, University of Oregon
Linda C. Fox, Indiana University–Purdue University, Fort Wayne
Ray Harris-Northall, University of Wisconsin-Madison
Janice Wright, College of Charleston

We dedicate this book to George and André Garner, Norma and Les Rusch, Pedro and Susana Domínguez, Andrew Miller, and to Rufina Rubio-Madison, whom we remember fondly.

A special heartfelt thanks to our friends, students, and colleagues who played an integral role in the evolution of this project: Ray Harris-Northall for his detailed comments regarding the *Fuentes* program in general and his reviews of all grammar explanations for accuracy; Victoria Junco de Meyer, Olga Tedias Montero, and Viviana Domínguez for their endless help as native consultants; Adán Griego for helping us obtain data and cultural information; our students for letting us *test* material on them; teaching assistants at Boston College and the University of Wisconsin–Madison, for their suggestions and comments; Jenny Jacobsen, Mauricio Souza, and Jeff Stahley for allowing us to interview them for this text; Tim Pyne and Kurt Dorschel, two former students, who sent us material while studying and working in Spanish-speaking countries; and Simona Barello and Nathalie Drouglazet for Italian and French translations.

Last but definitely not least, we wish to thank everyone at Houghton Mifflin for believing in our abilities and our project: Susan Mraz for providing us with constant words of encouragement and unending support; Sandy Guadano for guiding us through the difficult process of development and for keeping us on a time schedule while still maintaining a sense of humor and compassion; Isabel Picado for copyediting; Helen Bronk for ensuring that the text be published on time and as error free as is humanly possible; Grisel Lozano for compiling the end vocabulary; Cathy Hawkes for a beautiful design that helps make our words come alive; Ann Schroeder for obtaining photographs that reflect the Hispanic world and its cultures; and all the other people who assisted in bringing this project to completion.

La vida universitaria

CAPÍTULO Preliminar

▲ *Estudiantes universitarios miran sus apuntes (class notes) en la Universidad Quintana Roo en Chetumel, México.*

COMMUNICATIVE GOALS

- introducing yourself and others
- obtaining and giving information about yourself and your schedule
- expressing likes and dislikes
- describing people, places, and things
- indicating future actions

I. Introducing Yourself and Others

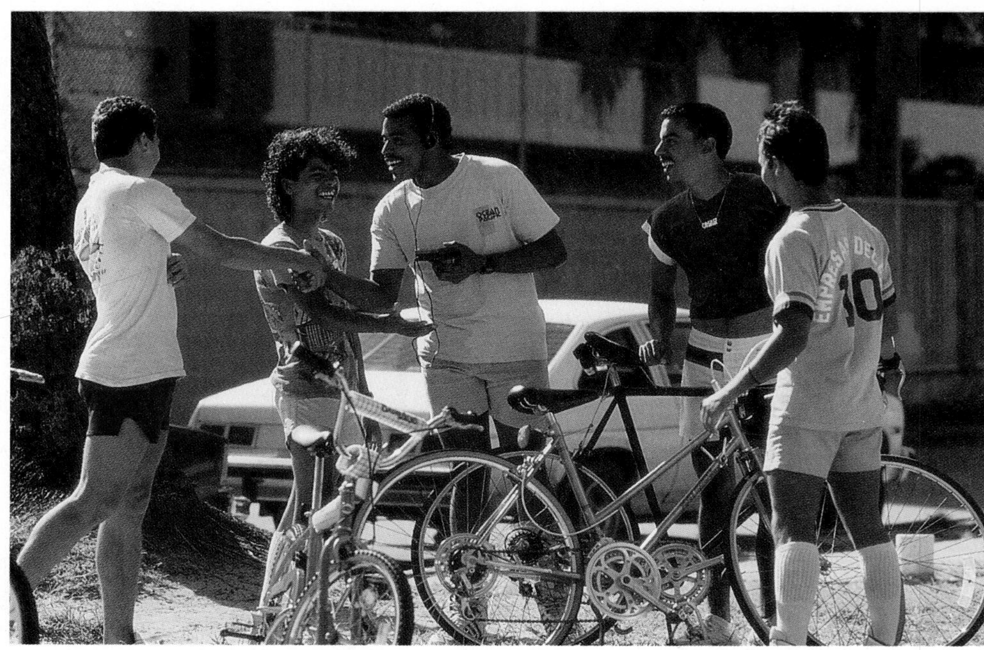

▶ *Jóvenes puertorriqueños se saludan.*

Actividad 1: ¡A conocerse! **Parte A:** Completa cada pregunta con la palabra interrogativa apropiada. Usa **cuál, cómo, de dónde, qué, cuántos.**

¿ ______________ te llamas?	Me llamo . . .
¿ ______________ es tu nombre?	Mi nombre es . . .
¿ ______________ es tu apellido?	(Korner.)
¿ ______________ se escribe (Korner)?	(Ka, o, ere, ene, e, ere.)
¿ ______________ años tienes?	Tengo . . . años.
¿ ______________ eres?	Soy de (Chicago).
¿En ______________ año (de la universidad) estás?	En primero/segundo/tercero/cuarto.

Primero and **tercero** drop the final **o** when they precede a masculine singular noun: **primer año.**

Parte B: Ahora habla con un mínimo de tres personas para averiguar y escribir sus nombres, su edad, su origen y en qué año de la universidad están.

Actividad 2: Las presentaciones Ahora, presenta a una de las personas de la actividad anterior.

➤ Les presento a Jessy Korner, es de Chicago y tiene 20 años. Está en su tercer año de la universidad.

II. Obtaining and Giving Information About Yourself and Your Schedule

A. Las materias académicas

materias = asignaturas

Obvious cognates will be presented in thematic vocabulary lists throughout this text, but they will not be translated.

Actividad 3: Las materias de este semestre **Parte A:** Marca con una X las materias que cursas este semestre. Si cursas una materia que no aparece en la lista, pregúntale a tu profesor/a **¿Cómo se dice . . . ?**

_____ alemán
_____ álgebra
_____ anatomía
_____ antropología
_____ arqueología
_____ biología
_____ cálculo
_____ ciencias políticas
_____ computación
_____ contabilidad *(accounting)*
_____ economía
_____ filosofía
_____ francés
_____ historia
_____ ingeniería
_____ ____________________

_____ latín
_____ lingüística
_____ literatura
_____ mercadeo/marketing
_____ matemáticas
_____ música
_____ pedagogía
_____ psicología
_____ química
_____ relaciones públicas
_____ sociología
_____ teatro
_____ teología
_____ trigonometría
_____ zoología
_____ ____________________

computación = informática (España)

Parte B: Ahora, en parejas, averigüen qué materias cursa la otra persona. Usen las siguientes preguntas:

¿Cursas . . . ?
¿Tienes clase de . . . ?

Dos estudiantes españoles hablan con su profesor de química orgánica.

¿LO SABÍAN?

En los Estados Unidos es común empezar los estudios universitarios sin saber qué carrera se va a seguir. En el mundo hispano, por lo general, los estudiantes entran directamente en una facultad como Derecho, Medicina, Geología o Filosofía y Letras. Por lo tanto, tienen que estar seguros de lo que quieren estudiar y, desde el comienzo, estudian materias relacionadas con su especialización. Para cambiar de especialización, muchas veces es necesario volver a empezar desde el principio. Di cuál es tu especialización o si no tienes idea todavía.

especialización = major

B. Telling Time

1. To tell at what time an activity or event takes place, use the following formulas:

Es a la + una
Es a las + [*number greater than one*]

A: **¿A qué hora** es tu clase de matemáticas?
B: **Es a la una y cuarto.**
A: ¿Y **a qué hora** es tu clase de química?
B: **Es a las diez menos cinco.**

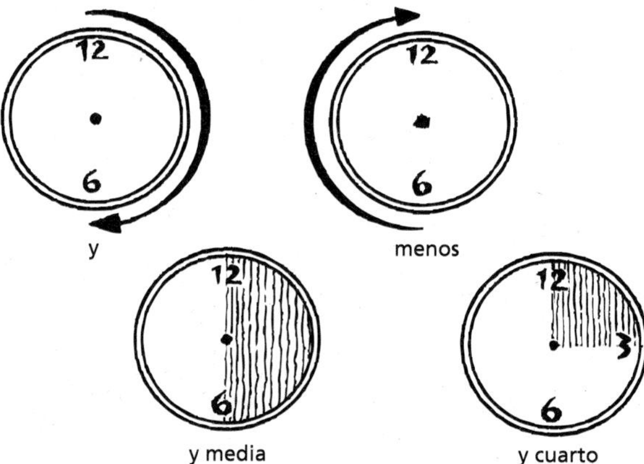

2. To say what time it is, use the following formulas:

Es la + una
Son las + [*number greater than one*]

¿Qué hora es? { **Es la una** menos veinte.
Son las cuatro y cuarto. }

Actividad 4: Mi horario **Parte A:** Completa el siguiente horario con las materias que cursas, las horas de tus clases y el nombre del profesor/de la profesora de cada clase.

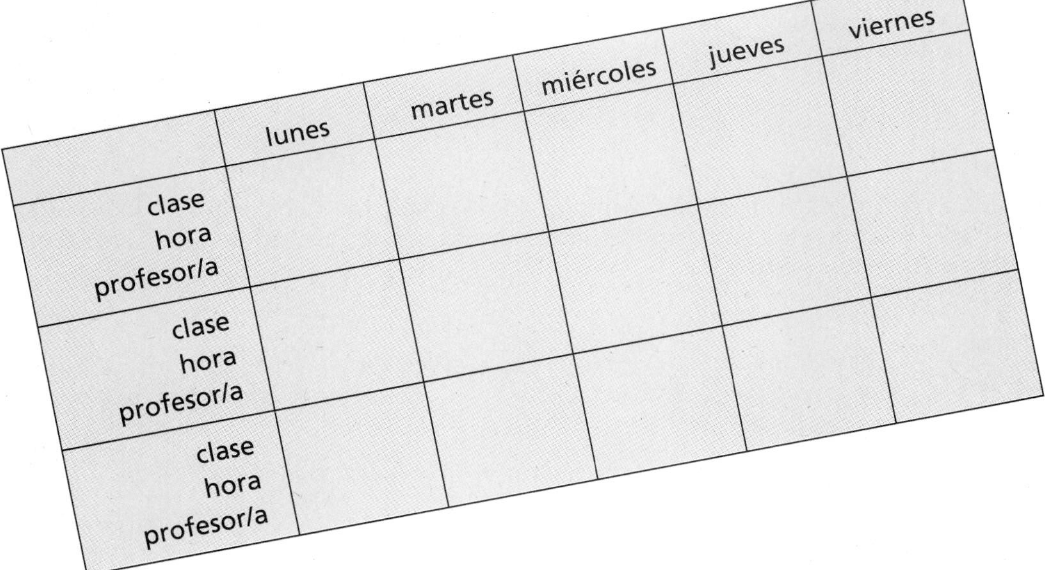

	lunes	martes	miércoles	jueves	viernes
clase hora profesor/a					
clase hora profesor/a					
clase hora profesor/a					

Parte B: Completa cada pregunta con la palabra interrogativa necesaria.

¿ ______________________ materias cursas?
¿A ______________________ hora es tu clase de . . . ?
¿ ______________________ días tienes la clase de . . . ?
¿ ______________________ se llama el/la profesor/a? o, ¿ ______________________ es el/la profesor/a?

Parte C: Ahora, en parejas, usen las preguntas de la parte B para averiguar el horario de su compañero/a.

III. Expressing Likes and Dislikes

Gustar and Other Verbs

1. To express likes and dislikes you can use the verb **gustar,** applying the following formula.

The pronoun **mí** takes an accent while the possessive adjective **mi** does not: **A mí me gusta esta clase. Mi hermano estudia aquí.**

A mí me **A ti te** **A Ud. le** **A él le** **A ella le** **A nosotros nos** **A vosotros os** **A Uds. les** **A ellos les** **A ellas les**	+	**gusta** + { **el/la** + *singular noun* / *infinitive(s)* } **gustan** + **los/las** + *plural noun*

Remember to use either an article, or a possessive or demonstrative adjective before the noun.

2. Notice in the following examples that you may use a possessive adjective (**mi, mis, tu, tus,** etc.) or a demonstrative adjective (**este, ese, aquel,** etc.) instead of an article before nouns.

Me gusta **la** biología.	*I like biology.*
Me gustan **mis** clases este semestre, pero no me gusta estudiar mucho los fines de semana.	*I like my classes this semester, but I don't like to study much on weekends.*
A **mis** amigos y a mí nos gusta **esta** residencia estudiantil.	*My friends and I like this dorm.*
A **mis** padres les gusta ir al cine y comer palomitas.*	*My parents like to go to the movies and eat popcorn.*

*Note: **Gusta,** the singular form of the verb, is used with one or more infinitives even if the infinitive is followed by a plural object.

3. Other verbs used to express likes and dislikes that follow the same pattern as **gustar** are:

caer bien/mal	to like/dislike someone
disgustar	to dislike, displease
encantar	to really like
fascinar	to really like
importar	to matter
interesar	to interest, to find interesting
molestar	to bother, to be bothered by

A los estudiantes no **les cae bien** la profesora de historia.	*The students dislike the history professor. (The history professor is disliked by the students.)*
Me fascinan los títulos de los libros de mi clase de literatura comparada.	*I really like the titles of the books in my comparative literature class. (The titles of the books in my comparative literature class really delight me.)*
Nos importa sacar buenas notas.	*We care to get good grades. (Getting good grades matters to us.)*
Al profesor Hinojosa **le molestan** los estudiantes que no vienen preparados a clase.*	*Professor Hinojosa is bothered by students who don't come to class prepared. (Students who don't come prepared to class bother Professor Hinojosa.)*

*Note: Remember that **a + el = al: al profesor Hinojosa,** but **a la profesora Ramírez; al Sr. Vargas,** but **a los Sres. Vargas.**

Actividad 5: Práctica **Parte A:** Completa la primera columna con las palabras apropiadas.

a + el = al: al Sr. Ramírez but **a la Sra. Ramírez**

A _____ nos		los colores de la universidad
A _____ me		trabajar los sábados
_____ _____ Sra. Junco _____		las clases con muchos estudiantes
A _____ le		
_____ Uds. _____		la mascota de la universidad
_____ profesor _____	fascina/n	las personas de la residencia
_____ mis amigos _____	cae/n bien	mi compañero/a de cuarto
_____ _____ les	disgusta/n	tomar un examen los viernes
_____ Dr. Rodríguez _____	molesta/n	
_____ Julia y _____ Pablo _____		las personas falsas
_____ Laura y _____ _____ nos		la gente que duerme en clase
		oír música de los años 70
		la variedad de gente en esta universidad

Parte B: Ahora, forma oraciones usando un elemento de cada columna. Puedes añadir la palabra **no** si quieres. Luego comparte tus oraciones con el resto de la clase.

➤ A nosotros (no) nos molesta trabajar los sábados.

Actividad 6: Los gustos Parte A: Lee las ideas incompletas que se dan a continuación y usa por lo menos cuatro de los siguientes verbos para indicar tus gustos: **fascinar, encantar, gustar, caer bien/mal, importar, interesar, disgustar** y **molestar.**

1. ______________ las clases fáciles.
2. ______________ mi profesor/a de . . .
3. ______________ mi horario de clases este semestre.
4. ______________ las clases con trabajos escritos y exámenes.
5. ______________ los exámenes finales para hacer en casa.
6. ______________ mis compañeros/as de cuarto o apartamento.
7. ______________ beber mucho alcohol en las fiestas.
8. ______________ las personas que fuman.
9. ______________ el costo de la matrícula *(tuition)*.
10. ______________ participar en el gobierno estudiantil.
11. ______________ las fraternidades como ΩΣΔ.
12. ______________ (no) tener acceso al correo electrónico.

Parte B: Ahora, en parejas, háganse preguntas como las siguientes:

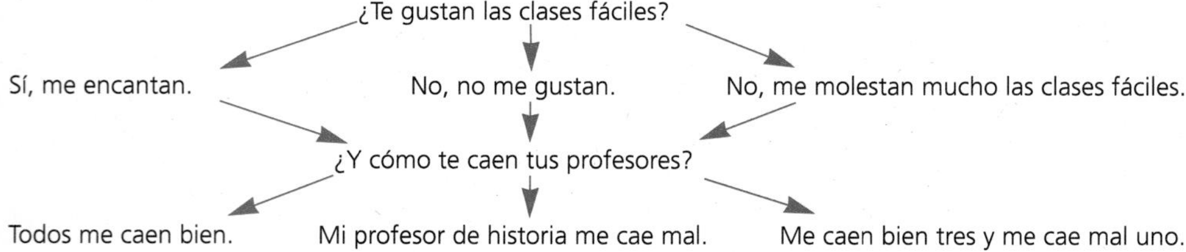
¿Te gustan las clases fáciles?
Sí, me encantan.
No, no me gustan.
No, me molestan mucho las clases fáciles.
¿Y cómo te caen tus profesores?
Todos me caen bien.
Mi profesor de historia me cae mal.
Me caen bien tres y me cae mal uno.

IV. Describing People, Places, and Things

Use and Formation of Descriptive Adjectives

1. To describe the essence or inherent characteristics of a person, place, or thing, use a form of the verb **ser** + adjective.

El estudiante graduado que enseña contabilidad **es brillante.**	*The graduate student who teaches accounting is brilliant.*
Esta universidad es **fantástica** porque tiene de todo.	*This university is fantastic because it has everything.*
Las cintas del laboratorio **son** muy **entretenidas.**	*The lab tapes are very amusing.*

2. With few exceptions, adjectives agree in number (singular, plural) with the nouns they modify. The plural is formed by adding **-s** to adjectives that end in an unaccented vowel (usually **-e, -o,** or **-a**) and **-es** to those that end in an accented vowel (usually **-í** or **-ú**) or a consonant. Adjectives ending in **-o** and **-or** agree not only in number but also in gender (masculine, feminine) with the noun they modify. See the following chart.

-e		consonante	
interesante	interesante**s**	liberal	liberal**es**

-o, -a		-or	
seri**o** seri**a**	seri**os** seri**as**	conservad**or** conservad**ora**	conservad**ores** conservad**oras**

-í, -ú	
israel**í** hind**ú**	israel**íes** hind**úes**

una clase interesante — unas clases interesantes
una profesora seria — unas profesoras serias
un artículo liberal — unos artículos liberales
el estudiante conservador — los estudiantes conservadores
un profesor realista* — unos profesores realistas*

*Note: Adjectives ending in **-ista** agree in number only and therefore have two forms: **realista/s.**

The adjective of nationality **español** has four forms: **español, española, españoles, españolas.**

3. Adjectives of nationality that end in **-és** or **-án** drop the accent from the masculine singular and add the appropriate endings to agree in gender and number with the nouns they modify.

ingl**és** — ingl**eses**
ingl**esa** — ingl**esas**

alem**án** — alem**anes**
alem**ana** — alem**anas**

4. Adjectives that end in **-z** change **z** to **c** in the plural.

feliz — feli**ces**
capa**z** — capa**ces**

Actividad 7: ¿Cómo es tu profe? **Parte A:** Piensa en un/a profesor/a que te cae bien este semestre y marca los mejores adjetivos para describir a esa persona.

_____ admirable	_____ encantador/a *(charming)*
_____ astuto/a	_____ estricto/a
_____ atento/a *(polite, courteous)*	_____ honrado/a *(honest)*
_____ brillante	_____ intelectual
_____ capaz *(capable)*	_____ justo/a *(fair)*
_____ cómico/a	_____ sabio/a *(wise)*
_____ creativo/a	_____ sensato/a *(sensible)*
_____ divertido/a *(fun)*	_____ sensible *(sensitive)*
	_____ tranquilo/a

Parte B: Ahora, habla con otra persona y describe a tu profesor/a.

➤ Me cae muy bien mi profesora de teatro porque es muy creativa y . . .

Actividad 8: Lo ideal En parejas, miren la lista de adjetivos de la Actividad 7 y decidan cuáles son las tres cualidades más importantes para un profesor, una amiga, un político y una doctora. Sigan el modelo.

➤ Un político debe ser . . .

Actividad 9: Me molesta mucho **Parte A:** Marca los mejores adjetivos para describir la clase que menos te gusta este semestre y al profesor/a la profesora de esa clase. Piensa en la clase y las personas de esa clase.

_____ aburrido/a *(boring)*	_____ grande
_____ cerrado/a *(narrow-minded)*	_____ insoportable *(unbearable)*
_____ conservador/a	_____ largo/a
_____ corto/a	_____ lento/a *(slow)*
_____ creído/a *(vain)*	_____ liberal
_____ difícil	_____ rígido/a
_____ enorme	
_____ fácil	

Parte B: Ahora, en parejas, quéjense de *(complain about)* la clase que menos les gusta.

➤ No me gusta nada mi clase de . . . porque es . . .

Me molesta la clase porque los estudiantes son . . .

V. Indicating Future Actions

Ir a + Infinitive and the Present Tense

Remember: Infinitives always end in **-ar, -er,** and **-ir.**

1. To talk about the future, use a form of the verb **ir** + **a** + infinitive.

voy	vamos	
vas	vais	+ a + *infinitive*
va	van	

Mañana **vamos a comprar** los libros para la clase de literatura. — *Tomorrow we're going to buy the books for the literature class.*

Voy a ser ingeniero electrónico. — *I'm going to be an electrical engineer.*

2. As you may remember, the present indicative tense is also used to refer to future actions. A time reference is frequently included with the present indicative tense in these cases.

Voy **dentro de poco**. — *I'll go in a little while.*

Maribel sale de clase **dentro de diez minutos.** — *Maribel is getting out of class in ten minutes.*

La ceremonia termina **a las 9:00**, ¿no? — *The ceremony finishes at 9:00, right?*

Actividad 10: Las clases En parejas, hablen sobre sus horarios de clase, sus clases y sus profesores. Algunas preguntas útiles son:

¿Qué materias cursas?
¿Cómo es la clase de . . . ?
¿Quién es tu profesor de . . . ?
¿Vas a cambiar de clase?
¿Vas a cambiar de sección?
¿Vas a dejar la clase?
¿Vas a trabajar este semestre?
¿Te gusta . . . ?
¿Te caen bien tus profesores?
¿Vas a practicar algún deporte?
¿Vas a estudiar mucho o poco este semestre?

Actividad 11: Sus planes En parejas, hablen de sus planes para el mes que viene. Aquí hay algunas ideas para su conversación: compras, trabajo, estudios, diversiones, deportes, viajes.

Actividad 12: En el año 2025 En grupos de tres, escriban tres oraciones sobre cómo va a ser la universidad o su pueblo o ciudad en el año 2025. Usen la imaginación.

➤ La ciudad va a tener un problema de tráfico muy serio.

Un encuentro inesperado en la facultad

▶ *Dos jóvenes universitarios en la ciudad de México.*

¿En serio?	Really?
¡No me digas!	Don't tell me! / You don't say! / Wow!
ser un/a pesado/a	to be a bore

Actividad 13: Marca las materias Viviana y Jorge se encuentran inesperadamente en la facultad y hablan sobre las clases y los profesores. Antes de escuchar, lee la lista que sigue. Después escucha la conversación y marca las materias que va a cursar Viviana este semestre.

_____ historia medieval	_____ griego
_____ literatura de la Edad Media	_____ inglés
_____ poesía del siglo XX	_____ poesía del siglo XIX
_____ arquitectura gótica	_____ arte del renacimiento italiano

Actividad 14: Escucha con cuidado Antes de escuchar la conversación otra vez, lee las tres primeras preguntas. Luego, escucha la conversación para contestarlas y habla también sobre las últimas dos preguntas.

1. ¿Qué materias van a ser difíciles según Viviana? ¿Y según Jorge?
2. ¿Cuál de los profesores es el más aburrido según Jorge?
3. Al final de la conversación, Viviana le dice "¡Qué sincero eres!" a Jorge. ¿Quiere decir que de verdad Jorge es sincero? ¿Existen muchos estudiantes como Jorge? Justifica tu respuesta.
4. ¿Cursas tú algunas de las mismas materias que cursa Viviana?
5. ¿Cuáles de las materias que estudia Viviana te interesan más y cuáles te interesan menos?

¿LO SABÍAN?

Cada cultura tiene su propio sentido de humor. Uno de los aspectos interesantes del humor de las personas de habla española es el uso de la ironía. Es común oír a una persona decir exactamente lo contrario de lo que quiere decir cuando el mensaje es obvio. En la conversación, Viviana dice que Jorge es "sincero" cuando es obvio que él no es nada sincero. De la misma manera, también se puede oír lo siguiente:

- Al pasar frente a un edificio antiguo: ¡Qué moderno es!
- Al ver pasar a una persona muy alta: ¿Adónde va esa persona sin piernas?

Ahora, inventa oraciones irónicas para describir estos dibujos:

To help you focus on the active vocabulary presented in each chapter, this text provides end of chapter lists. These will direct you to the specific page where items were presented or will provide a list of words with their translations. Obvious cognates will not be translated in this text, but they will be included in the lists.

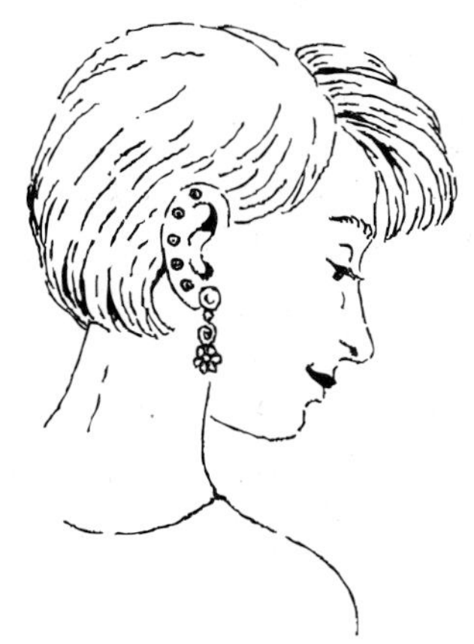

Vocabulario activo

Las materias académicas

See page 3.

Verbos como *gustar*

See page 6.

Adjetivos descriptivos

See pages 9–10.

Expresiones útiles

¿A qué hora es . . . ?	*What time is . . . at?*
cursar (una clase)	*to take, study (a class)*
¿En serio?	*Really?*
matrícula	*tuition*
¡No me digas!	*Don't tell me! / You don't say! / Wow!*
ser un/a pesado/a	*to be a bore*

There is also a section entitled **Vocabulario personal.** In this section, you may write any new words you have learned in the chapter or in class that you want to remember but that were not formally presented.

Vocabulario personal

Learning Spanish is like learning to figure skate. Each year a skater adds a few moves to his/her routines, but never stops practicing and improving on the basics. As the skater progresses from doing a double to a triple axle, he/she must still polish technique. There are marks for both technical merit and artistic merit. Both must be worked on, and as the skater becomes better in the sport, actual progress is more and more difficult to perceive.

The process of learning a language is depicted in the cone below. In order to learn a foreign language, students must progress vertically as well as horizontally. As one proceeds vertically, one must also cover more distance horizontally. Progress is noted while moving vertically. This includes learning new tenses, object pronouns, etc. (or in skating, landing a new jump for the first time). Horizontal progress is not perceived as easily as vertical. Horizontal progress includes fine tuning what one has already learned by becoming more accurate, enlarging one's vocabulary, covering in more depth topics already presented in a beginning course, and gaining fluency. This progess is like improving scores for artistic merit or consistently skating cleaner programs than ever before. As you pursue your studies of Spanish, remember that progress is constantly being made.

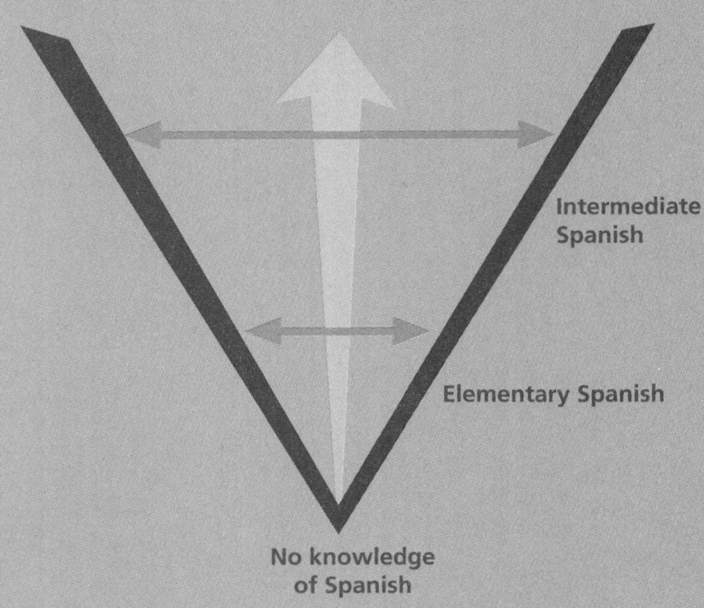

Nuestras costumbres

CAPÍTULO 1

▲ *Un día típico en las calles de Santiago de Chile.*

COMMUNICATIVE GOALS

- narrating in the present (Part One)
- describing people
- extending, accepting, and rejecting invitations

ADDITIONAL GOAL

- gender of nouns

Una experiencia en los Estados Unidos

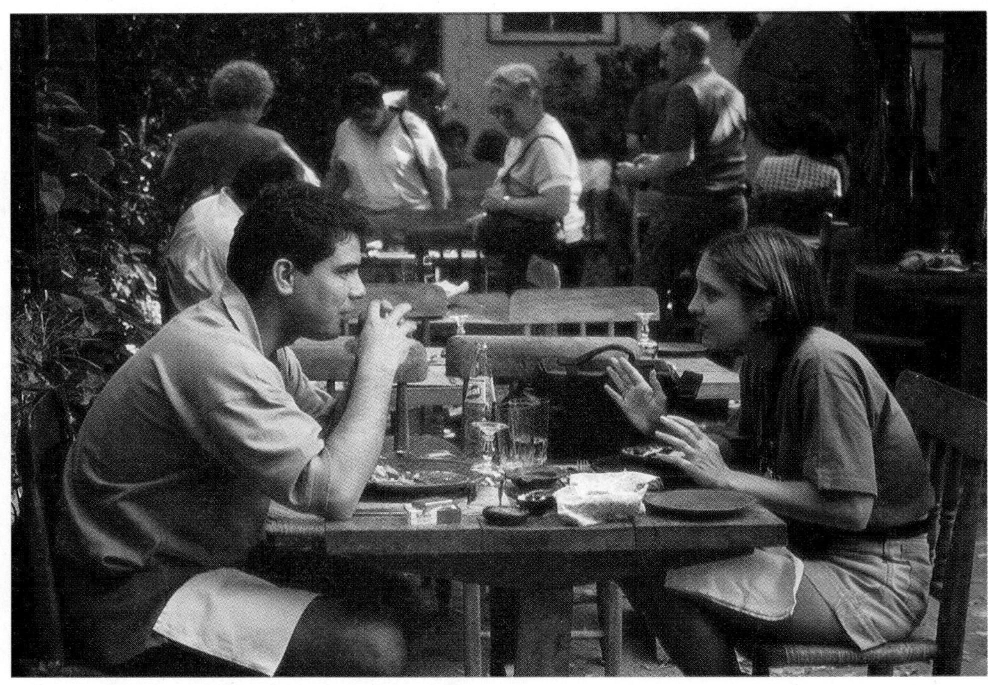

▶ *Dos jóvenes almuerzan en un restaurante en Santiago de Chile.*

Parecer works like the verb **gustar** and is frequently followed by an adjective or a phrase introduced by **que: Me parece interesante. Me parece que es muy inteligente.**

parecerle muy educado/a (a alguien)	to seem well mannered (to someone)
llamarle la atención	to attract someone's attention
caerle de visita (a alguien)	to drop in (on someone)

Actividad 1: Costumbres norteamericanas **Parte A:** Hay muchas costumbres que les llaman la atención a los extranjeros al visitar un nuevo país. Por ejemplo, los norteamericanos aprenden rápidamente que los españoles cenan después de las nueve o diez de la noche, mientras que un extranjero en los Estados Unidos tal vez observe que los norteamericanos manejan carros grandes. Habla de por lo menos cuatro costumbres norteamericanas que les pueden llamar la atención a los hispanos.

Parte B: Vas a escuchar una conversación entre dos personas que viven en Chile. Carmen le está contando a Pedro sobre su experiencia de vivir un año en los Estados Unidos. Mientras escuchas la conversación, escribe las cinco costumbres norteamericanas que menciona Carmen.

Parte C: Ahora compara las costumbres discutidas en la parte A con lo que dice Carmen.

Actividad 2: Costumbres chilenas Escucha la conversación otra vez, y después, en grupos de tres, intenten decir cuáles son las cinco costumbres chilenas correspondientes a las costumbres norteamericanas que le llamaron la atención a Carmen. Luego, compartan sus ideas con la clase.

¿LO SABÍAN?

Cuando alguien va a vivir a otro país, generalmente siente un choque cultural que casi siempre consta de tres etapas: 1. la luna de miel, cuando todo le parece maravilloso; 2. el rechazo, cuando odia la nueva cultura donde vive; 3. la adaptación, cuando comienza a adaptarse a la nueva cultura. Di en qué etapa piensas que está Carmen con respecto a los Estados Unidos.

I. Narrating in the Present (Part One)

A. Regular and Irregular Verbs

To narrate in the present, you need to use the present tense. The regular forms of the present tense are formed as follows:

mir**ar**		com**er**		recib**ir**	
mir**o**	mir**amos**	com**o**	com**emos**	recib**o**	recib**imos**
mir**as**	mir**áis**	com**es**	com**éis**	recib**es**	recib**ís**
mir**a**	mir**an**	com**e**	com**en**	recib**e**	recib**en**

For further information on how to form the present indicative, including irregular verbs, see page 310.

1. When speaking about what you usually do, use the present indicative tense.

Paulina y yo **caminamos** a la oficina todos los días.	*Paulina and I walk to the office every day.*
Como afuera dos veces por semana.	*I eat out twice a week.*
Roberto y su amigo no **van** a clase los viernes.	*Roberto and his friend don't go to class on Fridays.*

2. The verbs **mirar** *(to look at)* and **escuchar** *(to listen to)* only take **a** when they are followed by a person.

Mientras estudio, **escucho** música clásica.	*While I study, I listen to classical music.*
Siempre **escucho a** mi padre.	*I always listen to my father.*

3. Here is a list of verbs that you can use to talk about what you usually do.

-ar ***verbs***

ahorrar (dinero/tiempo)	to save (money/time)
alquilar (videos)	to rent (videos)
charlar	to chat
cuidar niños	to babysit
faltar (a clase/al trabajo)	to be absent (from class/work)
flirtear/coquetear	to flirt
gastar (dinero)	to spend (money)
odiar (a + persona)	to hate (+ person)
sacar buena/mala nota	to get a good/bad grade

Flirtear can take both male and female subjects, while **coquetear** can only take a female subject.

Other common verbs are: **caminar, escuchar** (a + persona), **esquiar, hablar** (por teléfono), **llegar, llevar** (a + persona), **mirar** (a + persona), **regresar, preparar, tocar** (un instrumento musical), **trabajar, visitar** (a + persona).

-er ***verbs***

escoger*	to choose
hacer* investigación/una dieta	to do research; to be on a diet

Other common verbs are: **beber, comer, correr, leer, saber*, vender.**

-ir *verbs*

asistir (a clase/una reunión)	to attend (class/a meeting)
compartir	to share
contribuir**	to contribute
discutir	to argue; to discuss
salir* bien/mal (en un examen)	to do well/poorly (on an exam)

Other common verbs are: **decidir, salir*, traducir*, vivir.**

*Note: For spelling changes or an irregular **yo** form, see page 310.
For irregular forms, see verbs that end in **-uir on page 311.

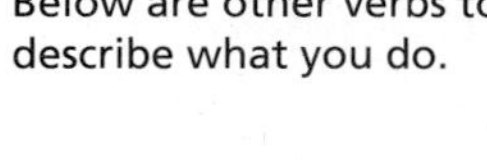
Below are other verbs to describe what you do.

pasar una noche en vela

dibujar

compartir

ahorrar dinero

pasear al perro

Actividad 3: Un conflicto familiar **Parte A:** Una madre tiene problemas con su hijo adolescente y le escribe a Consuelo, una señora que da consejos *(advice)* por periódico. Elige el verbo y la forma apropriada para cada espacio en blanco de la carta.

asistir, comer, hacer, mirar, preparar, regresar, sacar, ser

escuchar, faltar, flirtear, ir, regresar, sacar, ser

asistir, discutir, escuchar, estar, gustar, llegar, trabajar

saber, ser, ser

Estimada Consuelo:

Estoy divorciada y tengo tres hijos: Carlos, Maricruz y Enrique, de diez, once y dieciséis años respectivamente. Mis dos hijos menores ______ encantadores. ______ a clase todos los días y ______ notas excelentes. Por la tarde, después de la escuela, ellos ______ a casa, ______ la tarea y ______ la comida en el microondas. Luego ______ mientras ______ televisión.

Mi hijo Enrique, en cambio, ______ muy rebelde. Está en la escuela secundaria, pero a veces ______ a clase por la mañana. En vez de ir a clase, ______ a un parque con sus amigos y allí ellos ______ con las chicas (a veces creo que estos chicos tienen demasiada testosterona). Luego, por la noche, él ______ a casa muy tarde y ______ música rap a todo volumen en su habitación. Por supuesto estudia poquísimo y ______ notas terribles en la escuela.

Yo ______ todo el día en una tienda de ropa y luego ______ a una clase de inglés en un instituto norteamericano. Por lo tanto, ______ a casa tarde después de un día largo y ______ muy cansada. A esa hora generalmente, Enrique ______ esa música rap tan horrible muy, muy fuerte. Entonces Enrique y yo ______ porque a mí no me ______ la música tan fuerte.

Consuelo, ¿por qué mis hijos menores ______ tan buenos y mi hijo mayor ______ tan rebelde? No ______ qué hacer.

Madre desesperada

Parte B: En grupos de tres, comparen la familia de la madre desesperada con su propia familia. ¿Son iguales o diferentes?

➤ A mi madre también le molesta cuando mi hermano escucha música rap.

Estos niños pequeños son perfectos, pero en mi familia no es así. Son muy mal educados. Asisten a clase, pero no escuchan a los maestros y no hacen la tarea.

Actividad 4: Una clase aburrida En grupos de tres, digan qué hacen generalmente los estudiantes cuando están en una clase que es aburrida. Mencionen un mínimo de cinco actividades.

B. The Impersonal *se*

To narrate in the present, it is common to use **se** + singular verb when no specific subject is mentioned. Look at the possible translations for the following sentence:

Se come bien en este restaurante.	*People/You/They/One eat/s well in this restaurant.*

Now compare these sentences:

Expressed Subject	**No Specific Subject**
Juan y yo estudi**amos** mucho en esta universidad.	**Se** estudi**a** mucho en esta universidad.
Tú sal**es** del trabajo a las siete y media, ¿no?	**Se** sal**e** del trabajo a las siete y media, ¿no?

Actividad 5: Información para novatos En parejas, contesten estas preguntas sobre actividades estudiantiles de su universidad. Usen el **se impersonal** en las respuestas.

1. ¿Dónde se come bien?
2. ¿Dónde se estudia?
3. ¿Cuándo se estudia?
4. ¿Se estudia mucho o poco?
5. ¿Adónde se va los fines de semana para divertirse?
6. ¿Dónde se vive el primer año? ¿Y el último año?
7. Normalmente, ¿a qué hora se va a la primera clase?

C. Expressing the Duration of an Action

1. To express how long an action has been taking place, use the following formula:

> **¿Cuánto (tiempo) hace + que +** *verb in present?*
> **Hace +** *time expression* **+ que +** *verb in present.*

—¿**Cuánto tiempo hace que vienes** a este club?	*How long have you been coming to this club?*
—**Hace cinco años que hago** ejercicio aquí.	*I've been working out (doing exercises) here for five years.*

2. You can also express the duration of an activity by using **desde hace** + time expression at the end of a sentence.

Estudio español **desde hace** un año.	=	*I've been studying Spanish for a year.*
Hace un año que estudio español.		

3. When you are not exactly sure of the duration of an action, use **como** or **unos** before the time expression.

Hace **como cinco años** que vivimos en esta ciudad.	*We've lived in this city for about five years.*
Hace **unos tres años** que yo no trabajo allí.	*I haven't been working there for about three years.*

Actividad 6: La entrevista En parejas, túrnense para entrevistarse y averiguar si la otra persona hace las actividades que se presentan y cuánto tiempo hace que las hace. Sigan el modelo.

➤ A: ¿Estudias psicología?

B: Sí, estudio psicología. B: No, no estudio psicología.

A: ¿Cuánto (tiempo) hace que estudias psicología?

B: Hace (como) tres semanas que estudio psicología.

ahorrar dinero	manejar	hacer esquí acuático
esquiar	tocar un instrumento musical	compartir un apartamento
estudiar español	trabajar	hacer ejercicio
hablar otro idioma	usar computadora	¿ ? ?

D. Stem-Changing Verbs in the Present

There are four types of stem-changing verbs (e > ie; e > i; o > ue; u > ue).

querer (e > ie)		volver (o > ue)	
quiero	queremos	vuelvo	volvemos
quieres	queréis	vuelves	volvéis
quiere	quieren	vuelve	vuelven

pedir (e > i)		jugar (u > ue)	
pido	pedimos	juego	jugamos
pides	pedís	juegas	jugáis
pide	piden	juega	juegan

For formation of stem-changing verbs in the present indicative, including irregular forms, see page 311.

e > ie	
c**e**rrar	to close
com**e**nzar (**a** + infinitive)	to begin (to)
emp**e**zar (**a** + infinitive)	to begin (to)
ent**e**nder	to understand
m**e**ntir	to lie
p**e**nsar (**en**)	to think (about)
p**e**nsar + infinitive	to plan to
p**e**rder (**a** + persona)	to lose (someone)
pref**e**rir	to prefer
qu**e**rer (+ infinitive); (**a** + persona)	to want (to); to love (someone)
t**e**ner*	to have
v**e**nir*	to come
o > ue	
alm**o**rzar	to have lunch
c**o**star	to cost
dev**o**lver	to return (something)
d**o**rmir	to sleep
enc**o**ntrar (**a** + persona)	to find (someone)
m**o**rir	to die
p**o**der	to be able to; can
pr**o**bar	to taste; to try
s**o**ler + infinitive	to do . . . habitually; to usually do
v**o**lver	to return; to come back
v**o**lver a + infinitive	to do something again
e > i	
d**e**cir*	to say; to tell
el**e**gir* (**a** + persona)	to choose; to elect (someone)
p**e**dir	to ask for
rep**e**tir	to repeat
s**e**guir* (**a** + persona)	to follow (someone)
s**e**rvir	to serve
u > ue	
j**u**gar (**al** + nombre de un deporte)	to play (a sport)

Devolver is a transitive verb (it takes a direct object). Use it to say someone returns something somewhere: **Él va a devolver el suéter a la tienda.** **Volver** is an intransitive verb (it never takes a direct object). Use it to say someone returns somewhere: **Él va a volver a la tienda.**

*Note: For verbs with an irregular **yo** form, see page 312.

A: ¿Qué **piensas hacer** mañana? — *What are you planning to do tomorrow?*

B: **Quiero jugar** al fútbol con mis amigos. — *I want to play soccer with my friends.*

C: Juan **dice** que **juegas** bien. *Juan says you play well.*

D: **Suelo jugar** con él los sábados. *I usually play with him on Saturdays.*

Actividad 7: La respuesta de Consuelo Parte A: Completa la carta que Consuelo le escribe a la madre desesperada de la Actividad 3. Elige el verbo y la forma apropriada para cada espacio en blanco.

comprender
creer
dormir
entender
tener
querer

comenzar
estar
pensar
poder
ser
ser
soler
tener
tener

charlar
decir
escuchar
poder
ser

Querida madre desesperada:

Yo también ______________ un hijo adolescente y por eso ______________ muy bien su problema. Mi hijo ______________ que la vida es muy fácil. Por la noche, ______________ diez o doce horas y durante el día solamente ______________ jugar. No ______________ que hay momentos para trabajar y momentos para jugar.

Éste es un problema que ______________ todos los padres. (En su caso, señora, ______________ difícil porque usted ______________ sola.) En general, los adolescentes ______________ muchos conflictos y eso es muy común. Su cuerpo ______________ a cambiar y hay muchas cosas que ellos no ______________ controlar. Asimismo, ______________ tener opiniones a veces muy particulares. Por ejemplo, ______________ que los adultos ______________ idiotas e ignorantes.

Nosotros, los padres, ______________ hacer muchas cosas para ayudar a nuestros hijos. Yo, por ejemplo, ______________ con mi hijo de su escuela y de sus amigos. Muchas veces, ______________ con mucha paciencia las cosas que él me ______________. La comunicación entre padres e hijos ______________ crucial en la adolescencia. Tenga fe y saldrá adelante.

Consuelo

Parte B: Consuelo cree que la solución es una mejor comunicación entre la madre y su hijo. En grupos de tres, comenten qué pueden hacer los padres para tener una mejor comunicación con sus hijos.

➤ En mi opinión, los padres pueden . . . Deben . . . Tienen que . . .

Actividad 8: Personas activas En parejas, hagan listas de por lo menos cinco actividades que las siguientes personas harían en un día típico: una buena atleta, un actor, un político.

Actividad 9: Tu tiempo libre En parejas, túrnense para averiguar si su compañero/a hace las siguientes actividades los fines de semana.

➤ —¿Miras televisión?

—Sí, miro televisión por la noche. / No, no miro televisión.

almorzar y/o cenar afuera
soler asistir a conciertos
preferir alquilar un video
pasar noches en vela
soler ir al gimnasio
jugar al (nombre de un deporte)
ir a discotecas
gastar mucho dinero
dormir hasta muy tarde
pedir comida a domicilio
? ? ?

E. Personal *a*

1. Use **a** after the verb when the direct object is a person or a loved animal. Remember that a direct object usually receives the action of the verb.

—¿Qué vas a hacer?
—Voy a invitar **a mi amiga Patricia** al parque y, por supuesto, voy a **llevar a Rufi,** mi perra fiel.

—¿Qué pasa?

—No encuentro **las llaves.** (cosa) —No encuentro **a mi hijo.** (persona)

Note: In previous verb lists in this chapter, verbs that frequently take the personal **a** are followed by **(a + persona)**.

2. Verbs are not followed by the personal **a** when the direct objects are unspecified people.

Busco un hombre de 1 metro 80 para esta película.	*I'm looking for a man 5 feet 11 inches tall for this movie. (indefinite)*
Busco **a** un hombre de 1 metro 80 que vi ayer en este café.	*I'm looking for a man 5 feet 11 inches tall that I saw yesterday at this coffee shop. (specific)*

3. **Tener,** when used to indicate possession, does not take the personal **a**. Compare these sentences:

Tengo una hermana. Tengo **a** mi hermana en el hospital.

Actividad 10: Miniconversaciones **Parte A:** Completa estas miniconversaciones con **a, al, a la, a las, a los,** o deja el espacio en blanco cuando sea necesario.

Remember:
a + el = al;
de + el = del.

This activity includes more uses of **a** besides the personal **a.**

1. —¿Vas _____ cenar con Germán esta noche?
   —No, pero mañana sí.
2. —Buscamos _____ Felipe Yepes. ¿Sabe Ud. dónde está?
   —No tengo idea.
3. —¿Tu hija continúa con sus clases de ballet?
   —Sí, tengo _____ mi hija en una escuela especial para futuros artistas.
4. —Todos los años visitamos _____ las islas del Caribe durante las vacaciones.
   —Y ¿este año no van _____ ir?
5. —¿Qué haces todos los días en el trabajo?
   —Escribo _____ cartas, mando _____ faxes, preparo _____ documentos y atiendo _____ clientes.
6. —¿Pueden venir tu esposo y tú _____ nuestra casa de la montaña este fin de semana?
   —Me gustaría, pero tengo _____ mi madre enferma.
7. —¿Vas _____ ver _____ Sr. Loprete y _____ la Sra. Guerra esta tarde?
   — _____ ella sí, pero _____ él no.

Parte B: En parejas, escojan una de las miniconversaciones y continúenla. Intenten crear una conversación de un mínimo de diez líneas.

II. Describing People

A. El árbol genealógico de Valeria

Marisa García Sánchez
abuela paterna
viuda
Julián Gómez
abuelo paterno
muerto
Teresa López Agote
abuela materna
muerta
Teófilo Méndez Lynch
abuelo materno
muerto
Gabriel
tío político
viudo
María Cristina
tía
muerta
Hernán
padre
casado
Fernanda
madre
casada
(divorciada de Juan)
Juan
padrastro
divorciado
Estela
prima
casada
David
primo político
casado
Dolores
hermana
soltera
Valeria
divorciada
Gregorio
ex esposo
divorciado
Jorge
medio hermano
(hijastro de Hernán)
casado
Isabel
cuñada
casada
Lucía
hija
casada
Tomás
yerno
casado
Andrés
sobrino
soltero
Maricarmen
sobrina
soltera

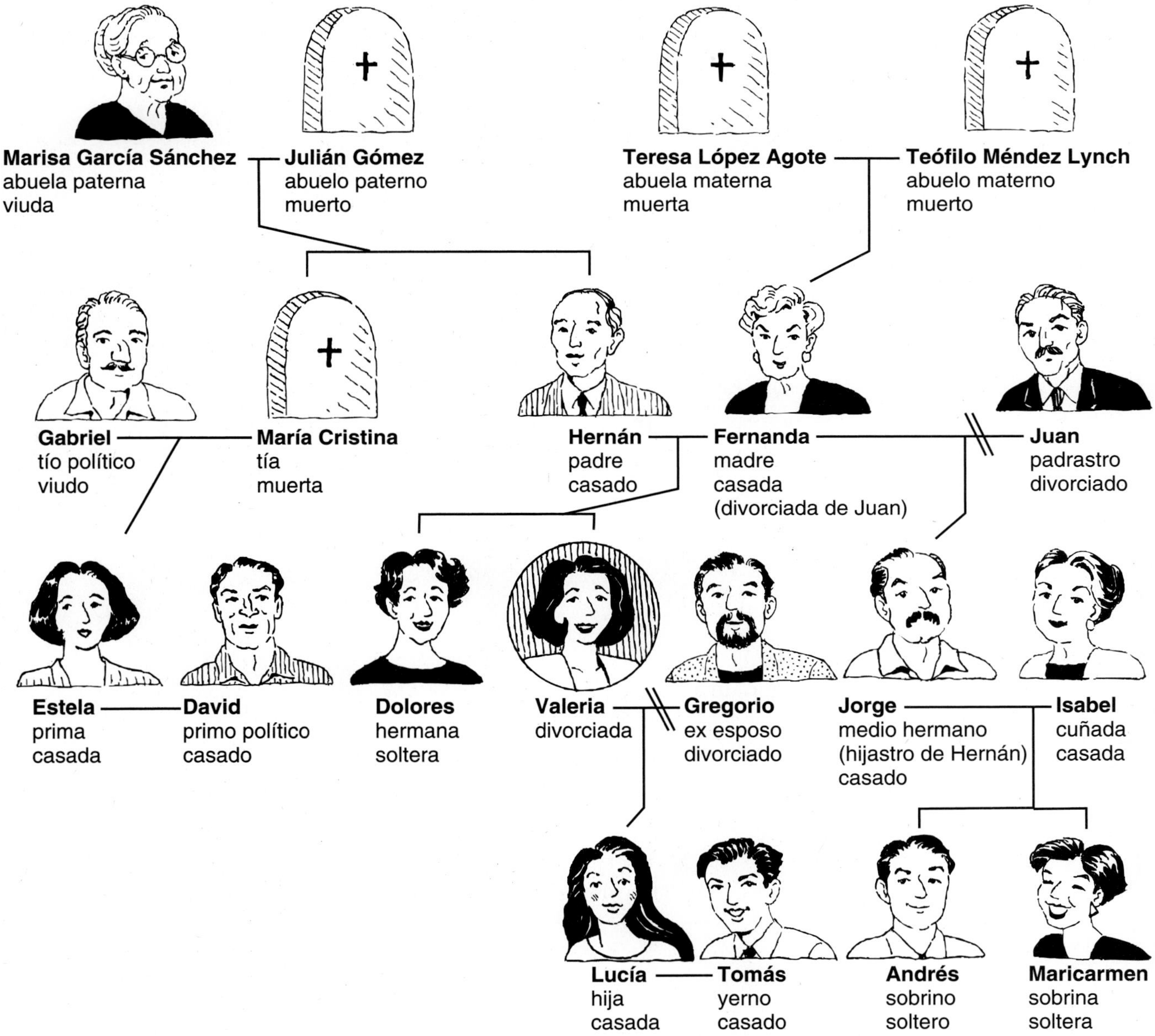

padres = parents

parientes = relatives

Note both **ser** and **estar** can be used with **soltero/a, casado/a,** and **divorciado/a.** When **ser** is used, it means *a married/single/divorced man/woman:*

Él **es** casado. = *He is a married man;*

Él **está** casado con Ana. = *He is married to Ana.*

más parientes

el/la bisabuelo/a	great grandfather/mother
el/la hermanastro/a	stepbrother/sister
el/la hijo/a adoptivo/a	adoptive son/daughter
el/la hijo/a único/a	only child
la madrastra	stepmother
el/la nieto/a	grandson/daughter
la nuera	daughter-in-law
el pariente político	relative-in-law
el/la suegro/a	father/mother-in-law

Actividad 11: La familia de Estela En parejas, miren nuevamente el árbol genealógico y túrnense para hablar de los parientes de Estela.

➤ Estela es la esposa de David. / David es su esposo.

Remember: All possessive adjectives agree in number with the noun they modify and **nuestro** and **vuestro** also agree in gender.

mi/s	**nuestro/a/os/as**
tu/s	**vuestro/a/os/as**
su/s	**su/s**

Actividad 12: Las definiciones **Parte A:** En parejas, una persona da definiciones para las siguientes palabras y la otra persona cubre la lista y adivina qué palabra es.

➤ —Es el hijo de mi padre, pero no de mi madre.
—Es tu medio hermano.

1. bisabuelo
2. nuera
3. cuñada
4. hijo único
5. suegro
6. nieta

Parte B: Ahora cambien de papel.

1. hijastro
2. sobrina
3. yerno
4. madrastra
5. parientes
6. hijo adoptivo

Actividad 13: Las personas famosas En parejas, hablen sobre personas famosas y digan quién está casado/a, divorciado/a, viudo/a o es hijo/a único/a.

➤ Madonna está divorciada.

Actividad 14: ¿Y tu familia? **Parte A:** En parejas, una persona describe a su familia mientras que la otra persona dibuja el árbol genealógico correspondiente.

➤ Mi bisabuelo se llama Pedro y es viudo. Mi bisabuela está muerta. Mis abuelos son . . .

Parte B: Ahora, hablen con otra persona y descríbanle el árbol genealógico que acaban de hacer de su compañero/a.

➤ El bisabuelo de Greg se llama . . .

B. Las ocupaciones

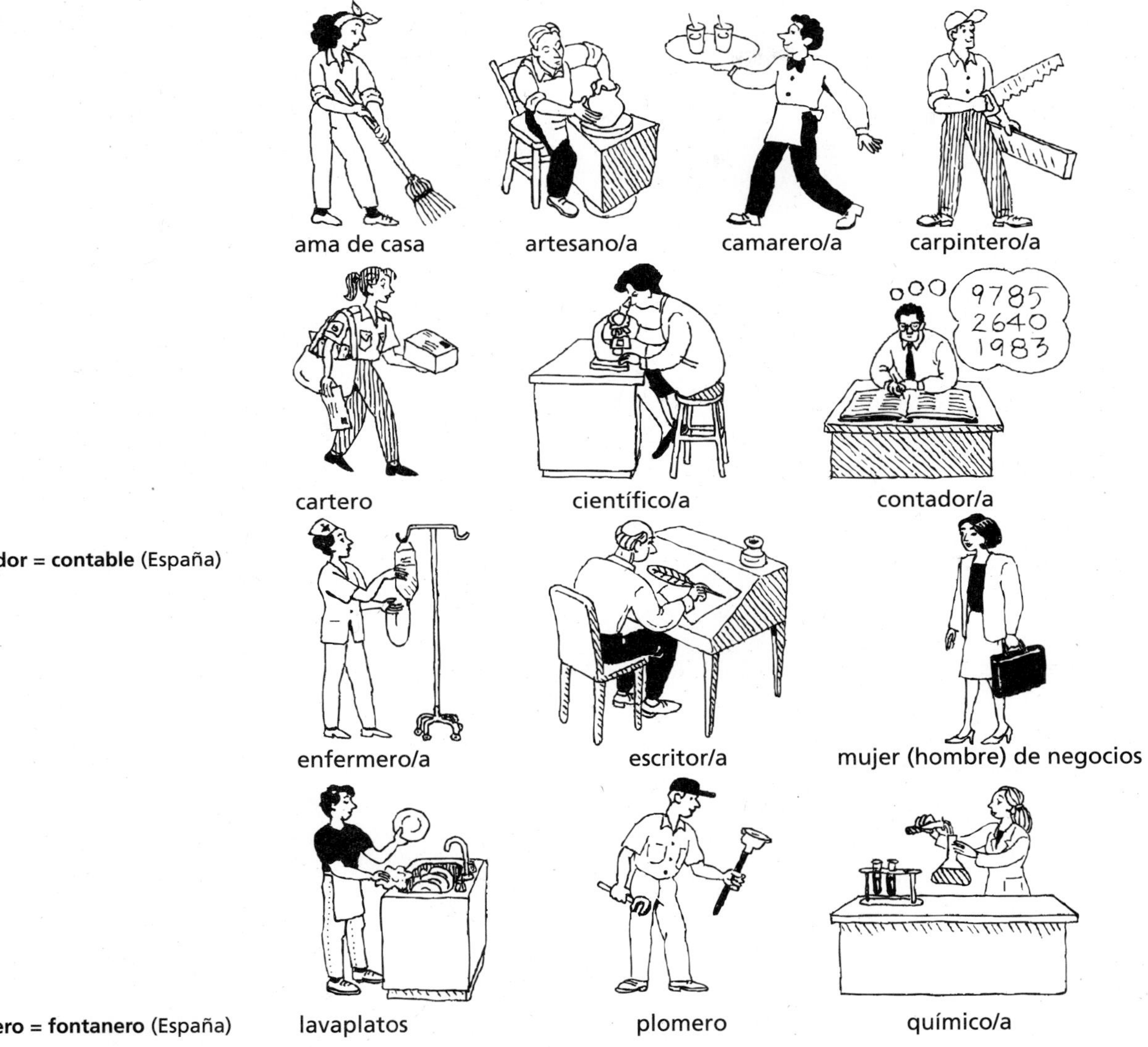

contador = **contable** (España)

plomero = **fontanero** (España)

otras ocupaciones

Chofer can be spelled with or without an accent over the **o**, but it is always pronounced without an accent.

actor/actriz
arquitecto/a
artista
cajero/a
chofer
dentista
director/a de cine
doctor/a
ecologista
electricista
ingeniero/a
mecánico/a
médico/a
militar
operador/a
piloto
policía
político
psicólogo/a
taxista
vendedor/a

Note: Use the indefinite article **un/a** with occupations only when an adjective or a qualifying phrase is present: Es ingeniero; Es **un** ingeniero **excelente;** Es **un** ingeniero **de primera categoría**.

1. For some occupations, the context or the article indicates gender: **Mi cuñado es policía; el artista/la artista; el lavaplatos/la lavaplatos**.

2. Historically, not many women have been active participants in certain occupations, but the Spanish language is catching up with the times. The terms used to refer to a woman for occupations such as **cartero, chofer, piloto, plomero, policía, político,** etc., are still evolving. People tend to say, for instance, **la mujer piloto** or simply **la piloto**. The former seems to be more common. Words with an accepted feminine form are indicated in the vocabulary list.

Actividad 15: Hablemos de trabajo En grupos de tres, clasifiquen las ocupaciones ya presentadas en las siguientes categorías:

a. cuatro ocupaciones que son creativas
b. cuatro ocupaciones en las cuales generalmente se gana poco dinero
c. cuatro ocupaciones que les interesan
d. cuatro ocupaciones que no les interesan para nada

Actividad 16: ¿Qué hace? En parejas, averigüen qué ocupación tienen los miembros de la familia de la otra persona.

➤ —¿Qué hace tu padre?

—Mi padre es abogado.

—Mi padre es abogado, pero no tiene trabajo. Está desempleado *(unemployed)*.

—Mi padre es abogado, pero tiene 70 años y está jubilado *(retired)*.

C. Descripción física

forma de la cara

cuadrada	square-shaped
ovalada	oval-shaped
redonda	round-shaped
triangular	triangular-shaped

color de ojos

azules	blue
color café	brown
negros	black
pardos	hazel
verdes	green

More descriptive vocabulary appears on the next page.

▲ *Ella tiene cara ovalada y ojos pardos. Es rubia y tiene el pelo lacio.*

¿LO SABÍAN?

En muchos países hispanos, con frecuencia la gente llama o se refiere a sus familiares, amigos o a su pareja usando palabras que en otras culturas pueden considerarse ofensivas. Por ejemplo, es común que los novios o una pareja casada se llamen **gordo** y **gorda** como términos de afecto, aunque las personas no pesen mucho. También es común que la gente les diga a sus amigos **flaco** o **flaca** como sobrenombre *(nickname)*. También, en países como Colombia, Venezuela y Argentina se suele utilizar **negro** y **negra** como términos de afecto para una persona de tez oscura. A menudo estas palabras se usan en diminutivo: **gordito**, **flaquito**, **negrita** y no son consideradas insultos. Di si puedes usar estas palabras en inglés al hablarles a tus amigos o a tu novio/a.

color y tipo de pelo

tener pelo castaño/canoso/negro	to have brown/grey/black hair
ser pelirrojo/a o rubio/a	to be a redhead or a blond
tener permanente	to have a permanent
tener pelo lacio (liso)/ondulado/rizado	to have straight/wavy/curly hair
ser calvo/a	to be bald
tener cola de caballo/flequillo/trenza(s)	to have a pony tail/bangs/braid(s)

señas particulares

la barba	beard
el bigote	mustache
la cicatriz	scar
los frenillos	braces
el lunar	beauty mark
las patillas	sideburns
las pecas	freckles
el tatuaje	tattoo

▲ *Tiene cara redonda, ojos color café y bigote. Tiene el pelo negro lacio.*

Actividad 17: ¿Quién tiene esto? Parte A: Mira a tus compañeros y escribe el nombre de las personas que tienen las siguientes características:

pelo lacio y largo	un tatuaje
un lunar en la cara	ojos color café
cara ovalada	pecas
una cicatriz	barba o bigote
pelo rizado	cola de caballo o trenza(s)

Parte B: En grupos de tres, comparen sus observaciones.

Actividad 18: ¿Eres observador? En parejas, miren la cara de la otra persona con mucha atención. Después sigan las instrucciones de su profesor/a.

Actividad 19: Un invento En grupos de tres, inventen una persona usando partes del cuerpo de personas famosas. Sigan el modelo.

➤ Esta persona tiene el pelo rizado de Whoopi Goldberg, los ojos negros de . . . , etc.

III. Extending, Accepting, and Rejecting Invitations

Quisiera, me gustaría, tener que, and *deber*

1. To extend invitations and talk about desires, you may use the following formula:

me/te/ . . . quisiera / gustaría } + *infinitive*

—¿**Te gustaría ir** a una fiesta esta noche?	*Would you like to go to a party tonight? (invitation)*
—Sí, **me gustaría** mucho.	*I would like to a lot. (desire)*
—¿Qué **quisieras ser** en el futuro?	*What would you like to be in the future? (desire)*
—**Quisiera ser** ecologista.	*I would like to be an ecologist. (desire)*

2. To express an obligation, use **tener que** + infinitive. To express something you should do use **deber** + infinitive.

No puedo ir a tu fiesta porque **tengo que estudiar** para un examen.	*I can't go to your party because I have to study for an exam.*
Me gustaría ir, pero **debo limpiar** la casa porque vienen unos amigos esta tarde.	*I would like to go, but I should clean the house because some friends are coming over this afternoon.*

Actividad 20: ¿Qué te gustaría ser? Habla con dos o tres compañeros para averiguar qué les gustaría ser en el futuro y por qué. Sigan el modelo.

➤ A: ¿Qué te gustaría ser en el futuro?

B: Me gustaría ser electricista/policía/etc.

A: ¿Por qué?

B: ???

Actividad 21: Las excusas En parejas, una persona lee el papel A y la otra persona lee el papel B. Sigan las instrucciones para su papel.

A Invita a tu compañero/a a hacer algo especial contigo esta semana. Debes ser muy insistente. Usa oraciones como: ¿Te gustaría . . . ?, yo quisiera . . . , ¿quisieras venir?

B **Tu compañero/a te cae mal. Si te invita a hacer algo, inventa excusas para no ir. Usa oraciones como: Me gustaría, pero tengo que . . .**

Actividad 22: Las preferencias **Parte A:** Este fin de semana te gustaría salir. Mira los siguientes anuncios y numéralos del 1 al 6 (1 = el menos interesante, 6 = el más interesante).

El Rock argentino de Fito Paez

Fito Paez es uno de los músicos más cotizados y relevantes de su país, Argentina. En España es básicamente conocido por compatriotas suyos que están afincados en nuestro país. Ariel y Andrés Calamaro, de Los Rodríguez, siempre han considerado a Fito como una de sus influencias. Acaba de editar el disco "El amor después del amor".

• **Fito Paez.** Lunes 31, 22 horas. Aqualung. Ermita del Santo 48. Entradas: 1.800 pesetas (Madrid Rock).

Escultura y dibujo

La escultura y el dibujo conjugan a la perfección en la muestra "Una exposición de escultura moderna con dibujo". Al reunir esta colección se ha tenido en cuenta el tamaño pequeño y medio de la escultura para explicar el proceso dentro de un diálogo con los dibujos. La muestra reúne una veintena de nombres entre los que destacan: Manolo Hugué, Angel Ferrant, Miró, Tapies, Oteiza, Susana Solano, Miquel Navarro, etc.

• **"Una exposición de escultura moderna con dibujo".** Real Academia de S. Fernando. Alcalá 13.

Un capricho salsero

La sala Puerto Plata se ha consolidado como uno de los locales madrileños que con más mimo cuida la música de salsa. Con bastante frecuencia Puerto Plata está acogiendo en su escenario a artistas representantes de este estilo que, si bien no tienen un nombre que se conozca masivamente, ofrecen un cúmulo de calidad que no es conveniente ignorar. Este es el caso de Monchy y la Orquesta Capricho.

• **Monchy y la Orquesta Capricho.** Sádado 5 y domingo 6, 23 horas. Puerto Plata. Calle Orense 14.

PIRANDELLO 2
Ventura Rodríguez ·7
(Plaza España) Tel: 547 63 12 541 59 37
Todas las noches 1 15 h
PRESENTA
el humor de ADOLFO
Jueves, viernes y sábados tarde Baile para mayores de 25 años

◆ PELICULAS EN CARTEL ◆

• **COMO AGUA PARA CHOCOLATE** *1992. 2h. Lauren. Drama. Méx.* Dir.: Alfonso Arau. Con Marco Leonardi, Lumi Cavazos y Regina Torne. En el México de la revolución, una chica ve como su madre no sólo le impide tener relaciones con un chico, sino que propone a su hermana mayor para que se case con él. Ella es una espléndida cocinera y es la encargada de hacer diariamente la comida a madre y hermanas. ***Madrid, Fuencarral.*** Periferia: ***Las Rozas***

Domingo 6 de junio
Madrid, 19 h
Corrida de toros

Curro Romero
Curro Vázquez
Julio Aparicio
(FUERA DE ABONO)

Toros de Aldeanueva

Parte B: En parejas, intenten ponerse de acuerdo *(agree)* sobre adónde van a ir por la noche. Sigan el modelo.

➤ A: ¿Te gustaría escuchar jazz?

B: De verdad no me gusta mucho el jazz. Quisiera . . .

A: A mí no me gusta . . . , pero ¿no te gustaría . . . ?

IV. Gender of Nouns

1. Most words that end in **-l, -o, -n,** and **-r** are masculine.

un cartel **el** partido **el** examen **el** televisor

Common exceptions: **la imagen, la mano**. Remember that **la foto (fotografía)** and **la moto (motocicleta)** are feminine.

2. Most words that end in **-a, -ad, -ión, -umbre,** and **-z,** are feminine.

la lámpara **la** libertad **una** canción **la** costumbre **una** luz

Common exceptions: **el camión, el avión, el día, el lápiz, el pez**

3. Feminine nouns that begin with a stressed **-a** sound **(agua, área, arpa, hambre),** use the articles **el/un** in the singular, and the articles **las/unas** in the plural. If adjectives are used with these nouns they are feminine.

To review Spanish patterns of stress, see page 321.

One common exception is **el arte moderno** but **las bellas artes.**

el alma pura **las** almas puras **el** agua fresca **las** aguas frescas

Note: Words like **actitud** and **armonía** which are feminine, but do not begin with a stressed **-a** sound, use the article **la**: **No me gusta la actitud de mi jefe.**

4. Memorize the gender of words that end in **-e.** Common words include:

Masculine: **el accidente, el cine, el coche, el diamante, el hombre, el pasaje, el viaje**
Feminine: **la clase, la fuente, la gente, la noche, la tarde**

5. Many words that are borrowed from languages other than Latin are usually masculine in Spanish. Here are a few words that are borrowed from English: **los blue jeans, el hall, el kleenex.**

6. Many masculine words that end in **-ma** and **-ta** are of Greek origin: **el drama, el idioma, el planeta, el poema, el problema, el programa, el sistema, el tema.**

Actividad 23: La lotería Imagina que te ganas la lotería. Diles a tus compañeros qué cosas de la siguiente lista te gustaría o quisieras comprar y por qué.

➤ Yo quisiera comprar **la** computadora porque necesito una para escribir trabajos para mis clases.

animal	computadora	diamantes
apartamento	equipo de sonido	disco compacto
barco de vela	televisor gigante	moto
auto	viaje a . . .	? ? ?
reloj Rolex		

televisor = a TV set **(compras un televisor)**

televisión = TV **(miras televisión)**

Actividad 24: Las cualidades **Parte A:** Mira la lista de cualidades que sigue y marca con una X las que son importantes para ti en un/a amigo/a.

_____ humildad	_____ inteligencia	_____ sentido del humor
_____ carácter fuerte	_____ espontaneidad	_____ honradez
_____ creatividad	_____ alma sincera	_____ apariencia física
_____ aspiraciones de hacer algo importante con su vida	_____ origen de su familia	_____ capacidad de adaptación a nuevas circunstancias

Parte B: En parejas, justifiquen por qué piensan que ciertas cualidades son importantes o no son.

➤ —Para mí **la** apariencia física no es importante porque . . . Mis amigos deben ser . . .

—Es verdad. Las personas que tienen carácter fuerte me molestan porque . . .

It is common to use articles **(el/la, un/una)** with parts of the body and not possessive adjectives.

Actividad 25: Presente y futuro **Parte A:** En parejas, miren a los miembros de esta familia y discutan las siguientes ideas:

a. cómo son físicamente
b. qué hace cada uno en un día típico
c. qué cosas en particular tienen que hacer hoy
d. dónde les gustaría pasar sus próximas vacaciones

Parte B: Describan a la persona que más admiran de su familia o a la más extraña *(strange)*. Deben darle una descripción muy completa a su compañero/a. Incluyan su aspecto físico, su ocupación, qué hace en un día típico y por qué la admiran o piensan que es extraña.

Vocabulario activo

Verbos

Ver páginas 18–19.

ahorrar dinero	*to save money*
compartir	*to share*
dibujar	*to draw*
pasar una noche en vela	*to pull an all-nighter; to stay awake all night*
pasear al perro	*to walk the dog*

Verbos de cambio de raíz

Ver página 23.

La familia

For additional family members see page 28.

abuelo/a	*grandfather/mother*
cuñado/a	*brother/sister-in-law*
esposo/a	*husband/wife*
ex esposo/a	*ex husband/wife*
hermano/a	*brother/sister*
hijo/a	*son/daughter*
hijastro/a	*stepson/daughter*
madre	*mother*
materno/a	*on your mother's side*
medio/a hermano/a	*half brother/sister*
padrastro	*stepfather*
padre	*father*
paterno/a	*on your father's side*
primo/a	*cousin*
primo/a político/a	*cousin-in-law*
sobrino/a	*nephew/niece*
tío/a	*uncle/aunt*
tío/a político/a	*uncle/aunt-in-law*
yerno	*son-in-law*
casado/a	*married*
divorciado/a	*divorced*
estar muerto/a	*to be dead*
soltero/a	*single*
viudo/a	*widower/widow*

Vocabulario personal

Ocupaciones y otras expresiones

actor/actriz	doctor/a	operador/a
arquitecto/a	ecologista	piloto
artesano/a	electricista	policía
artista	mecánico/a	político
carpintero	médico	psicólogo/a
dentista	militar	taxista

ama de casa	*housewife*
cajero/a	*cashier*
camarero/a	*waiter/waitress*
cartero	*mail carrier*
chofer	*chauffer*
científico/a	*scientist*
contador/a	*accountant*
director/a de cine	*movie director*
enfermero/a	*nurse*
escritor/a	*writer*
hombre/mujer de negocios	*businessman/woman*
ingeniero/a	*engineer*
lavaplatos	*dishwasher*
plomero	*plumber*
químico/a	*chemist*
vendedor/a	*salesperson*
estar desempleado/a	*to be unemployed*
estar jubilado/a	*to be retired*

Descripción física

Ver páginas 31–32.

Expresiones útiles

caerle de visita (a alguien)	*to drop in (on someone)*
¿Cuánto (tiempo) hace + que . . . ?	*How long have you . . . ?*
debo . . .	*I should . . .*
llamarle la atención	*to attract someone's attention*
me gustaría . . .	*I would like to . . .*
parecerle muy educado/a (a alguien)	*to seem well mannered (to someone)*
quisiera . . .	*I would like to . . .*
tengo que . . .	*I have to . . .*

CAPÍTULO 2

La vida cotidiana

▲ *Una mañana típica en una calle de Zunel, Guatemala.*

COMMUNICATIVE GOALS

- narrating in the present (Part Two)
- describing and comparing
- obtaining and giving information

La invitación para esta noche

tener prisa	to be in a hurry
divertirse un montón	to have a ball/a lot of fun
¡Ya voy!	I'm coming!

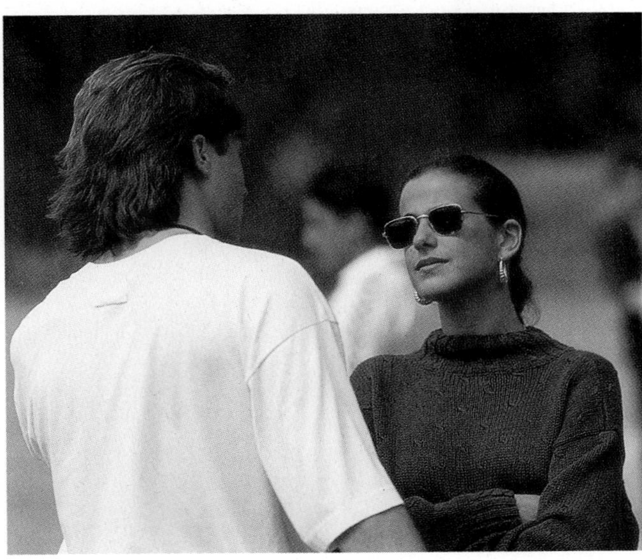

Dos jóvenes charlan en una calle de Madrid, España.

Actividad 1: Adivina **Parte A:** Antes de escuchar una conversación entre dos jóvenes, lee el título, mira la foto, lee las expresiones nuevas y trata de adivinar la siguiente información:

1. quién va a invitar a quién
2. qué tipo de invitación es
3. para qué hora es la invitación
4. si la otra persona va a aceptar o no la invitación

Parte B: Ahora escucha la primera conversación entre Mónica, una colombiana, y Bill, un norteamericano, para corregir o confirmar tus predicciones.

Actividad 2: Más información Mientras escuchas otra conversación pero ahora en la casa de Mónica, busca esta información:

1. a qué hora llega Bill a la casa de Mónica
2. quién abre la puerta
3. qué está haciendo Mónica cuando llega Bill
4. qué le ofrece la otra persona a Bill
5. qué ocurre con la comida

¿LO SABÍAN?

A diferencia de los norteamericanos, muchos hispanos tienden a ver el tiempo de un modo menos estricto. Por ejemplo, no está mal visto llegar cinco minutos tarde a una reunión de negocios. Por otro lado, cuando se organiza una fiesta, la puntualidad no es importante; es más, el anfitrión o la anfitriona no esperan que los invitados lleguen a la hora indicada sino, por lo menos, quince o treinta minutos después.

Actividad 3: La puntualidad En parejas, túrnense para preguntarle a la otra persona sobre las siguientes ideas asociadas con la puntualidad.

1. Si estás cursando una clase que empieza a las 10:00, ¿a qué hora llegas a clase? ¿A qué hora llega tu profesor/a?
2. Si tienes una entrevista de trabajo a las 9:15, ¿a qué hora llegas?
3. ¿A qué hora llegas a tu trabajo si empieza a las 8:00?
4. Si tienes cita con el médico a las 11:30, ¿a qué hora llegas? ¿A qué hora te ve el médico?
5. Si tienes una fiesta a las 20:00, ¿a qué hora llegas a la fiesta?
6. Si tienes una cena a las 18:00, ¿a qué hora llegas a la cena?
7. Dentro de las normas de la sociedad norteamericana, ¿te consideras una persona puntual?

I. Narrating in the Present (Part Two)

A. Reflexive Pronouns

In the conversation at Mónica's house, she said, **"Me pongo los zapatos . . . "** to indicate she was going to put her shoes on. She used a verb with a reflexive pronoun to convey this thought.

1. To indicate that someone does an action to him or herself you must use a reflexive pronoun. Now, compare the following sentences:

Me despierto a las 8:00 todos los días.	Todas las mañanas **despierto** a mi padre a las 8:00.
Mi padre **se baña** por la noche.	Mi padre **baña** a mi hermanito por la noche.
Los niños siempre **se cepillan** el pelo por la mañana.	El niño **cepilla** al perro una vez por semana.

Remember: Definite articles (**el, la, los, las**) are frequently used with body parts.

In the first column, the use of reflexive pronouns indicates that the subject doing the action and the object receiving the action, are identical. In the second column, subjects and objects are not identical, therefore reflexive pronouns are not used.

2. The reflexive pronouns are:

me	**nos**
te	**os**
se	**se**

Remember that the following sentences are both correct:

Se va a acostar tarde. / Va a acostar*se* tarde.

To review the placement of reflexive pronouns, see page 324.

3. Acciones de la rutina diaria

acostarse (ue)
afeitarse (la barba/las piernas/etc.)
arreglarse (*to dress up*)
bañarse
cepillarse (el pelo/los dientes)
despertarse (ie)
desvestirse (i, i)
dormirse (ue, u)
ducharse
lavarse (el pelo/las manos/ la cara/etc.)
maquillarse (*to put on makeup*)
peinarse
ponerse + *item of clothing*
quitarse + *item of clothing*
secarse (el pelo/la cara/etc.)
sentarse (ie)
vestirse (i, i)

Stem-changing verbs will be followed by **ue, ie, i, u** in parentheses to indicate what change takes place. Note that some verbs may have a second change which you will study later in this chapter.

arreglar = to fix (as in a car motor)

arreglarse la cara = to put on make up

arreglarse el pelo = to fix one's hair

dormir = to sleep

dormirse = to fall asleep.

Actividad 4: Tu rutina En parejas, hablen de su rutina típica de la mañana y de su rutina típica de la noche. Mencionen algunos de los productos que usan. Sigan el modelo.

➤ Por la mañana yo me despierto a las 6:15 con mi reloj Sony, pero me levanto a las 6:45. Después . . .

Actividad 5: Los fines de semana En parejas, háblenle a la otra persona de cuatro cosas que generalmente hacen los fines de semana y de tres cosas que van a hacer este fin de semana.

➤ En general, los fines de semana me levanto tarde, pero este fin de semana voy a levantarme temprano porque . . .

Actividad 6: La salud **Parte A:** En parejas, entrevisten a la otra persona para ver si tiene una vida sana. Sigan el modelo.

cuerdo/a = sane
sano/a = healthy

➤ —¿Fumas?
—Sí, fumo mucho. / No, nunca fumo. / etc.

	siempre/mucho	generalmente	a veces	nunca
beber alcohol	_____	_____	_____	_____
soler comer frutas y verduras	_____	_____	_____	_____
despertarse tarde	_____	_____	_____	_____
dormirse con la luz encendida	_____	_____	_____	_____
escuchar música a todo volumen	_____	_____	_____	_____
jugar deportes	_____	_____	_____	_____
fumar	_____	_____	_____	_____
cepillarse los dientes después de comer	_____	_____	_____	_____
pasar noches en vela	_____	_____	_____	_____
salir cuatro noches por semana	_____	_____	_____	_____
tener dolores de cabeza	_____	_____	_____	_____
ducharse con agua muy caliente	_____	_____	_____	_____

Parte B: Ahora, mira las respuestas y dile al resto de la clase si la otra persona tiene una vida sana. Justifica tu respuesta.

B. More Verbs That Need Reflexive Pronouns

Here are more verbs that need reflexive pronouns in order for them to have the meanings listed here. Notice that they do not indicate actions performed upon oneself. Because these verbs are not reflexive in English, it is best to memorize them.

aburrirse (de)	to become bored (with)
acordarse (ue) (de)	to remember
caerse	to fall down
callarse	to shut up
darse cuenta (de)	to realize
despedirse (i, i) (de)	to say good-bye
divertirse (ie, i)	to have fun, to have a good time
equivocarse	to err, to make a mistake
interesarse (por)	to take an interest (in)
irse (de)	to go away (from), to leave
ocuparse (de)	to take care (of)
olvidarse (de)	to forget (about)
preocuparse (de, por)	to worry (about)
prepararse (para)	to prepare oneself (for)

quejarse (de)	to complain (about)
reírse (i, i) (de)	to laugh (at)
reunirse (con)	to meet (with)
sentirse (ie, i)	to feel

Actividad 7: ¿Te ríes cuando . . . ? En parejas, háganle preguntas a la otra persona para averiguar si se ríe en las siguientes situaciones. Sigan el modelo.

➤ alguien / hacerte cosquillas *(tickles you)*

—¿Te ríes cuando alguien te hace cosquillas?

—Sí, me río. —No, no me río.

1. un profesor / contar / un chiste *(joke)* malo
2. tú / estar / nervioso/a
3. una persona / estar / vestida con ropa rara
4. tú / oír / un chiste sobre otra religión
5. tú / oír / un chiste sobre otra nacionalidad
6. una persona / caerse / por la calle
7. otras personas / reírse

Actividad 8: ¿Cómo son Uds.? En parejas, túrnense para entrevistar a la otra persona y así formar su perfil psicológico.

1. aburrirse con novelas románticas
2. divertirse solo/a o en compañía
3. acordarse del cumpleaños de sus amigos
4. preocuparse por los demás *(others)*
5. sentirse mal si está solo/a
6. equivocarse en la vida y aceptar sus errores
7. olvidarse de ir a citas
8. interesarse por la salud de sus familiares

Actividad 9: Las reacciones **Parte A:** Primero, lee las siguientes situaciones. Segundo, elige uno de los adjetivos de la lista para describir cómo te sientes en cada situación y escríbelo en la primera columna. Después, pon una X en la segunda o la tercera columna para indicar si te callas o te quejas.

Adjetivos: **enojado/a, fatal, frustrado/a, impaciente, irritado/a, nervioso/a, preocupado/a.**

	me siento	**me callo**	**me quejo**
si no te gusta el servicio de un restaurante	______________	_____	_____
si una persona fuma en la sección de no fumar	______________	_____	_____
si estás en un avión y el niño detrás de ti te está molestando	______________	_____	_____
si un profesor te da una nota que te parece baja	______________	_____	_____
si a todos les dan aumento de sueldo en tu trabajo menos a ti	______________	_____	_____
si alguien cuenta un chiste ofensivo	______________	_____	_____
si tus vecinos ponen música a todo volumen	______________	_____	_____
si no puedes matricularte en una clase	______________	_____	_____

Parte B: En parejas, comparen y discutan sus respuestas. Si se quejan en una situación, justifiquen por qué.

Actividad 10: Un poco de imaginación Imagínate que estas dos personas son tus amigos y contesta las preguntas que siguen.

1. ¿Cómo se llaman y dónde trabajan?
2. ¿Qué hace el hombre para divertirse? ¿Y la mujer?
3. ¿Quién se divierte más?
4. ¿Dónde se aburren ellos?
5. ¿Se preocupan por su apariencia física?
6. ¿Se dan cuenta de los comentarios de los demás o no se preocupan por esas cosas?
7. ¿Cuál de los dos se interesa por la política? ¿Por qué?
8. ¿Cuál de los dos se olvida de pagar las cuentas a tiempo?

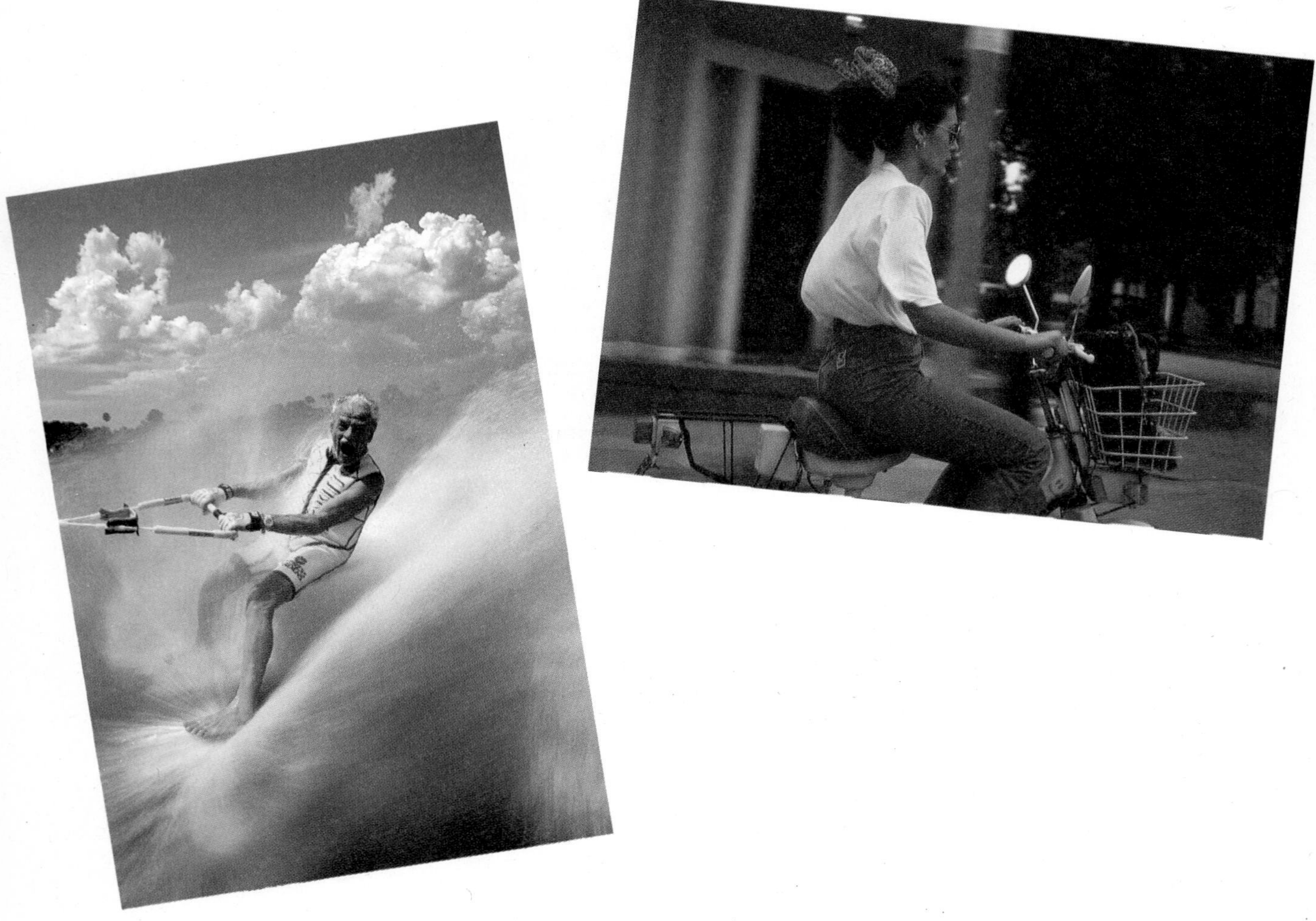

present participle = **gerundio**

C. Describing Actions in Progress: *Estar* + Present Participle

1. To refer to an action in progress you can use the present indicative or a form of **estar** + present participle.

¿Qué **está** hac**iendo** Pepe? { **Prepara** la tarea. / **Está** prepar**ando** la tarea.

¿Qué hac**es**? { **Me seco** el pelo. / **Me estoy** sec**ando** el pelo / **Estoy** sec**ándome** el pelo.

For information on the placement of reflexive pronouns, see page 324.

2. Regular present participles are formed as follows:

bail**ar** → bail**ando** llov**er** → llov**iendo** conduc**ir** → conduc**iendo**

For further information on formation of the present participle, see page 312.

3. In Spanish **estar** + present participle can only refer to actions in progress. Compare the following sentences and notice that, in English, unlike Spanish, a form of the verb *to be* + present participle can sometimes be used to describe a state or the result of an action, as in "He is sitting/standing/kneeling/etc.".

Él **está** sent**ándose**.
(He is sitting down; i.e., he's in the process of sitting down, an action is in progress.)

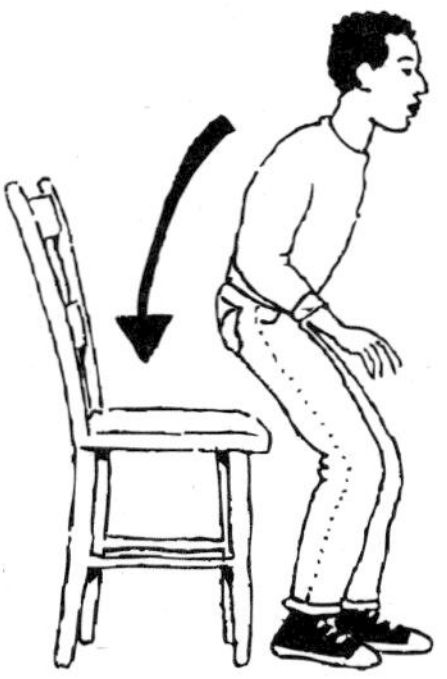

Él **está** sent**ado** al lado de María Elena.
(He is seated/is sitting next to María Elena.)

Actividad 11: En otra parte Di qué hora es y qué está haciendo la gente en este momento en las siguientes partes del mundo.

1. en el este de los Estados Unidos
2. en el oeste de los Estados Unidos
3. en Europa
4. en Hawai

Actividad 12: En la oficina pública Esta es una típica escena en una oficina pública. Di lo que están haciendo los empleados.

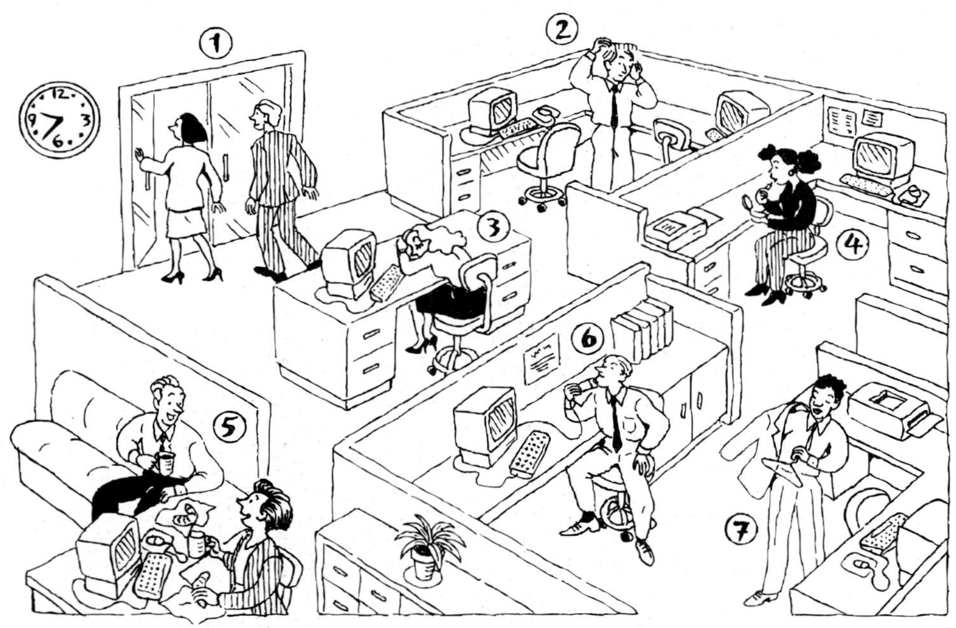

¿LO SABÍAN?

En muchos países hispanos, es común el estereotipo del burócrata ineficiente en las oficinas del estado. Con frecuencia, los programas cómicos de radio y televisión y las tiras cómicas de los periódicos, critican la ineficiencia, una característica que se considera típica del empleado público. Di si existe un estereotipo de los empleados del gobierno en los Estados Unidos.

D. Repetitive Actions

The following verbs are frequently followed by a present participle to express the repetitiveness of an action.

andar ir venir continuar/seguir pasarse la vida/el día, etc. vivir	+ present participle

Mi madre siempre **se pasa el día mirando** la televisión con mi padre, pero dice que son felices.	*My mother always spends the day watching TV with my father, but she says they're happy.*
Si ese profesor **sigue/continúa humillando** a mi hijo, voy a hablar con el director de la escuela.	*If that teacher keeps on humiliating my son, I'm going to talk with the principal of the school.*
El perro del vecino **vive ladrando.**	*The neighbor's dog barks incessantly.*

Note: The verb **continuar** cannot be followed by an infinitive in Spanish: **continúa hablando . . .** = *he/she continues to speak . . .*

Actividad 13: Los vecinos Te pasas el día espiando a tus vecinos por la ventana. Habla de las cosas que constantemente hacen los vecinos. Usa el verbo que aparece entre paréntesis.

➤ El hermano menor juega al fútbol todos los días. (pasarse)
El hermano menor **se pasa la vida jugando** al fútbol.

1. Doña María canta constantemente. (pasarse)
2. Robertito, su hijito, llora mucho. (vivir)
3. El Sr. Gómez lee muchísimos libros. (pasarse)
4. La Sra. Gómez habla y habla por teléfono. (vivir)
5. Marisa fuma todo el tiempo. (andar)
6. Rafael, su hermano, duerme hasta las 12 desde hace una semana. (venir)
7. Ana lee un libro fascinante desde hace unos días. (andar)

Actividad 14: ¿Y tú? Nadie tiene una familia perfecta. Di lo que hacen constantemente tú y tu familia.

➤ Mi padre se pasa la vida durmiendo en el sofá.

Actividad 15: Trabaja y trabaja Muchas personas de otras culturas piensan que el norteamericano se pasa la vida trabajando. Habla sobre las siguientes ideas:

1. tu opinión sobre este estereotipo
2. el número de horas que trabajan tus padres, parientes o amigos por semana
3. si trabajan para vivir o viven para trabajar
4. el estereotipo del hispano en lo que al trabajo se refiere

Actividad 16: Carta de Buenos Aires **Parte A:** Carlos recibe una carta de Hugo, un amigo que estudia en Buenos Aires. Elige el verbo y la forma apropiada para cada espacio en blanco de la carta. ¡Ojo! Pueden ser infinitivos, verbos conjugados o gerundios. También hay algunos verbos que funcionan como el verbo **gustar**.

Buenos Aires, 5 de octubre de 1995

Querido Carlos:

cursar
estudiar
participar
sentarse
ser
tener

Finalmente ________________ a escribirte unas líneas para contarte un poco sobre mi vida en Baires (como la llaman algunos). ________________ en la Universidad de Belgrano, solamente por un trimestre, en un programa que la universidad ________________ conjuntamente con la UCLA. Las materias que ________________ son psicología del aprendizaje y metodología de la enseñanza. Los profesores ________________ un poco más formales y serios que en Los Ángeles y los estudiantes aquí ________________ más que allá.

dar
enseñar
estar
estudiar
levantarse
llamarse
llevarse
salir
salir
ser
trabajar

________________ con una chica que ________________ Daniela. ________________ muy simpática y yo ________________ muy bien con ella. Ella ________________ como maestra en una escuela primaria y ________________ ciencias sociales. Nosotros no ________________ durante la semana porque los dos tenemos que ________________ temprano y durante el día ________________ muy ocupados. Luego yo me paso la tarde ________________ para mis cursos mientras ella les ________________ clases particulares de guitarra a unos vecinos.

abrir
acostarse
cerrar
encontrar
estar
estar
ir
preferir
salir
tomar

En cambio, los fines de semana Daniela y yo ________________ a comer con amigos y a veces a bailar. Por lo general, las discotecas no ________________ hasta las doce de la noche y ________________ a las siete de la mañana. A veces, después de la discoteca, la gente ________________ el desayuno en algún café, y por supuesto, todos ________________ abiertos a esa hora. A la gente joven le gusta ________________ mucho por la noche y ________________ tarde. Tú puedes ________________ lugares abiertos para tomar algo a cualquier hora de la noche (o mejor dicho de la mañana). Yo, por lo general, ________________ volver a casa más temprano porque de otro modo al día siguiente ________________ totalmente exhausto.

cambiar
conocer
hablar
reunirse
saber
sentarse
ser

escribir
estudiar

Aunque llevo poco tiempo en Buenos Aires, en la universidad ________ a mucha gente y a veces nosotros ________ en un café a estudiar para algún examen. Otras veces ________ a charlar horas y horas de cualquier cosa, aunque el tema más popular ________ la política. La gente se pasa el día ________ de política. Tú ________ que la situación aquí está estable, pero puede ________ en cualquier momento y por lo tanto siempre hay algo de qué hablar.

Bueno, Carlitos, tengo que seguir ________ para el examen. Espero que estés bien y . . . me puedes ________ si tienes ganas . . .

Saludos a tu familia.

Un abrazo de

Hugo

Parte B: En parejas, hablen sobre un mínimo de seis de las actividades que un estudiante típico de los Estados Unidos hace fuera de clase.

➤ El estudiante típico va a fiestas con sus amigos los fines de semana . . .

II. Describing and Comparing

A. The Past Participle as an Adjective

1. Use **estar** + past participle to indicate the result caused by an action.

Action	**Result**
Los padres **se preocupan** porque sus hijos no sacan buenas notas en la escuela.	**Están preocupados.** *They are worried.*
Pablo **pone** la mesa para comer.	La mesa **está puesta.** *The table is set.*

Note: The past participle functions as an adjective and agrees in gender and number with the noun it modifies:

Él está preocupad**o**. **Ellas** están preocupad**as.**

descomponer (some countries in Hispanic America) = **averiar** (Spain)

2. Regular past participles are formed as follows:

compr**ar** → compr**ado** vend**er** → vend**ido** vest**ir** → vest**ido**

Some irregular past participles that are frequently used as adjectives include:

descomponer	to break down	**descompuesto/a**	broken
deshacer	to undo	**deshecho/a**	undone
disponerse a	to get ready to	**dispuesto/a**	willing
envolver	to wrap	**envuelto/a**	wrapped

abrir → abierto/a
escribir → escrito/a
hacer → hecho/a
morir → muerto/a
poner → puesto/a
prever → previsto/a
resolver → resuelto/a
revolver → revuelto/a
romper → roto/a
ver → visto/a

For a more complete list, see page 318. Remember that the past participle forms of verbs that contain another verb are generally formed like the verbs they contain: des**hacer** = des**hecho.**

Actividad 17: En el hospital Completa estas conversaciones que escuchaste en un hospital, usando **estar** + el participio pasivo *(past participle)* de los siguientes verbos: **abrir, disponer, hacer, morir, poner, prever, romper.**

1. —La sala de la puerta de operaciones ______________.
   —Ya mismo la cierro.
2. —Enfermero. Traiga otra silla. Esta silla de ruedas ______________.
   —De acuerdo.
3. —Señor. Si los doctores encuentran un donante de corazón, ellos ______________ a operar de inmediato.
   —Gracias. Mi esposa lo necesita urgentemente.
4. —¿Para qué hora ______________ la cirugía en la sala 3?
   —Para las dieciocho horas.
5. —Doctora, todos los instrumentos necesarios ______________ sobre la mesa de la sala 4.
   —Muchas gracias, Carlos.
6. —No pudimos revivir a la paciente de la habitación 308. ______________.
   —Hay que informarles a sus familiares.
7. —Alguien necesita hacer un informe sobre el paciente de la habitación 204.
   —No hace falta. El informe ya ______________.

Actividad 18: ¿Problemas graves? Parte A: En grupos de tres, numeren los siguientes problemas según el orden de importancia (1–9) que tienen en los Estados Unidos. Al hablar usen frases como: **Los norteamericanos (no) están preocupados por . . . , (No) Están interesados por . . . .**

_____ narcotráfico	_____ pobreza	_____ corrupción
_____ falta de trabajo	_____ terrorismo	_____ inflación
_____ derechos humanos	_____ descentralización del gobierno	_____ posición en el mundo

Parte B: El siguiente cuadro presenta, en orden de importancia, los problemas por los que están preocupados los peruanos. En su grupo, comparen el orden de importancia de los problemas en los Estados Unidos y en Perú.

¿Cuál es el principal problema que debe enfrentar el próximo Presidente?

	%
Falta de trabajo	42
La pobreza	26
El terrorismo	8
La corrupción	7
Los derechos humanos	6
Inflación	5
La reinserción internacional	3
Narcotráfico	2
La descentralización	1

B. Las prendas de vestir

más ropa

el anorak	parka
el cinturón	belt
el chaleco	vest
la gorra	cap
el impermeable	raincoat
la sudadera	sweatsuit; sweatshirt

hablando de la talla

grande ↔ **pequeño/a**
holgado/a *(loose)* ↔ **ajustado/a** *(tight)*
largo/a ↔ **corto/a**

me combina/n (con) **me pega/n (con)** **me va/n bien con . . .**	it matches, it goes well with . . .
me/te/le queda/n bien	it fits me/you/her well, it looks good on me/you/him . . .
me queda/n mal	it fits poorly

en la tienda

estar de moda	to be in style
estar pasado/a de moda	to be out of style
una ganga	a good buy
una liquidación	a sale
la marca	brand name
el mostrador	counter
mostrar	to show
el probador	dressing room
probarse	to try on
una rebaja	a sale
estar rebajado/a	to be on sale
la vitrina	store window

la vitrina (Hispanoamérica) = **el escaparate** (España)

Actividad 19: ¿Cómo te queda? En parejas, digan cómo les quedan las siguientes prendas. Sigan el modelo.

➤ Si me pruebo un suéter de talla mediana, me queda grande/pequeño/bien/ajustado/holgado.

para mujeres

1. unos zapatos número 35
2. un abrigo talla 44
3. un vestido talla 36
4. una blusa talla 38

para hombres

1. unos zapatos número 41
2. una camisa talla 40
3. un frac talla 54
4. una sudadera mediana

TALLAS DE MUJERES					
Zapatos		*Vestidos y abrigos*		*Blusas*	
EE.UU.	Métrico	EE.UU.	Métrico	EE.UU.	Métrico
5, 5½	35	4	32	4	36
6	36	6	34	6	38
6½, 7	37	8	36	8	40
7½	38	10	38	10	42
8	38½	12	40	12	44
8½	39	14	42	14	46
9	40	16	44	16	48

TALLAS DE HOMBRES					
Zapatos		*Trajes*		*Camisas*	
EE.UU.	Métrico	EE.UU.	Métrico	EE.UU.	Métrico
7½	38	36	46	14	36
8	39	38	48	14½	37
8½, 9	40	40	50	15	38
9½, 10	41	42	52	15½	39
10½, 11	42	44	54	16	40
11½, 12	43	46	56	16½	41
12½	44	48	58	17	42

Actividad 20: Las definiciones Parte A: En parejas, una persona define las siguientes palabras y la otra cubre la lista y adivina qué palabra es.

➤ A: Es la ventana de una tienda. Hay objetos para comprar.

B: La vitrina.

1. una ganga
2. un cinturón
3. un anorak
4. una cremallera
5. una suela
6. una sudadera

Parte B: Ahora cambien de papel.

1. una liquidación
2. una gorra
3. un sostén
4. un probador
5. un cordón
6. un chaleco

Actividad 21: Ropa perfecta para cada ocasión En grupos de tres, describan detalladamente la ropa que generalmente llevan las siguientes personas.

1. un profesor en una clase universitaria
2. una abogada en la corte
3. una cantante de rock en un concierto
4. un hombre que va a jugar al golf
5. una persona que corre por el parque

Actividad 22: La compra En parejas, A trabaja en una tienda y B es un/una cliente. Cada uno debe leer sólo las instrucciones para su papel.

estudiante A

Tú trabajas en una tienda y ganas comisión por la venta de las siguientes prendas de vestir: pantalones a cuadros rojos y morados, gorras de cuero con lunares rosados, chalecos azules de seda y cinturones negros de plástico. Convence al/a la cliente de que compre algo. Algunas frases útiles son: **¿Quiere probarse . . . ? ¿Qué talla quiere? Le queda . . . Es una ganga.**

estudiante B

Necesitas ponerte algo especial para ir a un concierto de rock y después conocer a los padres de un amigo. Ellos son dueños de un periódico y es posible que te den trabajo este verano. Odias comprar ropa, pues nunca tienes idea de cómo se combina. Pídele ayuda al/a la vendedor/a. Algunas frases útiles son: **¿Cómo me queda? ¿Cuánto cuesta . . . ? ¿Me combina el . . . con . . . ? Me queda un poco grande/ajustado/. . .**

Actividad 23: Me interesa la moda En parejas, entrevisten a la otra persona para averiguar cuánto le interesa la moda. Luego cuéntenle al resto de la clase.

➤ gustarle / comprarse / ropa que está de moda
—¿Te gusta comprarte ropa que está de moda?
—No, no me interesa.

Comprarse can be used instead of **comprar** to indicate that you buy something for yourself: **Nunca me compro ropa.**

1. saber / qué ropa está de moda
2. mirar / revistas de ropa como *Vogue* o *GQ*
3. gustarle mirar / vitrinas
4. dónde / comprar / su ropa
5. comprar / por catálogo
6. cuántas veces por mes / ir / de compras
7. buscar / ofertas en el periódico
8. saber combinar / la ropa
9. importarle / la marca
10. llevar / ropa que no está de moda

¿LO SABÍAN?

En los países de habla española, por lo general, se sigue la moda de Europa, de los Estados Unidos y de Latinoamérica. Dos diseñadores hispanos conocidos internacionalmente son Carolina Herrera, de Venezuela y Óscar de la Renta, de la República Dominicana. La moda, por lo general, se difunde a través de las revistas, los periódicos, la televisión y los desfiles de moda.

En países como México, las telenovelas también influyen en la moda. Hay gente que tiende a comprar ropa como la que llevan los personajes de la telenovela más popular del momento. Di qué factores influyen en la moda de los Estados Unidos. ¿Quiénes son algunas personas que influyen en la moda de los jóvenes?

Actividad 24: A discutir A continuación hay dos refranes populares en español. En grupos de tres, discutan el significado de cada refrán y digan cuál de los dos creen Uds. que refleja mejor la verdad.

Aunque la mona se vista de seda, mona se queda.

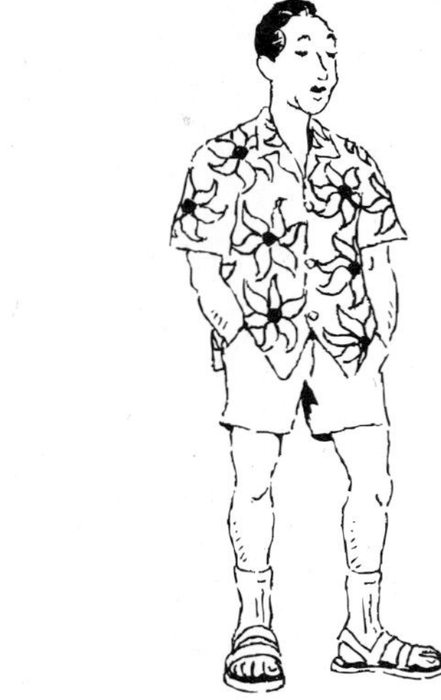

El hábito no hace al monje.

C. The Comparative

1. To compare people, things, or actions that are unequal, use the following formulas:

más/menos	+	*noun/adjective/adverb*	+	**que**
verb	+	**más/menos**	+	**que**

Juan Luis Guerra da **más** conciertos **que** Rubén Blades.	*Juan Luis Guerra gives more concerts than Rubén Blades.*
Tipper es **menos famosa que** Hillary.	*Tipper is less famous than Hillary.*
Óscar trabaja **más rapidamente que** Carolina.	*Oscar works faster than Carolina.*
Gabriela habla **más que** Ana en clase.	*Gabriela speaks more than Ana in class.*

2. Some adjectives have regular and irregular comparative forms. The irregular forms sometimes convey a different shade of meaning.

bueno	**más bueno**	*nicer, kinder, better (person)*	**mejor**	*better*
malo	**más malo**	*naughtier*	**peor**	*worse*
grande	**más grande**	*larger (in size) older (person)*	**mayor**	*older (person)*
pequeño	**más pequeño**	*smaller (in size); younger*	**menor**	*younger*

Mayor can be translated as greater when referring to things: **mayor importancia.**

Felicia debe tener el dormitorio **más grande** porque ella es **mayor que** Alfredo. — *Felicia should have the bigger bedroom because she's older than Alfredo.*

3. When making a comparison with an expression of quantity or degree, use **más/menos de** instead of **más/menos que** before the quantity or degree.

No puede costar **más de mil** pesetas. — *It can't cost more than one thousand pesetas.*

Él siempre trabaja **más de lo debido.*** — *He always works more than required.*

*Note: Expressions of degree include phrases such as **más/menos de lo esperado/necesario/común/normal.**

4. No . . . más que means *only* when preceding a number.

No tengo **más que cincuenta** bolívares. — *I have only fifty bolivars.*

5. When you want to compare people, things, or actions that are equal, use the following formulas.

tan + *adjective/adverb* + **como**

Ella es **tan sensible como** su esposo. — *She is as sensitive as her husband.*

Ella trabaja **tan rápidamente como** él. — *She works as quickly as he does.*

tanto/a/os/as + *noun* + **como**

Ella trabaja **tantas horas como** su esposo. — *She works as many hours as her husband.*

Él tiene **tanta paciencia como** ella. — *He has as much patience as she does.*

verb + **tanto como**

Las mujeres **trabajan tanto como** los hombres. — *Women work as much as men.*

6. When the persons or things that you are comparing are not equal, but pretty similar, use **casi** before **tan** and **tanto/a/os/as.**

Ella es **casi tan eficiente como** él. *She is almost as efficient as he is.*

Actividad 25: ¿Ciudad o pueblo? **Parte A:** Compara la ciudad o pueblo donde vives con Los Ángeles, Chicago o Nueva York. Habla de los aspectos indicados en la siguiente lista.

➤ En Nueva York hace menos frío que en este pueblo/esta ciudad.

La ciudad de Nueva York es más interesante que este pueblo/esta ciudad.

1. calor/frío
2. divertido/a
3. oportunidades de trabajo
4. peligroso/a
5. contaminación
6. tranquilo/a
7. tráfico
8. más espacio
9. desastres naturales
10. transporte público

Parte B: Elige una ciudad y convence a un/a compañero/a de que viva en ella. Usa expresiones como: **Es mejor vivir en . . . porque . . . , Te conviene vivir en . . . porque . . .**

Actividad 26: ¿Más o menos de lo normal? **Parte A:** En parejas, averigüen si su compañero/a hace las siguientes cosas más o menos de lo normal, y pídanle que explique su respuesta. Sigan el modelo.

➤ —¿Comes pizza más o menos de lo normal?

—Como pizza más de lo normal porque voy a Pizzería Uno cinco veces por semana.

1. comer pizza
2. salir entre semana *(weekdays)*
3. hablar por teléfono a larga distancia
4. tomar bebidas con cafeína
5. usar tarjeta de crédito
6. gastar dinero
7. hacer ejercicio
8. mirar telenovelas
9. dejar para mañana lo que puedes hacer hoy

Parte B: Díganle a su compañero/a si están preocupados porque hacen estas cosas más o menos de lo normal. Justifiquen su respuesta.

D. The Superlative

When you use the comparative, you compare two elements: **El dóberman es más alto que el cócker.** When using the superlative, you compare people or things with others in a group: **Ese dóberman es el perro más alto de este concurso.**

1. To form the superlative, use the following formula:

el/la/los/las (*noun*) **más** **el/la/los/las** (*noun*) **menos**	} +	*adjective* (+ de . . .)

Montserrat Caballé es **la cantante de ópera más famosa del** mundo hispano. — *Montserrat Caballé is the most famous opera singer in the Hispanic world.*

Portillo es **el mejor lugar de** Chile para esquiar.* — *Portillo is the best place in Chile to ski.*

*Note: **Mejor** *(best)* and **peor** *(worst)* usually precede the noun they modify.

2. When you describe someone or something that is one of the most or least, but not the most or the least, use the following formula:

uno/a de los/las *(plural noun)* **más** **uno/a de los/las** *(plural noun)* **menos**	} +	*plural adjective* (+ de . . .)

Gloria Estefan es **una de las (cantantes) más famosas de** los Estados Unidos. — *Gloria Estefan is one of the most famous (singers) in the United States.*

Actividad 27: ¿Cómo son? **Parte A:** En parejas, cuéntenle a la otra persona sobre diferentes miembros de su familia y cómo se comparan entre sí. Usen las palabras que se presentan. Sigan el modelo.

➤ Mi hermano Ron es
- el más tímido de mi familia.
- el menos tímido de mi familia.
- uno de los más tímidos de mi familia.
- casi tan tímido como yo.
- más tímido que yo.

atento/a	tímido/a
cerrado/a	inteligente
divertido/a	inflexible
tranquilo/a	práctico/a
intelectual	tolerante
conservador/a	chistoso/a

Parte B: Di cuál es tu pariente favorito y por qué.

Actividad 28: El mundo hispano Habla sobre los datos que se encuentran en estos recortes de periódicos. Usa el comparativo o el superlativo.

➤ Jamaica es una de las islas más pequeñas (del Caribe).

Remember to use **uno de los/una de las más . . .** to express *one of the most . . .*

se estima que el número de habitantes seguirá creciendo, lo cual significa que las autoridades van a tener que aumentar los impuestos y que los propietarios

Madrid	3.120.732
Barcelona	1.707.286
Valencia	758.738
Sevilla	678.218

Hemisferio occidental

Montaña	Altura (metros)	País
Aconcagua	7021	Argentina, Chile
Ojos de Salado	6885	Argentina, Chile
Bonete	6872	Argentina, Chile
Tup	6800	Argentina
Falso Azufre	6790	Argentina, Chile
Veladero	6780	Argentina

mestizo = gente que tiene mezcla de sangre europea e indígena.

GRUPOS RACIALES DOMINANTES

Honduras:	90% mestizos, 7% amerindios, 2% negros, 1% blancos
El Salvador:	89% mestizos, 10% amerindios, 1% blancos
Nicaragua:	69% mestizos, 17% blancos, 9% negros, 5% amerindios
Panamá:	70% mestizos, 14% negros, 10% blancos, 6% amerindios
Costa Rica:	

Islas caribeñas	Kilómetros^2
Cuba	114.525
Hispaniola	76.029
Jamaica	11.424
Puerto Rico	8.800

Hispaniola = la República Dominicana y Haití

▶ *Una playa muy atractiva en Punta Cana, República Dominicana.*

Actividad 29: ¿Qué piensan? En grupos de tres, reaccionen a estas ideas. Usen oraciones como: **(No) Estoy de acuerdo porque . . .**

1. Las playas de México son las mejores del mundo.
2. Las bebidas alcohólicas causan más muertes que el tabaco.
3. Las mujeres son más sentimentales que los hombres.
4. Las escuelas públicas son tan buenas como las privadas.
5. Los hombres tienen más aptitud para aprender matemáticas que las mujeres.
6. Entre los idiomas extranjeros, el español es el idioma más importante para aprender en los Estados Unidos.
7. Ted Koppel es el comentarista que entiende mejor los problemas de este país.

III. Obtaining and Giving Information

¿Qué? and *¿cuál?*

1. In general, the uses of **qué** and **cuál** parallel English uses of *what* and *which* except in cases where these words are followed by **ser.**

¿**Qué** te ocurre?
¿**Qué** haces mañana?
¿**Cuál** le gusta más?
¿**Cuáles** de estos impermeables prefieren?

2. Use **qué** + **ser** to ask for a definition, an identification of an unknown object, or for group classifications.

—¿**Qué** es un impermeable?
—Es un abrigo ligero para la lluvia. *(definition)*

—¿**Qué** es eso?
—Es un Frisbee, abuela. Lo usan los niños para jugar. *(identification)*

—¿**Qué** eres, demócrata o republicano?
—No, soy del Partido Verde. *(group classification)*

3. In all other instances not covered in points 1 and 2, use **cuál(es)** with **ser.**

¿**Cuál** es tu número de teléfono?
¿**Cuál** es tu dirección?

Note: A noun can follow both **qué** and **cuál(es)**, although qué + noun is more common: **¿Qué vestido te vas a poner esta noche?**

Actividad 30: ¿Cuánto sabes? **Parte A:** Completa las siguientes preguntas con **qué** o **cuál/es.**

1. ¿ ________________ es el país más grande de Suramérica y ________________ idioma hablan allí?
2. ¿ ________________ es el idioma que hablan en Belice y dónde está este país?
3. ¿ ________________ es una guayabera y en ________________ países se lleva?
4. ¿ ________________ es el país más pacífico de Centro América y cómo se llama su ex presidente que ganó el premio Nóbel de la Paz?
5. ¿ De ________________ país es Bianca Jagger, la ex esposa de Mick Jagger?
6. ¿ ________________ es el nombre del ex presidente de Panamá que ahora está en una prisión de los Estados Unidos?
7. ¿ ________________ es la montaña más alta de América?
8. ¿ ________________ es un "taco" en España? ¿Y en México?
9. ¿ ________________ de los países suramericanos debe su nombre a un explorador?
10. ¿ ________________ son las dos capitales de Bolivia?
11. ¿ ________________ moneda usan en España?
12. ¿ ________________ de las islas del Caribe es la más grande?

Parte B: En parejas, túrnense para hacer y contestar las preguntas anteriores. Si no saben la respuesta, digan **No sé. / No tengo idea. ¿Lo sabes tú?**

¿LO SABÍAN?

En el mundo hispano y en la mayoría de los países del mundo, los estudiantes aprenden que hay cinco continentes y no siete como enseñan los libros de los Estados Unidos. Los cinco continentes son América, Europa, Asia, África y Oceanía. Por eso, en español normalmente no se habla de "las Américas" sino de "América" como un sólo continente. Observa el uso de la palabra "América" en el número 7 de la Actividad 30. Di cómo se traduce la siguiente oración: "Mount McKinley is the tallest mountain in America".

Actividad 31: ¿Víctima del estrés? **Parte A:** Mucha gente es víctima del estrés en la vida cotidiana. Haz el siguiente test para averiguar si eres víctima del estrés.

TEST

por María Dueñas

¿Víctima del estrés?

1. ¿Empieza usted cosas que deja a medias *(leave unfinished)*?
a) Sí, últimamente actúa de una forma dispersa y sin organización.
b) Alguna vez le pasa algo así, pero se esfuerza por organizarse.
c) No, usted es metódico y concienzudo *(conscientious)*, aunque tenga muchas cosas que hacer.

2. ¿Ha sentido últimamente dolores de cabeza, molestias en el estómago, cansancio o malestar general inmotivados?
a) Sí, ha sufrido alguno de estos síntomas en la última temporada.
b) Quizá algo, pero sabe que se evita durmiendo lo necesario y ajustando su ritmo de vida diaria.
c) No, ni últimamente ni antes.

3. ¿Le falta memoria?
a) Muchísima; desde hace cierto tiempo se le olvida todo.
b) Tiene algún olvido, pero no es algo llamativo ni excede lo normal.
c) No, o por lo menos no más de lo habitual.

4. ¿Tiene la sensación de que no le alcanza tiempo?
a) Sí, es agobiante *(exhausting)*; parece que el tiempo se le escapa.
b) Alguna vez, generalmente porque tenía mucho trabajo.
c) No.

5. ¿Duerme mal?
a) Sí, últimamente le cuesta coger el sueño *(fall asleep)* y/o se despierta por la noche.
b) A veces, muy esporádicamente.
c) No, duerme perfectamente; cualquiera diría que como un tronco.

6. ¿Está ahora más torpe *(clumsy)*, se le caen objetos, se olvida de las cosas, se mancha *(spill things on you)*?
a) Sí, parece como si no se fijase o no viese las cosas.
b) Más o menos, lo mismo de siempre.
c) No, en absoluto.

7. ¿Se arregla menos que antes?
a) Sí, ahora sale de su casa vestido/a de cualquier manera, sin echarle ningún vistazo a su apariencia personal.
b) Depende de la prisa que tenga.
c) No, cuida su aspecto exterior como siempre.

EVALUACIÓN

Predominio A
En estos momentos su ansiedad es evidente, le ha desbordado y superado. La situación se le ha escapado de las manos y síquica y físicamente empiezan a aparecer quejas. Ahora es víctima del estrés.

Predominio B
Aunque el estrés le ataca y ha podido sufrirlo en el pasado, ahora le está haciendo frente adecuadamente. Además, ha puesto en marcha los recursos necesarios para que la tensión no pueda con usted.

Predominio C
La palabra estrés no figura en su diccionario particular. Como a cualquiera, se le presentan situaciones, pero usted simplemente las evita o las reduce a acontecimientos normales.

Parte B: En grupos de tres mencionen tres causas del estrés y tres efectos que no aparecen en el test.

➤ Trabaja medio tiempo, es estudiante y es actor. (causa)
No puede concentrarse cuando estudia. (efecto)

Vocabulario activo

Verbos que usan pronombres reflexivos

Ver páginas 41–42.

Participios pasivos irregulares

Ver página 50.

Expresiones útiles

chiste	*joke*
divertirse un montón	*to have a ball/a lot of fun*
tener prisa	*to be in a hurry*
¡Ya voy!	*I'm coming!*

Las prendas de vestir

Ver páginas 51–52.

el botón	*button*
los calzoncillos	*boxer shorts; briefs*
el cordón	*shoelace*
la cremallera	*zipper*
el cuello	*collar*
el frac/smoking	*tuxedo*
la solapa	*lapel*
el sostén	*bra*
la suela	*sole*
el vestido de fiesta	*evening dress*

Vocabulario personal

CAPÍTULO 3

Los conquistadores españoles

Vista de la ciudad de Granada desde la Alhambra en España.

COMMUNICATIVE GOALS

- narrating in the past (Part One)
- avoiding redundancies
- stating time and age in the past

Un anuncio histórico

1492 Colón llegó a América
1504 Murió la Reina Isabel
1513 Ponce de León exploró la Florida
1521 Magallanes llegó a las Filipinas
1524 Llegaron los primeros negros a Cuba
1535 Pizarro conquistó el Imperio Inca
1824 Se libró la Batalla de Ayacucho en Perú
1848 Terminó la guerra entre México y los EE.UU.
1898 Terminó la colonización española de América

▲ *La estrella mora.*

el lunes	on Monday
los lunes	on Mondays
(año) clave	key (year)

llave = key (as in a car key)

Actividad 1: Algo de historia **Parte A:** Habla sobre estos puntos antes de escuchar un anuncio comercial.

1. ciudades, países o zonas geográficas que relacionas con las siguientes religiones: el islam, el judaísmo y el catolicismo
2. religión que asocias con:
   - el *Torah*, la *Biblia*, el *Corán*
   - Mahoma, los reyes Fernando e Isabel de España, Maimónides
   - una iglesia, una sinagoga, una mezquita

Parte B: Mientras escuchas el anuncio comercial, escribe los años en que ocurrieron los siguientes acontecimientos:

1. Los moros invadieron la Península Ibérica. ________
2. Pelayo ganó la primera batalla contra los moros. ________
3. Los judíos, los moros y los cristianos pudieron estudiar y trabajar juntos entre los años ________ y ________.
4. Comenzó la Inquisición Española. ________
5. Los Reyes Católicos expulsaron a los moros de la Península Ibérica. ________

Actividad 2: Más información Escucha el anuncio comercial una vez más y contesta estas preguntas.

1. ¿Qué otro nombre se usa en España para musulmán?
2. ¿Quién fue el rey español entre 1252 y 1284?
3. ¿Con qué otro nombre se conoce a Fernando y a Isabel?
4. El anuncio comercial habla de la Península Ibérica. ¿Sabes qué países forman esa península?
5. ¿Cuántos años estuvieron los moros en la Península Ibérica?

¿LO SABÍAN?

En el año 1492 ocurrieron tres acontecimientos de gran importancia, no sólo en la historia de España sino también en la historia mundial. Primero, se publicó la primera gramática de la lengua española para establecer las reglas del español; segundo, los Reyes Católicos vencieron a los moros en Granada, y les dieron la opción de "bautismo o destierro" a los judíos de la península, expulsando de esta manera a mucha gente con el fin de obtener la unidad religiosa; y tercero, Cristóbal Colón salió en su primer viaje hacia el occidente. La llegada de Colón a una pequeña isla caribeña marcó el principio del dominio y la colonización española de América. Con la exploración y la colonización, los españoles trajeron a América dos elementos claves de su cultura: la lengua y la religión, los cuales modificaron para siempre la faz y el alma de la región que actualmente se llama Hispanoamérica.

I. Narrating in the Past (Part One)

A. The Preterit

1. As you studied in previous Spanish courses, in order to speak about the past you need both the preterit and imperfect. This chapter will focus on the use of the preterit. In general terms, the preterit is dynamic and active and is used to move the narrative along while talking about the past. The preterit forms of regular verbs are as follows:

entrar		vender		vivir	
entr**é**	entr**amos**	vend**í**	vend**imos**	viv**í**	viv**imos**
entr**aste**	entr**asteis**	vend**iste**	vend**isteis**	viv**iste**	viv**isteis**
entr**ó**	entr**aron**	vend**ió**	vend**ieron**	viv**ió**	viv**ieron**

To review formation of the preterit tense and irregular forms, see page 312–314.

▶ *Mucha gente no pone acentos en las mayúsculas aunque la regla dice que hay que ponerlos. Por eso dice aquí EL LEYO, y no ÉL LEYÓ.*

EL LEYO
UN EXCITANTE LIBRO DE PIRATAS
ELLA LEYO
UN CUENTO UN POCO TRISTE
EL LEYO
UNA NOVELA DE AMOR MUY ROMANTICA
EL NO LEYO NADA
YO ESTUVE EN LA FERIA DEL LIBRO DE BUENOS AIRES

2. Timelines can help you understand the uses of and relationships between different tenses. Examine the timelines as you read the examples. Use the preterit in the following circumstances:

a. To denote an action that was performed and completed in the past.

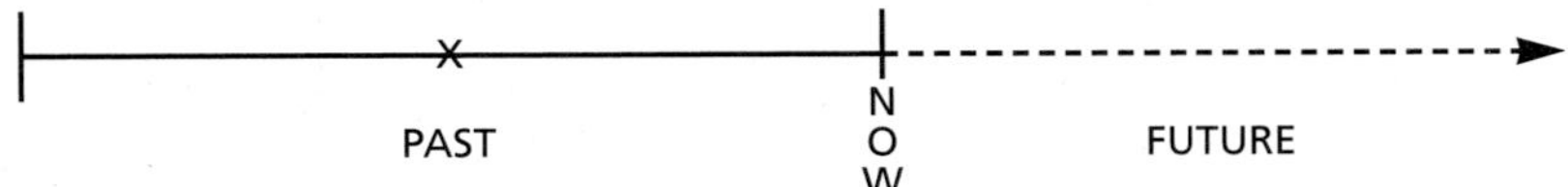

El Sr. Vegas **llegó** a la convención el martes. — *Mr. Vegas arrived at the convention on Tuesday.*

b. To express the beginning of a past action.

La clase **comenzó** a las 9:00. — *The lecture began at 9:00.*

Iniciaron las negociaciones diplomáticas en las O. N. U. — *Diplomatic negotiations began at the United Nations.*

O. N. U. = Organización de las Naciones Unidas

c. To express the end of a past action.

La convención **terminó** el viernes.	*The convention ended on Friday.*
Las negociaciones **duraron hasta** ayer por la madrugada.	*The negotiations lasted until yesterday at daybreak.*

d. To express an action which occurred over a specific period of time. This time period is, many times, overtly expressed in the sentence.

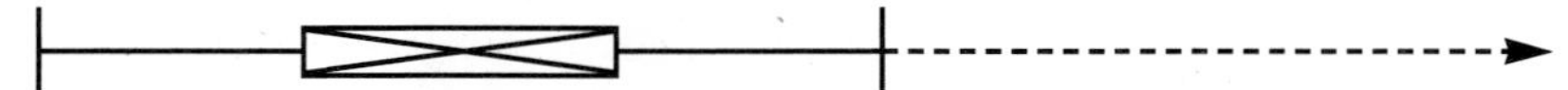

La convención **duró cuatro días**.	*The convention lasted four days.*
Estuvieron en Asunción **toda la semana.**	*They were in Asunción all week.*

Actividad 3: Analiza Examina las siguientes oraciones sobre la historia de España y la colonización del continente americano. Primero, subraya *(underline)* los verbos en el pretérito y segundo, indica cuál de los gráficos explica mejor el uso del pretérito en cada oración.

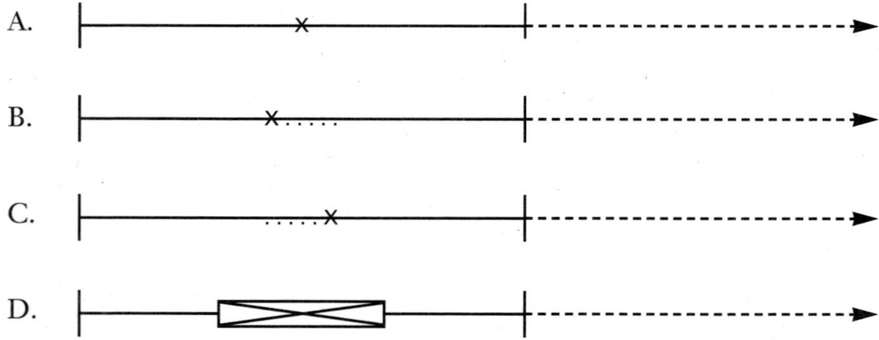

1. _____ En 1502, empezó la colonización de las Antillas.
2. _____ Isabel la Católica murió en Medina del Campo en 1504.
3. _____ Isabel, junto con Fernando, gobernó una España unida desde 1492 hasta su muerte.
4. _____ De 1510 hasta 1512, Juan Ponce de León fue gobernador de Puerto Rico.
5. _____ En 1513, Juan Ponce de León inició la búsqueda de la Fuente de la Juventud en lo que hoy en día es la Florida.

To review large numbers, see page 325.

6. _____ En 1521, Hernán Cortés derrotó a los aztecas en la región que actualmente es México.
7. _____ Francisco Pizarro capturó a Atahualpa, el último emperador inca, en 1532.
8. _____ Pizarro completó la conquista del Imperio Inca en 1535.
9. _____ Los españoles llegaron a Texas en 1720.
10. _____ En 1769, los clérigos españoles comenzaron a fundar misiones en California para llevar la palabra de Dios a los indígenas.
11. _____ En 1898 terminó la dominación española del continente americano.
12. _____ Los españoles dominaron partes de Hispanoamérica y de los Estados Unidos durante más de cuatrocientos años.

Actividad 4: Los siglos XV a XIX Completa los siguientes cuadros históricos con acciones en el pasado para aprender más sobre los siglos XV a XIX y sobre la participación española en la historia mundial.

Remember the following letter combinations in Spanish when spelling preterit forms: hard **c** sound = ca **que** qui co cu (to**qué**);

hard **g** sound = ga **gue** gui go gu (pa**gué**);

s/z sound = za **ce** ci **zo** zu (empe**cé**, hi**zo**).

en las colonias

1496 Los españoles ____________ la primera ciudad española en América, Nueva Isabela, que hoy en día es Santo Domingo. (fundar)

1500 Juan de la Cosa ____________ el primer mapa de América. (hacer)

1521 Fernando de Magallanes ____________ a las Islas Filipinas y así ____________ una época de colonización española. (llegar, empezar)

1525 Esteban Gómez ____________ por la costa norteamericana. (navegar)

1528 Saavedra ____________ Carolina del Norte y Carolina del Sur. (explorar)

1548 Martínez de Irala ____________ Argentina y ____________ a los Andes. (cruzar, llegar)

1560 ____________ Colocolo, jefe de los indígenas araucanos de Chile. (morir)

1607 Los jesuitas ____________ a construir misiones en Paraguay. (empezar)

1783 ____________ Simón Bolívar, el gran Libertador del norte de Suramérica. (nacer)

en el continente europeo

1478 Los Reyes Católicos ________________ la Inquisición española para obtener unidad religiosa dentro del país. (iniciar)

1503 Los españoles ________________ la Casa de Contratación para recibir el oro del continente americano. (establecer)

1516 Carlos I (Carlos V del Imperio Romano) ________________ al trono de España. (subir)

1580 El rey Felipe II ________________ Portugal y España. (unir)

1588 Los ingleses ________________ la Armada Invencible de España en el Canal de la Mancha. (vencer)

1589 Los ingleses ________________ Lisboa y La Coruña. (atacar)

1616 ________________ Miguel de Cervantes, autor de *El ingenioso hidalgo Don Quijote de la Mancha*. (morir)

1648 Los Países Bajos ________________ su independencia de España. (lograr)

1898 España ________________ sus últimas colonias: Cuba, Puerto Rico y las Islas Filipinas. (perder)

Actividad 5: Guerras En grupos de tres, busquen en la columna de la derecha el año o los años que corresponden a cada una de las siguientes guerras y digan cuándo comenzaron y terminaron estas guerras.

la Primera Guerra Mundial	1845–1848
la Guerra Civil Española	1861–1865
la Guerra de Corea	febrero a mayo de 1898
la Guerra Civil Norteamericana	1914–1918
la Segunda Guerra Mundial	1936–1939
la Guerra Hispanoamericana	1939–1945
la Guerra entre México y los EE.UU.	1950–1953
la Guerra de las Malvinas	abril a junio de 1982

The Spanish American War has different names in different countries: **Guerra con los EE.UU.** (Spain), **Guerra de Independencia** (Cuba), **Guerra Hispano-americana** (Puerto Rico).

las Islas Malvinas = The Falkland Islands

Actividad 6: Tu historia **Parte A:** Haz una lista de cuatro a cinco acontecimientos históricos que tuvieron lugar durante tu vida hasta el año pasado. Incluye por ejemplo: guerras, elecciones, muerte de personas famosas, accidentes graves (nucleares o desastres naturales como terremotos, erupciones volcánicas), actos de terrorismo, asesinatos, inventos, etc.

Parte B: Ahora, en parejas, háganse preguntas para ver si la otra persona sabe en qué año ocurrieron los acontecimientos que escribieron.

➤ A: ¿En qué año fue la guerra con Iraq?

B: Fue en . . .

A: ¿En qué año no se jugó la Serie Mundial de béisbol?

B: No se jugó la Serie Mundial en . . .

Actividad 7: ¿Qué hiciste? **Parte A:** En parejas, túrnense para preguntarle a su compañero/a si hizo las siguientes actividades el fin de semana pasado.

➤ ¿Miraste televisión el fin de semana pasado?

Sí, miré televisión. No, no miré televisión.

	sí
1. alquilar un video	____
2. comer afuera y pedir un plato caro	____
3. conocer a alguien	____
4. dormir hasta muy tarde	____
5. hacer una llamada de larga distancia	____
6. jugar un deporte con pelota	____
7. leer una noticia interesante	____
8. limpiar su cuarto	____
9. tocar un instrumento musical	____
10. pagar una cuenta	____
11. pensar en los próximos exámenes	____
12. decidir estudiar en vez de salir	____
13. ir a una fiesta	____
14. ver una película en el cine	____
15. vestirse con ropa elegante	____

Parte B: Ahora, cuéntale a otra persona algunas de las cosas que hizo tu compañero/a.

B. Meanings Conveyed by Certain Verbs

In Spanish, certain verbs may convey a different meaning in the preterit than they do in the present, when translated into English. The meaning conveyed by the preterit in Spanish reflects the nature of the preterit itself, in that it moves the narration along by indicating a completed action or the beginning or end of an action.

	Present	Preterit
conocer (a + *person*)	to know (someone); to be acquainted with	met/began to know (someone or some place)
saber (+ *information*)	to know (something)	found out (something)
querer (+ *infinitive*)	to want (to do something)	tried to, but didn't (do something)
no querer (+ *infinitive*)	not to want (to do something)	refused (to do something and didn't)
poder (+ *infinitive*)	to be capable (of doing something)	was/were able and did (do something)
no poder (+ *infinitive*)	not to be able (to do something)	was/were not able and didn't (do something)
tener que (+ *infinitive*)	to have to (do something)	had to and did (do something)

Ayer **supe** la verdad sobre Joaquín. — *Yesterday I found out the truth about Joaquín.*

Él **no quiso** pagar el alquiler. — *He refused to pay the rent.*

Conozco personalmente a su hermana y entonces ayer **pude** invitarla al cine. — *I know his sister personally, so yesterday I was able to invite her to the movies.*

No pude localizar a Joaquín y voy a intentar otra vez mañana. — *I wasn't able to locate Joaquín; I'm going to try again tomorrow.*

Conocí a su padre el viernes pasado. ¡Qué simpático es! — *I met his father last Friday. What a nice person!*

Actividad 8: Este semestre Da la siguiente información sobre el principio de este semestre.

1. Nombra tres personas a quienes conociste por primera vez.
2. ¿Cuándo supiste los nombres de tus profesores, el semestre pasado o al principio del semestre?
3. ¿Quisiste entrar en una clase y no pudiste? Si contestas que sí, ¿cuál fue?

Actividad 9: ¿Qué tal la fiesta? En parejas, cada uno debe contarle a su pareja sobre la última fiesta a la cual asistió. Hablen sobre los siguientes puntos.

pareja = pair; partner

1. cómo supiste de la fiesta
2. adónde fuiste
3. quién hizo la fiesta
4. cómo fuiste (caminaste, fuiste en metro/coche)
5. una persona a quien conociste
6. quiénes más asistieron
7. qué sirvieron para beber/comer
8. tres cosas que hiciste
9. si lo pasaste bien o mal
10. si sueles ir a muchas fiestas

C. Indicating When Actions Took Place: Time Expressions

1. To move the narration along in the past, use adverbs of time and other expressions of time that tell when an action took place. Some common expressions and adverbs include:

de repente	suddenly
a las tres, cuatro, etc.	at three, four o'clock, etc.
anoche	last night
anteanoche	the night before last
ayer	yesterday
anteayer	the day before yesterday
el lunes/fin de semana/mes/año/siglo pasado	last Monday/weekend/month/year/century
la semana/década pasada	last week/decade
en (el año) 1588	in (the year) 1588
en el 94	in '94

Anteanoche pasé cinco horas en la biblioteca. — *The night before last I spent five hours in the library.*

En 1588, la Armada Invencible perdió una batalla contra los ingleses. — *In 1588, the Invincible Spanish Armada lost a battle against the English.*

2. To express how long ago an action took place, use the following formula:

> **Hace** + *period of time* + **(que)** + *verb in the preterit*
> *Verb in the preterit* + **hace** + *period of time.*

Hace casi cinco siglos (que) los europeos **probaron** el chocolate por primera vez.

Los europeos **probaron** el chocolate por primera vez **hace casi cinco siglos.**

Europeans tried chocolate for the first time almost five centuries ago.

3. Use the following expressions with the preterit tense to denote how long an action occurred:

desde . . . hasta . . .	*from . . . until . . .*
por*. . . años/semanas/horas	*for . . . years/weeks/hours*
durante*. . . años/semanas/horas	*during . . . years/weeks/hours*

El dominio español de Hispanoamérica duró **desde finales del siglo XV hasta finales del siglo XIX**. — *The Spanish dominance of Hispanic America lasted from the end of the 15th century until the end of the 19th century.*

*Note: It is common to specify a time period with or without **por** or **durante**: Estudié en Ecuador **por/durante dos meses.** Estudié en Ecuador **dos meses.**

Actividad 10: ¿Qué hizo? En parejas, túrnense para contar lo que Uds. creen que hizo su profesor/a ayer. Usen cada una de estas expresiones de tiempo: **ayer, primero, después, más tarde, luego, por la tarde, durante dos horas, a las cinco, después, por la noche.** Tachen *(cross out)* las expresiones al usarlas. Pueden usar las expresiones en cualquier orden.

Actividad 11: Averiguaciones Usa la siguiente información para hacerles preguntas a tus compañeros. Escribe sólo el nombre de los que contesten que sí. Al hacer las preguntas, usa el pretérito o el presente según la información que busques.

➤ —¿Asististe a un concierto de música rap el fin de semana pasado?

—Sí, asistí a un concierto. (escribe el nombre de la persona) —No, no asistí a un concierto.

	nombre
tener cita con su profesor el semestre pasado	________________
cursar 4 materias este semestre	________________
hacerse un examen médico/dental el mes pasado	________________
ir al laboratorio de idiomas la semana pasada	________________
hacer ejercicio ayer durante 30 minutos	________________
tener que ir a la oficina de un decano el semestre pasado	________________
dejar de salir con alguien el mes pasado	________________
hacer experimentos en un laboratorio cada semana	________________
comprar libros usados al principio del semestre	________________
generalmente discutir con un/a compañero/a de habitación	________________
tener un estudiante de posgrado como profesor el semestre pasado	________________
pasar una noche en vela el semestre pasado	________________

Actividad 12: ¿Cuánto hace? En parejas, túrnense para preguntarse cuánto hace que hicieron las siguientes cosas.

➤ A: ¿Cuánto tiempo hace que fuiste al cine con un amigo?

B: Hace tres días que fui al cine. / Fui al cine anteanoche.

A: ¿Qué viste?

1. alquilar un video
2. besar a alguien
3. sacar A en un trabajo escrito
4. enojarse con alguien
5. volar a otra ciudad
6. dormir en un hotel
7. olvidarse de algo importante
8. faltar a una clase
9. gastar más de cien dólares en algo
10. ? ? ?

D. Indicating Sequence: Adverbs of Time

1. In order to narrate a series of actions, it is necessary to use words that indicate when the actions occurred in relation to other actions. The following words are used to express sequence:

antes	before
antes de + *infinitive*	before *verb* + ing
primero, segundo, tercero, etc.	first, second, third, etc.
más tarde/luego	later, then
después	later, then, afterwards
después de + *infinitive*	after *verb* + ing
tan pronto como/en cuanto	as soon as
inmediatamente	immediately
enseguida	at once
finalmente	finally
al terminar	after finishing

Preposition + infinitive: después **de** volver

Enseguida may be written as one word or two: **en seguida.**

2. It is common to use **más tarde, luego,** and **después** when sequencing events.

Primero fuimos al cine y { **más tarde** / **luego** / **después** } salimos a cenar.

First we went to the movies and then we went out to eat.

Actividad 13: Un día terrible En parejas, una persona usa la tabla A y la otra usa la tabla B para hablar del día tan horrible que tuvieron ayer. Usen palabras como: **primero, luego, después.**

A	B
caerte de la cama	levantarte tarde
tener un accidente de coche	quemarte con agua caliente
ver a tu novio/a con otro/a hombre/mujer	ponerte 2 zapatos de diferente color
quedarte atrapado/a en un ascensor	salir de la casa tarde
tener un examen de sorpresa	tomar el autobús equivocado
perder el autobús	llegar a clase cansadísimo/a
	el profesor no ir a clase

Actividad 14: Unas vacaciones En parejas, una persona usa la tabla A y la otra usa la tabla B para hablar del viaje que hizo cada uno. Al hablar incluyan palabras como: **primero, luego, después.**

A

- ir a Cancún, México
- estar 10 días
- el viaje y el hotel costar $525 dólares
- ir en avión (Mexicana)
- hacer excursiones en autobús a Tulum cerca de Cancún y a Tikal en Guatemala
    - visitar las ruinas mayas
    - comprar artesanías
- salir a bailar una noche
- pescar un día en el Caribe

Una pirámide maya en Tikal, Guatemala.

B

- ir a Puerto Banús en la Costa del Sol, España
- estar 2 semanas
- el viaje y el hotel costar $1025 dólares
- ir en avión (Iberia) y viajar en autobús del aeropuerto de Málaga a Puerto Banús
- hacer excursiones a Granada:
    - caminar por la Alhambra y el Generalife
    - visitar la catedral y las tumbas de Isabel y Fernando
    - ver a los gitanos bailar flamenco
- esquiar en el Mediterráneo un día
- comer en un restaurante árabe

El patio de los leones en la Alhambra, un palacio moro en Granada, España.

Actividad 15: Sus vacaciones En parejas, usen las siguientes ideas para contarle a su compañero/a sobre sus últimas vacaciones. Recuerden usar palabras como: **primero, luego, después.**

- adónde fuiste
- cuánto tiempo estuviste
- con quién fuiste
- cuánto costó
- cómo viajaste
- qué lugares visitaste
- qué cosas hiciste
- a quién conociste

E. Past Actions That Preceded Other Past Actions: The Pluperfect

When narrating in the past, one frequently refers to an action that preceded another action in the past. Spanish uses the pluperfect tense (had + past participle) to express the action that occurred before the other. To form the pluperfect tense (pluscuamperfecto), use a form of the verb **haber** in the imperfect and a past participle:

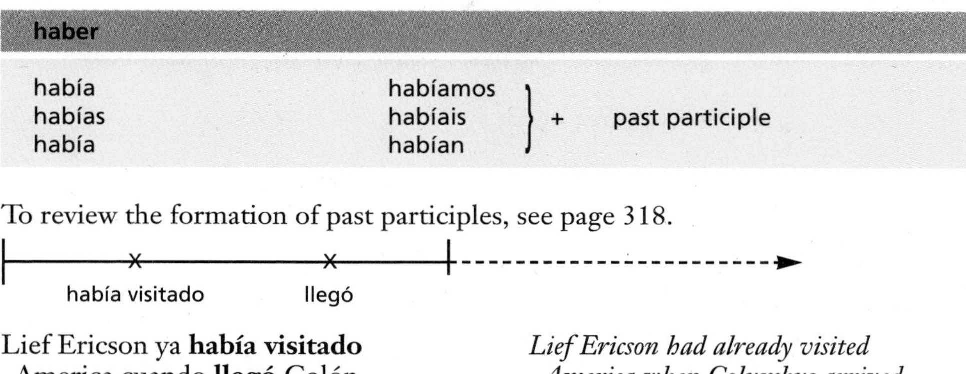

haber			
había	habíamos	+	past participle
habías	habíais		
había	habían		

To review the formation of past participles, see page 318.

Lief Ericson ya **había visitado** America cuando **llegó** Colón. — *Lief Ericson had already visited America when Columbus arrived.*

Note: **Ya** is frequently used before the pluperfect to emphasize that an action had *already* occurred before another took place.

Actividad 16: La vida de Cervantes Miguel de Cervantes Saavedra tuvo una gran influencia no sólo en la literatura española sino en la literatura universal. Lee primero con cuidado su información biográfica, y después forma oraciones sobre su vida usando las ideas de la página 78. ¡Ojo! Algunos verbos deben estar en el pretérito y otros en el pluscuamperfecto.

Miguel de Cervantes Saavedra

1547	Nace en Alcalá de Henares, España
1569	Va a Italia
1571	Lucha contra los turcos en la Batalla de Lepanto; pierde el uso de la mano izquierda
1575	Los turcos capturan a Cervantes, lo ponen en una cárcel
1575–1580	Trabaja como esclavo en Argel en una cárcel turca
1580	Sale de la cárcel turca en Argel
1605	Publica la primera parte de *El ingenioso hidalgo Don Quijote de la Mancha*
1615	Publica la segunda parte de *Don Quijote*
1616	Muere en Madrid

It is possible to use the present tense instead of the preterit to narrate in the past. This is called the **presente histórico**.

turcos = Turks

Argel = Algiers, the capital of Algeria

➤ 1547 nacer en Alcalá de Henares
En 1547 nació en Alcalá de Henares.

➤ los turcos capturar a Cervantes / estar en Italia
Cuando los turcos capturaron a Cervantes, él ya había estado en Italia.

1. 1547 nacer en Alcalá de Henares
2. estar en una cárcel turca / ir a Italia
3. turcos capturar a Cervantes / perder el uso de la mano izquierda
4. publicar la primera parte de *El ingenioso hidalgo Don Quijote de la Mancha* / trabajar como esclavo
5. 1575–1580 estar en una cárcel turca
6. 1580 salir de la cárcel
7. morir en 1616 / publicar la segunda parte de *Don Quijote*

Actividad 17: ¿Y tu vida? Contesta estas preguntas sobre tu vida.

1. ¿Ya habías sacado tu permiso de manejar cuando empezaste el tercer año de la escuela secundaria?
2. ¿Habías aprendido a leer antes de empezar el primer grado de la primaria?
3. ¿Habías visitado la universidad cuando viniste aquí para estudiar?
4. ¿Habías conocido a tu profesor/a de español antes de tomar esta clase?

Actividad 18: La línea de tu vida **Parte A:** En la siguiente línea marca un mínimo de cinco años importantes de tu vida. Algunas posibilidades son: el año en que naciste, el año en que recibiste un premio o tu equipo ganó una competencia, el año en que trabajaste por primera vez, etc.

|——————————————————————➤

Parte B: En parejas, muéstrense su línea y pregúntense sobre las fechas importantes de su vida. Usen expresiones como:

¿Qué pasó en . . . ?, ¿En que año (terminaste la escuela secundaria)?
¿Ya habías . . . cuando . . . ?

Parte C: Ahora hablen de la vida de su compañero/a diciendo oraciones como la siguiente:

➤ Ella ya **había estudiado** un poco de español cuando **fue** a México por primera vez.

F. La conquista

Notice some of the endings that are frequently used in each category.

acciones	hechos	personas
civilizar	la civilización	
colonizar	la colonización	el/la colonizador/a
conquistar	la conquista	el/la conquistador/a
crear	la creación	el/la creador/a
descubrir	el descubrimiento	el/la descubridor/a
dominar	la dominación	el/la dominador/a
encontrar	el encuentro	
explorar	la exploración	el/la explorador/a
explotar	la explotación	el/la explotador/a
exportar	la exportación	el/la exportador/a
expulsar	la expulsión	
fundar	la fundación	el/la fundador/a
importar	la importación	el/la importador/a
invadir	la invasión	el/la invasor/a
inventar	la invención	el/la inventor/a
liberar/libertar	la liberación/libertad	el/la liberador/a, libertador/a
navegar	la navegación	el/la navegante
vencer *(to defeat)*		el/la vencedor/a

Actividad 19: Asociaciones Di qué palabras de la lista anterior asocias con las siguientes personas, entidades o cosas y por qué.

1. Cristóbal Colón
2. Alejandro Graham Bell
3. Alberto Einstein
4. Hernán Cortés
5. la compañía Honda
6. los moros
7. Juan Ponce de León
8. el petróleo
9. la electricidad
10. Madame Curie

Actividad 20: Las definiciones **Parte A:** En parejas, una persona define las siguientes palabras y la otra persona cubre la lista y adivina qué palabra es. En la definición no se pueden usar palabras derivadas de la palabra que tienen que definir. Algunas frases útiles son: **Es una persona que . . . , Es la acción de . . . , Es un verbo que . . . , Es el acto de . . .**

➤ —Es el acto de traer productos de otros países para vender en este país.

—Importar.

1. el/la explorador/a
2. la invención
3. dominar
4. el/la explotador/a
5. el descubrimiento
6. expulsar

Parte B: Ahora cambien de papel.

1. el/la navegante
2. la fundación
3. la liberación
4. el/la colonizador/a
5. invadir
6. vencer

Actividad 21: ¿Positiva o negativa? En grupos de tres, miren la lista de vocabulario y digan si las palabras tienen una connotación positiva, negativa o ambas connotaciones y por qué.

➤ Exportar

—La palabra exportar tiene una connotación positiva para mí porque exportar es bueno para la economía de un país.

Actividad 22: ¿Cuánto saben? En parejas, túrnense para preguntarle a la otra persona sobre las siguientes ideas relacionadas con los Estados Unidos.

1. quiénes / colonizar / la Florida
2. quiénes / explorar / Quebec, Wisconsin y Michigan
3. quiénes / fundar / la ciudad de Salt Lake
4. qué metal precioso / descubrir / en San Francisco en 1848
5. cuál / ser / la invención / más importante de Thomas Edison
6. qué cosas / exportar / los Estados Unidos / hoy día
7. qué cosas / importar / los Estados Unidos / hoy día

II. Avoiding Redundancies

Subject and Direct-Object Pronouns

1. Look at the following conversation and state what is unusual.

A: ¿Marta compró la cámara?
B: No, Marta no compró la cámara.
A: ¿Cuándo va a comprar la cámara Marta?
B: Marta va a comprar la cámara mañana.

Obviously there is a great deal of repetition in the conversation. Two ways of avoiding repetition are: (a) substitute a subject pronoun (**yo, tú, Uds.,** etc.) for the subject or omit the subject altogether (b) substitute direct-object pronouns for direct objects.

A: ¿Marta compró la cámara?
B: No, no la compró.
A: ¿Cuándo la va a comprar?
B: (Ella) la va a comprar mañana.

2. A direct object usually receives the action of the verb directly. It answers the question **whom** or **what**. To avoid redundancy, use direct-object pronouns both in everyday speech and writing. The direct-object pronouns are:

me	nos
te	os
lo, la	los, las

—¿Probaste **los caramelos** cuando estuviste en Ecuador el verano pasado?
—Sí, **los** probé y son deliciosos.

3. The direct-object pronouns **lo, los, la,** or **las** are used in place of a direct object.

Sentences with Direct Objects	Sentences with Direct-Object Pronouns
Apuntó **el teléfono del consultorio médico**.	**Lo** apuntó.
Carlos vio **a la doctora** la semana pasada.	Carlos **la** vio la semana pasada.
	La doctora **me/te/os/nos** vio la semana pasada.

Remember that a direct object is almost always preceded by the personal **a**.

Note: When referring to people, you can clarify or emphasize a direct-object pronoun by using the personal **a** followed by a pronoun or a noun-pronoun combination:

La doctora **nos** vio **a nosotras.** *(pronoun)*
La doctora **nos** vio **a Pilar y a mí.** *(noun-pronoun combination)*

Although in colloquial speech you may hear
La doctora la vio a Pilar, La doctora vio a Pilar is preferred.

4. Use direct-object pronouns:

a. before a conjugated verb

Siempre **los pruebo** cuando estoy en Ecuador.
Los había probado antes de visitar Ecuador.
Los probé ayer.
Los estoy probando en este instante.
Los quiero probar.
Los voy a probar.

b. after and attached to the infinitive or the present participle

Quiero **probarlos.**
Estoy **probándolos.***
Voy a **probarlos.**
Anda **probándolos.***

*Note: Notice the need for an accent. To review accent rules, see page 321.

Actividad 23: ¿Cuándo fue la última vez? En parejas, averigüen cuándo fue la última vez que les pasaron las siguientes cosas.

➤ A: ¿Te llaman por teléfono tus padres?

B: Sí, me llaman mucho. B: No, no me llaman nunca.

A: ¿Cuándo fue la última vez que te llamaron?

B: Me llamaron hace tres días.

1. sus padres: llamarlo/la por teléfono / visitarlo/la en la universidad
2. sus amigos: venir a visitarlo/la de otra universidad / invitarlo/la a cenar / criticarlo/la por algo
3. sus profesores: verlo/la fuera de las horas de oficina

Actividad 24: El jefe no nos escucha En grupos de tres, piensen en los jefes que han tenido y en otros jefes que conocen. Después, formen oraciones explicando cómo son los jefes en general. Sigan el modelo.

➤ Generalmente, no **nos ven** fuera de las horas laborales.

➤ Muchos de los jefes no **nos ven** fuera de las horas laborales, pero hay algunos que sí **nos ven**. Algunos incluso salen a tomar algo con nosotros.

1. escucharlos atentamente cuando Uds. hablan
2. respetarlos
3. conocerlos bien
4. considerarlos parte importante de la compañía
5. dejarlos salir temprano del trabajo para ocasiones especiales
6. invitarlos a tomar algo después del trabajo

Actividad 25: La redundancia La siguiente historia contiene redundancias que están en bastardilla. Léela y después intenta reescribirla para que sea más aceptable.

Ayer fue un día bastante fuera de lo normal. Primero fui a una tienda de ropa para comprar unas blusas. Elegí *las blusas*, pagué *las blusas* y la vendedora puso *las blusas* en una bolsa. Al salir de la tienda comenzó a sonar la alarma y enseguida llegó una mujer policía vestida de civil. Revisó mi bolsa y *la mujer policía* encontró unos aparatos de plástico en mis blusas. Entramos en la tienda y ella quitó *los aparatos* y me fui a tomar el autobús.

En la parada, un hombre muy extraño y yo esperamos el autobús por cinco minutos. Luego tomamos *el autobús*, me senté, me puse los anteojos y comencé a leer una revista. El señor extraño se sentó a mi lado y empezó a mirarme y a mirar mi revista. Entonces yo cerré *la revista*, me levanté y me senté en otro asiento. A los pocos minutos pensé: "¡Mis anteojos! No tengo *mis anteojos*", pues había dejado *mis anteojos* en el asiento anterior. Fui y le pregunté al hombre si había visto *mis anteojos* y cuando miré bien *al señor*, vi que *el señor* tenía puestos *mis anteojos*. Muy furiosa tomé *los anteojos* y me bajé del autobús pensando que hay gente muy rara en el mundo.

III. Stating Time and Age in the Past

The Imperfect

You saw how the preterit is used to move the narrative along. In this section you will see how the imperfect sets the background or scene for past events. Time and age, in a broad sense, help provide background information.

1. To tell time in the past, use **era/eran** + the time.

A:	¿Qué hora **era** cuando empezó la clase?	*What time was it when the class started?*
B:	**Era** la una y cuarto.	*It was a quarter after one.*
A:	¿Qué hora **era** cuando terminó?	*What time was it when it ended?*
B:	**Eran** las dos y pico.	*It was a little after two.*

2. To state someone's age in the past, use a form of the verb **tener** in the imperfect + age.

Note: The word **años** is necessary when expressing age: **Ramón tenía 18 años . . .** *(Ramón was 18 . . .)*

Ramón **tenía 18 años** cuando sacó el permiso de manejar. — *Ramón was 18 when he got his driver's license.*

Actividad 26: Un día típico **Parte A:** Mira la lista de acciones. Tacha las cosas que no hiciste ayer. Si ayer fue domingo, tacha las cosas que no hiciste el viernes pasado.

levantarte	llegar tarde a clase	ir a la biblioteca
ducharte	almorzar	salir con amigos
desayunar	volver a casa	acostarte
ir a tu primera clase	estudiar	comer pizza

Parte B: En parejas, intercámbiense las listas. Pregúntenle a su compañero/a qué hora era cuando hizo las cosas de la lista que no están tachadas. Miren el modelo e intenten variar sus preguntas.

➤ —¿Qué hora era cuando te levantaste?
—Eran las ocho y media cuando me levanté.

—¿A qué hora te levantaste?
—Me levanté a las ocho y media.

Actividad 27: Tenía . . . Contesta estas preguntas sobre tu familia.

1. ¿Cuántos años tenían tus padres cuando se conocieron?
2. ¿Cuántos años tenía tu madre cuando tú naciste? ¿Y tu padre?
3. ¿Tienes un/a hermano/a menor? ¿Cuántos años tenías cuando nació?
4. ¿Tienes un/a hermano/a mayor? ¿Cuántos años tenía cuando tú naciste?
5. ¿Tienes un/a hijo/a o un/a sobrino/a? ¿Cuántos años tenías tú cuando nació?
6. ¿Cuántos años tenías cuando te graduaste de la escuela secundaria?
7. ¿Cuántos años tenías cuando sacaste el permiso de manejar?

Actividad 28: ¿Cuántos años tenía . . . ? En parejas, túrnense para hacer y contestar preguntas sobre estas personas famosas.

➤ A: ¿Cuándo nació Núñez de Balboa?

B: Nació en mil cuatrocientos setenta y cinco.

A: ¿Cuántos años tenía cuando llegó a Hispaniola?

B: Tenía veinticinco años.

1. Núñez de Balboa (primer europeo que vio el Pacífico):

   Nace – 1475
   Llega a Hispaniola – 1500
   Ve el Océano Pacífico – 1513
   Muere ejecutado – 1519

2. Francisco Pizarro (conquistador del Imperio Inca):

   Nace – 1471
   Viene al hemisferio occidental *(west)* – 1502
   Completa la conquista del Imperio Inca – 1535
   Muere asesinado – 1541

▲ *Grabado al aguafuerte del inca Atahualpa a los pies de Francisco Pizarro.*

3. Francisco Vázquez de Coronado (explorador del suroeste de los Estados Unidos; primer europeo que vio el Gran Cañón y el Río Colorado):

   Nace – 1510
   Llega a la ciudad de México – 1535
   Empieza a buscar las Siete Ciudades de Cibola – 1540
   Muere – 1554

4. Hernán Cortés (conquistador del Imperio Azteca):

   Nace – 1485
   Llega a Cuba – 1504
   Captura Tenochtitlán en México – 1521
   Muere en España – 1547

Actividad 29: La historia de la conquista En parejas, una persona cubre la tabla A y la otra persona cubre la tabla B. Háganse preguntas para intercambiar la siguiente información y completar su cuadro sobre personajes famosos de la conquista:

a. cuándo nacieron
b. dónde nacieron
c. qué cosas importantes hicieron
d. cuándo murieron y qué edad tenían cuando murieron

A

Juan Ponce de León ______ – 1521	________	____________, fundar San Juan, ____________
Isabel la Católica 1451 – ______	española	ser reina de Castilla y Aragón, ____________
____________ 1451 – ______	italiano	____________, hacer expediciones a América del Sur y América Central desde 1497 hasta 1503
Cabeza de Vaca 1490 – ______	________	ser explorador, explorar el suroeste de los Estados Unidos y llegar al Golfo de California, ____________
Juan S. Elcano ______ – 1526	español	____________, ____________
Francisco Pizarro 1471 – ______	________	ser líder de la conquista del Perú desde 1530 hasta 1535

B

Juan Ponce de León 1460? – ______	español	ser gobernador de Puerto Rico desde 1510 hasta 1512, ____________, explorar la Florida en 1513
Isabel la Católica ______ – 1504	________	____________, expulsar a los moros de España en 1492
Américo Vespucio 1451 – 1512	________	ser explorador, hacer expediciones a ____________ y ____________
____________ ______ – 1557	español	ser explorador, ____________ y ____________, ser gobernador de Paraguay desde 1541 hasta 1542
Juan S. Elcano 1460 – ______	________	comandar una nave de Magallanes, ser el primero en circunnavegar la tierra en 1522
Francisco Pizarro ______ – 1541	español	____________

Vocabulario activo

Adverbios y expresiones de tiempo

Ver página 73.

Palabras para indicar secuencias

Ver página 75.

Expresiones útiles

(año) clave	*key (year)*
el lunes	*on Monday*
los lunes	*on Mondays*
ya	*already*

La conquista

Ver página 79.

la batalla	*battle*
la búsqueda	*search*
los cristianos	*Christians*
la guerra	*war*
los judíos	*Jews*
los moros	*Moors*

Vocabulario personal

La América precolombina

CAPÍTULO 4

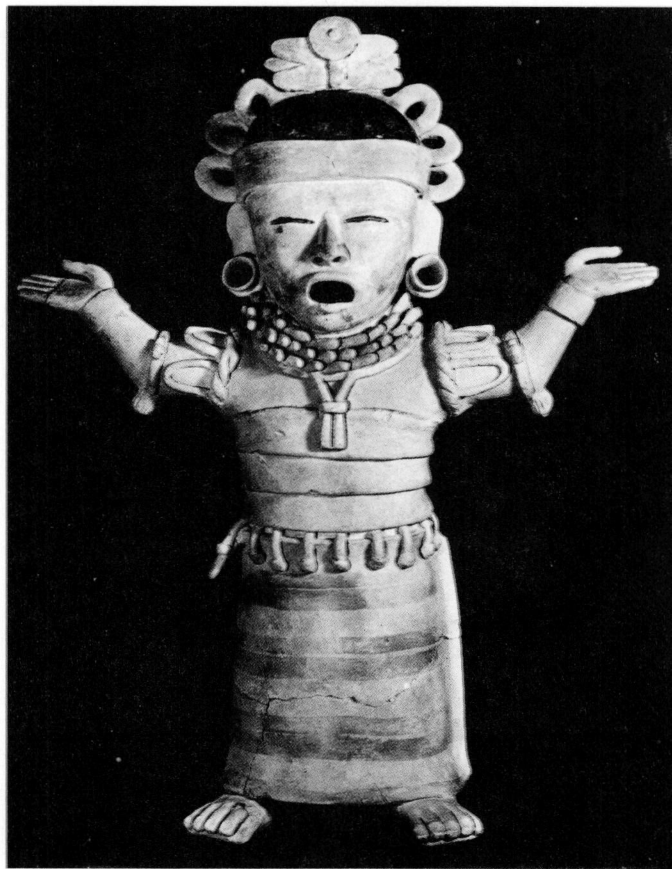

▲ *Pequeña estatua de la diosa Chihuateteo en Veracruz, México.*

COMMUNICATIVE GOALS

- narrating in the past (Part Two)
- expressing changes in physical, mental, or social states
- describing people
- indicating the beneficiary of an action

La leyenda del maíz

Había una vez . . .	Once upon a time there was/were . . .
¿A que no saben . . . ?	Bet you don't know . . . ?
No saben la sorpresa que se llevó cuando . . .	You wouldn't believe how surprised he/she was when . . .

Actividad 1: ¿Qué sucedió? **Parte A:** La locutora de un programa de radio para niños va a contar una leyenda tolteca sobre cómo llegó el maíz a la tierra. El protagonista de la leyenda se llama Quetzalcóatl. Antes de escucharla, en grupos de tres, miren los dibujos que también cuentan la leyenda, e intenten adivinar qué sucedió. Luego compartan sus ideas con el resto de la clase.

hormigas = ants

hormiguero = anthill

1.

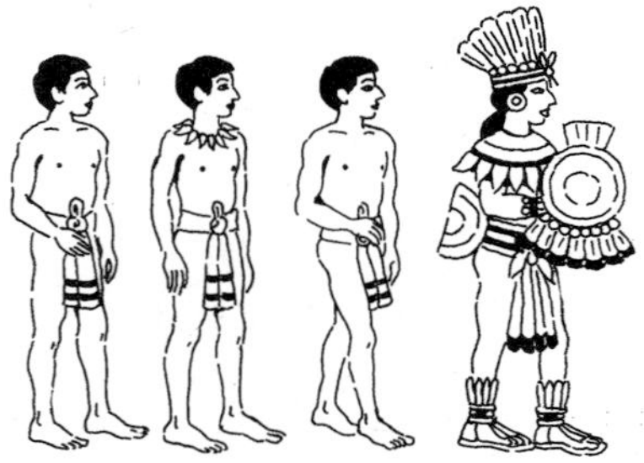

2.

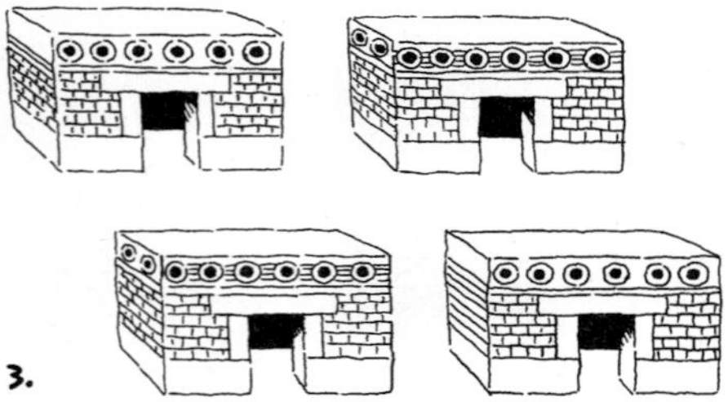

3.

4.

5.

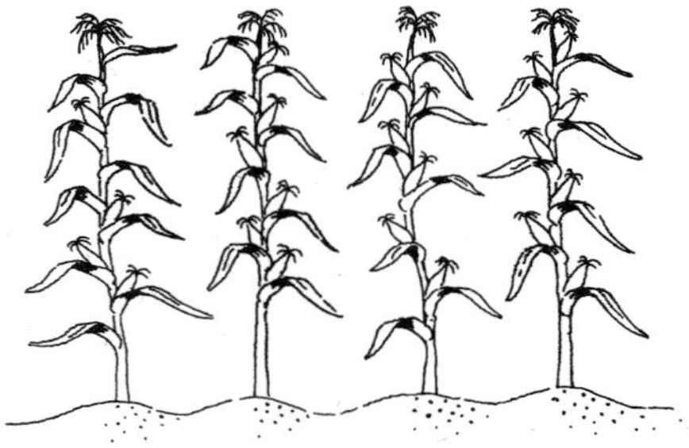

6.

Parte B: Ahora escuchen la leyenda para confirmar o corregir su interpretación.

Parte C: Escuchen la leyenda otra vez y agreguen *(add)* detalles, especialmente sobre cómo consiguió Quetzalcóatl los granos de maíz y qué hizo con ellos.

Actividad 2: Los regalos Discutan cuál de los cinco regalos de los dioses fue el mejor para los toltecas y expliquen por qué. Después, decidan cuál de los cinco regalos les interesó más a los españoles durante su dominación de Hispanoamérica y por qué.

¿LO SABÍAN?

Quetzalcóatl ocupa un lugar de mucha importancia en la mitología mexicana. En una leyenda se le atribuye la creación de la raza humana. Se dice que descendió de la tierra de los muertos y encontró unos huesos, vertió *(shed)* su propia sangre sobre éstos y así creó a los seres humanos. También se dice que les enseñó a los habitantes de la tierra a tejer telas, a hacer mosaicos y a cortar y pulir el jade. Además inventó el calendario y les enseñó a los seres humanos la astronomía. Algunas leyendas cuentan que Quetzalcóatl era de color blanco y que tenía barba. Por eso, cuando llegó Cortés, Moctezuma creyó que había vuelto Quetzalcóatl, el dios de las plumas. Esto le facilitó a Cortés la conquista de México. Di si conoces a algún personaje mitológico de gran importancia en el folclore norteamericano.

▲ *Cabeza de piedra del dios Quetzalcóatl en la antigua ciudad de Teotihuacán ubicada en la afueras de la ciudad de México.*

I. Narrating in the Past (Part Two)

A. Preterit and Imperfect: Part One

In Chapter 3 you reviewed narration in the past using the preterit. You learned to use the preterit to refer to a completed past action or to focus on the beginning or end of past actions. In Spanish, the imperfect is used to refer to ongoing past actions or states. In the legend the narrator states: **"ellos eran muy, muy pobres, entonces todas las noches** (Quetzalcóatl) **iba a una montaña y les pedía a los dioses inspiración".** Here **eran** denotes an ongoing past state while **iba** and **pedía** indicate ongoing past actions.

1. The imperfect is formed as follows:

estar		hacer		dormir	
est**aba**	est**ábamos**	hac**ía**	hac**íamos**	dorm**ía**	dorm**íamos**
est**abas**	est**abais**	hac**ías**	hac**íais**	dorm**ías**	dorm**íais**
est**aba**	est**aban**	hac**ía**	hac**ían**	dorm**ía**	dorm**ían**

For irregular forms, see page 314.

2. Use the imperfect:

a. to describe actions or states in progress in which neither the beginning nor the end of the action or state matters. Compare the following examples:

Notice that you can use a specific time with both the preterit and the imperfect.

Ayer a las cinco **me bañaba**. *Yesterday at five o'clock I was taking a bath (action in progress).*

Ayer a las cinco **me bañé**. *Yesterday at five o'clock I took a bath (onset of action—began to take a bath).*

Ayer a las seis **estaba** muy cansado. *Yesterday at six I was very tired (state in progress).*

Ayer **terminé** de trabajar a las siete. *I finished working yesterday at seven (end of an action).*

Ayer a las siete **escribía** un trabajo. *Yesterday at seven I was writing a paper (action in progress).*

Tardé tres días en escribir un trabajo. *I spent three days writing a paper (set time limit).*

b. to describe two or more actions in progress that occurred simultaneously. Use **mientras (que)** or **y** to connect two clauses containing simultaneous ongoing actions.

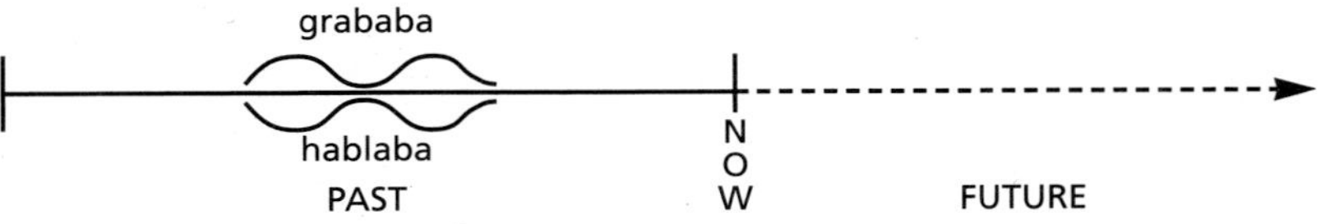

El policía **grababa** la conversación **mientras (que)** el testigo **hablaba**.	*The policeman was recording the conversation while the witness was speaking.*
Los niños **miraban** la televisión **mientras (que) hacían** la tarea.	*The children were watching TV while they were doing homework.*
Yo **tocaba** guitarra **y** tú **cantabas.**	*I was playing the guitar and you were singing.*

c. to describe an action in progress in the past which was interrupted by another action. Use the preterit for the interrupting action and **cuando** to connect the two clauses. Compare the following sentences:

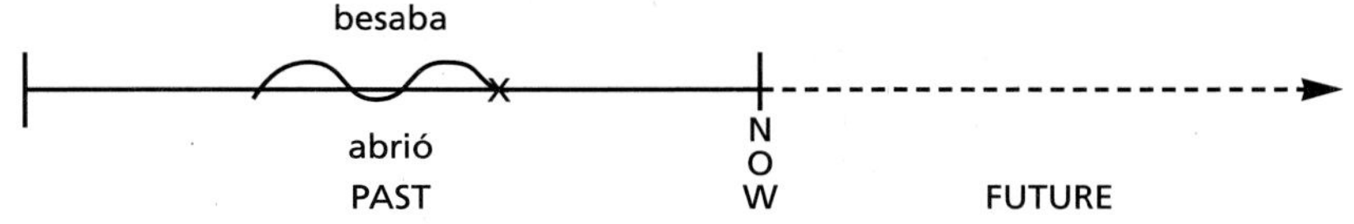

Mi novio me **besaba cuando** mi padre **abrió** la puerta.	*My boyfriend was kissing me (action in progress) when my father opened the door (interrupting action).*
Mi novio me **besó cuando** mi padre **abrió** la puerta.	*My boyfriend kissed me when my father opened the door. (First my father opened the door, then my boyfriend kissed me.)*
Cuando empezó el terremoto, yo **dormía**.	*When the earthquake began (interrupting action), I was sleeping (action in progress).*
Cuando empezó el terremoto, **me levanté** y **corrí** a la calle.	*When the earthquake began (onset of an action), I got up (completed action) and ran to the street (completed action).*

3. The imperfect progressive can also be used to refer to actions in progress in the past. It gives greater emphasis to the ongoing nature of the action than the imperfect. Form it by using the imperfect of **estar** + present participle.

Los niños **estaban mirando** la televisión **mientras que** su padre **estaba preparando** la comida.	*The children were watching TV while their father was preparing dinner.*
Ellas **estaban caminando** por la calle **cuando** las vi.	*They were walking down the street when I saw them.*

Actividad 3: ¿Qué hacías? En parejas, túrnense para preguntarle a la otra persona sobre su pasado. Hagan preguntas como: **¿Qué hacías/estabas haciendo ayer a las 2:30 de la tarde?, ¿Dónde estabas . . . ?**

1. ayer a las diez de la mañana
2. en esta época el año pasado
3. en junio hace dos años
4. a las nueve de la noche el sábado pasado
5. en noviembre del año pasado
6. en agosto del año pasado

Actividad 4: Acciones simultáneas En parejas, digan qué hacía cada vecino en su apartamento e inventen lo que hacía su pariente mientras tanto.

➤ la señora del 3° B / hablar por teléfono, / su hija / ? ? ?

Mientras la señora del 3° B hablaba/estaba hablando por teléfono, su hija jugaba/estaba jugando en el baño con el lápiz de labios.

1. el Sr. Pérez del 1° B / mirar televisión, / su esposa / ? ? ?
2. el niño del 5° A / hacer la tarea, / su hermana / ? ? ?
3. la mujer del 7° C / dar a luz en su casa, / su esposo / ? ? ?
4. la niña del 3° B / tocar el piano, / su profesora de piano / ? ? ?
5. la abuelita del 4 ° A / dormir, / sus nietos traviesos *(mischievous)* / ? ? ?

Actividad 5: La fiesta de último momento A las ocho de la noche Esteban decidió hacer una fiesta. Llamó a sus amigos y les dijo que fueran a su casa inmediatamente, así, tal y como estaban. Lee cómo fue cada persona y adivina lo que hacía cuando llamó Esteban.

➤ Enrique fue con pantalones cortos, camiseta y pesas.

Enrique hacía ejercicio/estaba haciendo ejercicio cuando Esteban lo llamó.

1. Rosa fue con pijamas.
2. Carlos tenía solamente la mitad del bigote.
3. Antonio fue con una guía de televisión.
4. Clara fue con una toalla solamente.
5. Fernando y Marcos llevaban delantales de cocina y cucharas de madera.
6. Humberto fue con el pelo mojado y un secador de pelo.
7. Andrés llevaba sólo un zapato.
8. Laura e Isabel fueron con pintura en la cara y con brochas *(paint brushes)*.

Actividad 6: En el cielo Un grupo de animales está en el cielo contando cómo murió cada uno. Cada animal trata de impresionar a los otros con su cuento. En parejas, usen la imaginación para completar lo que dijo cada uno y después compartan sus respuestas con la clase.

B. Preterit and Imperfect: Part Two

You have been practicing the use of the imperfect to refer to past actions or states that were in progress. In this section you will review other uses of the imperfect.

Read this narration about a children's story.

Jack y Jill *salieron* de casa a buscar agua. Y entonces *subieron* una cuesta. El pobre Jack *se cayó* y *se rompió* la coronilla y Jill *se cayó* también. Nunca *recogieron* el agua.

Now read the following version of the same story.

Jack y Jill *salieron* de casa a buscar agua. Y entonces *subieron* una cuesta. La cuesta **era** muy grande y **había** muchas piedras que **dificultaban** la subida. Jack y Jill no **llevaban** botas de montaña ni **tenían** cuerdas ni otros aparatos para poder subir. El pobre Jack no **era** muy atlético y *se cayó*. Jill tampoco **tenía** mucha coordinación y, por eso, *se cayó* también. Nunca *recogieron* el agua.

In the preceding paragraph, the verbs in bold print are in the imperfect and the ones in italics are in the preterit. Which tense is used to describe or set the scene? Which is used to move the action along? If you answered imperfect to the first question and preterit to the second, you were correct. It is by combining the two that you can convey your thoughts about past events.

1. Use the imperfect:
   a. to set the scene or background of a story. In Chapter 3 you learned how to set the scene by stating the time an action occurred or by telling the age of a person. A scene can also be set by describing the appearance of people, places, and things in the past or by describing ongoing emotions and mental states in the past.

Eran las once de la noche, pero no veía nada porque todo **estaba** oscuro y los árboles casi **tapaban** la casa.	*It was eleven at night, but I couldn't see anything because it was dark and the trees almost covered the house. (time and place)*
La puerta **estaba** abierta y **había** cristales rotos por todos lados.	*The door was open and there was broken glass everywhere. (things)*
Yo **tenía** tanto miedo que temblaba de los nervios.	*I was so scared I was shaking from nervousness. (ongoing emotion)*
Él **tenía** 75 años y trabajó más de lo que su jefa **esperaba**.	*He was 75 and worked more than his boss expected. (boss's ongoing mental state)*

había = there was/were

   b. to describe habitual or repetitive actions in the past.

Todos los días me **miraba** en clase, pero nunca me **decía** nada.	*Every day he looked at me in class, but he never said anything.*
A la hora de comer él **se sentaba** con sus amigos en una mesa cerca de mí. Siempre **pasaba** por mi lado cuando **entraba** en la cafetería.	*At lunch he used to sit with his friends at a table near me. He always passed by my side when he entered the cafeteria.*

Note: When talking about the past, the verb **soler** is always used in the imperfect (never in the preterit), since it is only used to describe habitual actions. It can be translated as *used to* and is followed by an infinitive.

Solía llevar mi almuerzo a la escuela.	*I used to take my lunch to school.*

Look at the following time expressions and decide which are generally followed by a verb in the imperfect.

a. siempre	d. una vez	g. de repente
b. a menudo	e. todos los días	h. durante mi niñez
c. con frecuencia	f. dos veces	i. muchas veces

If you answered a., b., c., e., h., i, you were correct.

Actividad 7: Cómo vivían los aztecas Para enterarte sobre la vida de los aztecas, completa este párrafo con el pretérito o el imperfecto de los verbos indicados.

▶ *El águila, la serpiente y el cacto forman parte de la bandera mexicana.*

comenzar
ser
hablar
adorar
hacer
tener
asemejarse
construir
ver
pensar
fundar
estar
llegar
unirse
contar
perder
morirse
traer

La civilización azteca ________________ en México doscientos años antes de la Conquista. El gobierno que tenían los aztecas ________________ una monarquía elegida y la lengua que ________________ era el náhuatl. Esta civilización ________________ a una multitud de dioses y sus líderes religiosos ________________ muchos sacrificios humanos. ________________ numerosos templos que ________________ a las pirámides de Egipto.

Los aztecas ________________ Tenochtitlán en una isla porque un día uno de sus líderes religiosos ________________, en ese preciso lugar, un águila en un cacto devorando una serpiente, y ________________ que se cumplía la profecía hecha por un dios. Los aztecas ________________ esta capital en 1428. El imperio azteca ________________ unido por la fuerza y no por lealtad; por eso cuando Cortés ________________, algunas ciudades descontentas con los líderes ________________ a él en contra del imperio azteca. En el siglo XVI, la sociedad azteca, que ________________ con ocho millones de habitantes, ________________ más de la mitad de la población ya que muchísimos ________________ de viruela, una enfermedad que ________________ los españoles del Viejo Mundo.

¿LO SABÍAN?

Los primeros inmigrantes que llegaron a Hispanoamérica eran hombres que venían sin familia, y algunos tuvieron hijos con mujeres indígenas. El fruto de estas uniones tan tempranas en la historia poscolombina, es el mestizo, que hoy en día forma una comunidad étnica predominante en muchos países hispanoamericanos tales como Honduras (90%), El Salvador (89%) y México (60%). Di por qué en los Estados Unidos no hay tantos mestizos. Averigua cuántas personas hay en tu clase con antepasados indígenas de los Estados Unidos.

Actividad 8: Los mayas y los incas En parejas, una persona debe leer la información sobre la vida de los mayas y la otra la información sobre los incas. Luego, cuéntenle los datos a su compañero/a usando el imperfecto.

los mayas

habitar la península de Yucatán en el sur de México y Centroamérica

comer maíz, tamales, frijoles e insectos

tener calendario, poder predecir los eclipses del sol y de la luna

emplear una escritura jeroglífica con más de 700 signos

los incas

vivir en Perú, Bolivia, Ecuador y el norte de Chile y Argentina

tener una red de caminos excelente

usar la piedra y el bronce

hacer telas a mano

cultivar la papa y el maíz

no tener escritura, todo trasmitirse por tradición oral

Actividad 9: El barrio de tu infancia En parejas, describan cómo era el barrio donde vivían cuando eran niños, usando las ideas que se presentan a continuación.

➤ Mi barrio era muy bonito porque tenía muchos árboles y era tranquilo.

barrio	rural, urbano, casas, edificios, tiendas, centros comerciales, parques
amigos	descripción física, lugares favoritos para jugar
vecinos	personas interesantes o raras
crímenes	muchos, pocos
casa	moderna o vieja, color, número de habitaciones
habitación	número de camas, compartir con un/a hermano/a
pertenencias	cosas favoritas y por qué

Actividad 10: Antes de venir aquí En parejas, hablen de las ideas que tenían de esta universidad antes de venir. Usen frases como: **yo creía . . . , sabía . . .**

➤ Yo creía que las clases eran muy fáciles.

1. clases / ser / difíciles o fáciles
2. profesores / ser / muy o poco exigentes con los estudiantes
3. tener que estudiar / mucho o poco
4. gente / ser / amigable o esnob
5. gente / ser / muy conservadora o liberal
6. existir / una buena o mala facultad de _____
7. tener / un programa de deportes bueno o malo
8. ofrecer / un programa extracurricular bueno o malo
9. haber / muchos o pocos estudiantes en las clases

La gente takes a singular verb in Spanish.

Actividad 11: La vida antes de la tecnología En grupos de tres, digan por lo menos una o dos cosas que hacía la gente cuando no existía ninguno de los siguientes inventos. Luego, digan cuáles son las ventajas y desventajas de cada invento.

➤ Cuando no existía el disco compacto, la gente escuchaba música con grabadoras o estéreos. La calidad de la grabación no era . . .

1. el televisor
2. el avión
3. el plástico
4. la electricidad
5. la computadora

C. Preterit and Imperfect: Part Three

1. To express a past plan that did not materialize use the imperfect of **ir** + **a** + infinitive. This construction can be used to give excuses.

Los hombres de Cortés **iban a volver** a España con mucho oro, pero los aztecas mataron a muchos.	*Cortes' men were going to return to Spain with a lot of gold, but the Aztecs killed many of them.*
Iba a ir a la fiesta, pero mi carro no arrancaba.	*I was going to go to the party, but my car wouldn't start.*

2. Because the imperfect and the preterit express different aspects of the past, they may convey different meanings with certain verbs when translated into English. In these cases the imperfect emphasizes the ongoing nature of the state while the preterit emphasizes the onset or end of an action. These verbs or verb phrases include:

	Imperfect	Preterit
conocer (a + *person*)	knew (someone); was acquainted with	met/began to know (someone or some place)
saber (+ *information*)	knew (something)	found out (something)
querer (+ *infinitive*)	wanted (to do something)	tried to, but didn't (do something)
no querer (+ *infinitive*)	didn't want (to do something)	refused (to do something and didn't)
poder (+ *infinitive*)	was/were capable (of doing something)	was/were able and did (do something)
no poder (+ *infinitive*)	was/were not able (to do something)	was/were not able and didn't (do something)
tener que (+ *infinitive*)	had to (do something), was supposed to (do something) but didn't necessarily do it	had to and did (do something)

Pablo **quería** ir a la fiesta, pero estaba muy cansado y además no **conocía** a nadie. — *Pablo wanted to go to the party, but he was very tired and besides he didn't know anyone.*

Ella quiso llamar a sus padres a larga distancia, pero **no pudo** comunicarse. — *She tried calling her parents long distance, but she wasn't able (didn't manage) to get through.*

La prisionera **tuvo que decirle** a su abogado toda la verdad. — *The prisoner had to (and did) tell her lawyer the whole truth.*

Tenía que ir al dentista a las tres, pero me olvidé por completo. — *I was supposed to go to the dentist at three, but I completely forgot.*

Ayer **supe** que ella me había mentido. — *Yesterday I found out that she had lied to me.*

Actividad 12: Tenía todas las buenas intenciones Ayer tus amigos y tú iban a hacer muchas cosas, pero todos tuvieron diferentes problemas. Usa la siguiente información para decir cuáles eran sus intenciones y por qué no las llevaron a cabo.

➤ Íbamos a esquiar en el lago, pero no pudimos prender el motor del bote.

intenciones	problemas
1. hacer un picnic	no tener estampilla
2. ir a una fiesta	llover
3. comprar libros de trigonometría	estar cansados/as
4. estudiar para el examen	invitarlos a una fiesta
5. jugar un partido de tenis	no haber más en la librería
6. pagar la cuenta de la luz por correo	no tener el carnet de identidad
7. sacar libros de la biblioteca	quedarse dormidos/as

Actividad 13: Miniconversaciones **Parte A:** Completa las conversaciones con el pretérito o el imperfecto de los verbos indicados.

1. —Me presentaron al novio de María, pero yo ya lo ____________ muy bien. (conocer)
   —¿Dónde lo habías conocido?
   —Es mi ex novio.
2. — ____________ llamar al dentista para cancelar la cita. (tener que)
   —¿Y?
   —Me olvidé por completo.
3. —El sábado fui a una fiesta.
   —¿____________ a alguna persona interesante? (conocer)
   —Sí, ____________ a una muchacha encantadora. (conocer)
4. —Cuando era adolescente, yo ____________ esquiar a toda velocidad. (poder)
   —¿Y ahora qué?
   —No sé. Creo que ahora le tengo miedo a la velocidad.
5. —Ayer yo ____________ matricularme pero no ____________. (querer, poder)
   —¿Por qué?
   —Porque hubo corte de luz y cerraron la oficina.
6. —¿Por qué no fuiste a la fiesta el sábado?
   —____________ estudiar, pero terminé mirando televisión. (tener que)
7. —Mi abuelo ____________ tocar la trompeta. (saber)
   —Sí, recuerdo. Era genial.
8. —Cuando era niña ____________ ser doctora. (querer)
   —Y ahora eres abogada.

Parte B: En parejas, escojan una de las conversaciones y continúenla. Mantengan una conversación por lo menos de diez líneas usando el pretérito y el imperfecto dentro de lo posible.

Actividad 14: La semana pasada En parejas, digan tres cosas que tenían que hacer y que no hicieron la semana pasada y por qué. Luego digan tres cosas que tuvieron que hacer y que sí hicieron. Piensen en cosas como las siguientes:

dejar una clase	devolver un video
hacer fotocopias	participar en clase
comprar . . .	pagar una cuenta de luz/gas/etc.
llamar a sus padres/un amigo	limpiar su apartamento/habitación
estudiar para la clase de . . .	empezar a escribir un trabajo

Actividad 15: Recuerdos **Parte A:** Todos tenemos un recuerdo triste, traumático, raro o gracioso. Lee el siguiente ejemplo y decide si la experiencia fue triste, traumática, rara o graciosa. Luego intenta explicar el uso del pretérito y del imperfecto en esta historia.

El 15 de febrero era mi cumpleaños y para celebrar mis ocho añitos fui con mis padres y mis abuelos a una cafetería al aire libre. Allí yo estaba sentada en una silla al lado de las escaleras de la puerta principal. Como estábamos de vacaciones, yo pensé que no me iban a dar tarta, cuando de repente mi madre me dijo: "¿Quieres acompañarme a la pastelería para comprarte la tarta?" Cuando supe que ella me iba a comprar una tarta me levanté con mucho entusiasmo, justo cuando el camarero bajaba las escaleras y mi cabeza dio contra su bandeja. Oí un ruido horrible y todo le cayó encima al camarero: la chaqueta del señor ya no era blanca, sino que estaba cubierta de Coca-Cola, café y helado y había vasos rotos por el suelo. Empecé a llorar, pero por suerte, el señor era muy amable y no tuvimos que pagar nada. Todavía recuerdo ese día cada vez que veo un camarero con chaqueta blanca.

cake = **tarta** (Spain), **torta/ pastel** (Hispanic America)

Parte B: En parejas, túrnense para contar experiencias tristes, traumáticas, raras o graciosas usando el pretérito y el imperfecto. Incluyan muchos detalles. Usen estas ideas como guía.

- cuántos años tenías
- cómo eras
- dónde estabas
- adónde fuiste y con quién
- qué hacías
- qué ocurrió
- cómo te sentiste después

Actividad 16: Crear una leyenda Al principio de este capítulo escuchaste una leyenda tolteca sobre el maíz. En grupos de tres, usen su imaginación para crear una leyenda sobre cómo apareció el búfalo en los Estados Unidos. Usen los siguientes puntos como guía.

- quién era el personaje principal de la leyenda
- qué hacía en su vida diaria
- qué quería para su gente
- qué ocurrió un día
- después de crear el búfalo, cómo lo empezó a utilizar la civilización humana para mejorar su vida

II. Expressing Changes in Physical, Mental, or Social States

1. Some reflexive verbs in Spanish indicate a change in physical, mental, or social state. Study the following chart and notice that the state resulting from this change is expressed with **estar** + adjective.

Verb	Action	Resultant State
acostumbrarse (a) *to become accustomed (to)*	Él **se acostumbró** rápidamente **a** su nuevo trabajo. *He quickly became accustomed to his new job.*	Él **está acostumbrado** **a** su nuevo trabajo. *He's accustomed to his new job.*
enojarse *to get angry*	Ella **se enojó.** *She got angry.*	Ella **estaba enojada.** *She was angry.*

2. Here is a list of verbs that indicate a change in physical, mental, or social state.

Physical		
aliviarse	*to get better (from illness); to feel relieved*	estar aliviado/a
drogarse	*to get high*	estar drogado/a
emborracharse	*to get drunk*	estar borracho/a
enfermarse	*to get sick*	estar enfermo/a

Mental		
aburrirse	*to become bored*	estar aburrido/a
acostumbrarse (a)	*to become accustomed (to)*	estar acostumbrado/a (a)
alegrarse (de)	*to become happy (about)*	estar alegre
enamorarse (de)	*to fall in love (with)*	estar enamorado/a (de)
enojarse	*to get angry*	estar enojado/a
entusiasmarse	*to become excited*	estar entusiasmado/a
irritarse	*to become irritated*	estar irritado/a
preocuparse (por)	*to become worried (about)*	estar preocupado/a

Social		
casarse (con)	*to get married (to)*	estar casado/a (con)
comprometerse (con)	*to get engaged (to)*	estar comprometido/a (con)
divorciarse (de)	*to get divorced (from)*	estar divorciado/a (de)

3. The following chart presents other verbs that indicate a change of state and shows in which circumstances to use each.

	FOLLOWED BY		TYPES OF CHANGE						
	Adjective	Noun	Physical, Mental, Emotional States	Occupation, Financial Status	Sudden	Gradual	Personal Effort Involved	Not Easily Reversed	Temporary
hacerse		✓		✓			✓		
llegar a ser	✓	✓		✓		✓	✓		
ponerse	✓		✓		✓				✓
volverse	✓		✓			✓		✓	

Some examples include:

hacerse: rico, famoso, político, presidente de la compañía
llegar a ser: rico, famoso, un genio, la directora
ponerse: furioso, histérico, colorado, triste, contento
volverse: loco, sordo *(deaf)*, ciego *(blind)*

Ella **se hizo rica** vendiendo productos de Amway. Ahora es millonaria. — *She became rich selling Amway products. Now she is a millionaire.*

Mi tía **llegó a ser senadora** y es muy famosa. — *My aunt got to be a senator and is very famous.*

Él **se puso furioso** después de la entrevista. — *He got mad after the interview.*

Ellos **se volvieron sordos** poco a poco a causa de la explosión. — *They gradually became deaf due to the explosion. (Now they are deaf.)*

4. Convertirse en + noun expresses *to become* in the sense of *to turn into.* **Convertirse al** + religion expresses a change in religious belief. Study these examples.

El pañuelo del mago **se convirtió en conejo.** — *The magician's scarf became (turned into) a rabbit.*

La reunión estaba muy seria, pero a las dos horas **se convirtió en una fiesta divertidísima.** — *The get together was serious, but in two hours it became (turned into) a fun party.*

Después de un viaje al Oriente, **se convirtió al budismo.** — *After a trip to the Far East, he converted to Buddhism.*

Actividad 17: ¿Qué hicieron? Elige verbos de la siguiente lista para decir qué hicieron los siguientes individuos en las situaciones que se dan a continuación.

acostumbrarse	divorciarse	enfermarse
alegrarse	drogarse	enojarse
aliviarse	emborracharse	preocuparse

➤ La muchacha bebió demasiado en la fiesta y **se emborrachó.**

1. El niño rompió el jarrón *(vase)* preferido de sus padres y ellos . . .
2. Eran las seis de la mañana y el compañero de habitación de Pedro no había llegado. Pedro . . .
3. A nosotros nos dolía la cabeza, pero tomamos una aspirina y . . .
4. Paco y Lucía estaban casados, pero no se llevaban nada bien y tenían muchos problemas. Por eso ellos . . .
5. Los amigos de Estela le dieron una noticia buenísima y ella . . .
6. Fuiste a las montañas en invierno, hacía un frío terrible y no llevaste abrigo. Por lo tanto . . .

Actividad 18: ¿Qué ocurrió? En parejas, túrnense para hablar de lo que les ocurrió a las personas en cada situación. Usen los siguientes verbos: **convertirse, hacerse, llegar a ser, ponerse** y **volverse.**

➤ Cuando supo que no tenía el puesto, Carlos **se puso muy triste.** Por eso ayer cuando lo vi, estaba triste.

1. Cuando su novio vio a María con otro muchacho, ella . . . ; diez minutos después todavía tenía la cara como un tomate.
2. Ricardo y su esposa tuvieron mucha suerte porque la bomba estalló muy cerca, pero no murieron. Pero con el tiempo . . . Ahora no pueden oír nada.
3. La mujer trabajó muchísimo toda la vida y siempre tuvo ideas muy brillantes. Consiguió lo que quería, ella . . . Ahora es una de las mujeres más ricas del mundo.
4. Éramos muy optimistas, pero a mi novio y a mí nos ocurrieron tantas cosas malas en la vida que finalmente . . .
5. Cuando el avión comenzó a moverse bruscamente, los pasajeros . . . Estaban muy intranquilos y llamaban a las azafatas incesantemente.
6. A Beatriz siempre le encantó la política y estudió ciencias políticas para . . . Ahora es una de las especialistas en relaciones exteriores más importantes de su país.

Actividad 19: Los soles aztecas Los aztecas creían que diferentes dioses sol habían dominado la tierra en diferentes etapas de la historia. En parejas, cada uno debe leer uno de los cuadros para hacerse preguntas e intercambiar información sobre los cuatro primeros dioses aztecas. Hagan preguntas como: **¿Cómo se llamaba el primer sol?, ¿Quiénes vivían en la tierra?, ¿Qué les ocurrió?, ¿Cómo ocurrió eso?**

A SECUENCIA DE LOS CUATRO SOLES AZTECAS

Nombre del sol	Población humana	Destino de la humanidad	Tipo de destrucción
"Cuatro jaguar"	gigantes / comer / nueces *(nuts)*		
		convertirse en monos	
"Cuatro lluvia"	seres humanos / comer / semillas *(seeds)*		fuego
		convertirse en peces	

B SECUENCIA DE LOS CUATRO SOLES AZTECAS

Nombre del sol	Población humana	Destino de la humanidad	Tipo de destrucción
		jaguares / comerlos	jaguares
"Cuatro viento"	seres humanos / comer / nueces		huracanes
		convertirse en perros, pavos y mariposas	
"Cuatro agua"	seres humanos / comer / semillas *(seeds)*		gran inundación

¿LO SABÍAN?

Además de los cuatro dioses mencionados en la actividad anterior, existe en la mitología azteca un dios con poderes sobre el futuro. Este dios se llama Cuatro Movimiento y reina sobre un mundo habitado por seres humanos que consumen maíz. La leyenda dice que en el futuro, un monstruo celeste se comerá a los seres humanos, y esto va a ir acompañado de temblores de tierra. Di si conoces alguna otra predicción sobre el destino del mundo actual.

Actividad 20: ¿Qué hizo? En parejas, Uds. van a inventar una historia sobre lo que hizo una persona de la clase el fin de semana pasado. Usen la imaginación e incorporen en la historia estas frases, en cualquier orden.

la policía	estaba acostumbrado/a (a)	normalmente
mientras tanto	eran las diez cuando	de repente
se puso furioso/a		

III. Describing People

Review other adjectives for describing people in the Preliminary Chapter.

A. Descriptive Adjectives

The following adjectives are frequently used with the verb **ser** to describe personality traits.

cognados obvios

idealista	paciente	prudente
impulsivo/a	pesimista	realista
optimista		

otros adjetivos

tacaño/a = cheap (unwilling to spend money)

barato/a = cheap (inexpensive)

acogedor/a	(a) welcoming, warm (person)
atrevido/a	(a) daring (person) – negative connotation
caprichoso/a	(a) capricious, naughty (person)
cariñoso/a	(a) loving, (an) affectionate (person)
celoso/a	(a) jealous (person)
espontáneo/a	(a) spontaneous (person)
holgazán/holgazana	(a) lazy (person)
intrépido/a	(an) intrepid, (a) daring (person) – positive connotation
juguetón/juguetona	(a) playful (person)
malhumorado/a	(a) moody, ill-humored (person)
tacaño/a	(a) stingy, cheap (person)

Actividad 21: ¿Cómo eras de adolescente? En parejas, escoge tres adjetivos que describan tu personalidad cuando eras adolescente y díselos a la otra persona. Dile también si en la actualidad tienes o no esas características.

➤ Cuando yo era adolescente era muy celoso, pero ahora . . .

Actividad 22: Lo positivo y lo negativo En grupos de tres, escojan tres adjetivos de la lista anterior y digan qué es lo positivo y lo negativo de poseer estas características.

➤ Si una persona es muy tacaña no tiene muchos amigos, pero probablemente sí tiene mucho dinero.

B. *Ser* and *estar* + Adjective

To describe, you can use **ser** and **estar** followed by adjectives. The following rules will help you remember when to use which:

1. Use **ser** + adjective when you are describing the *being*, that is, when you are describing physical, mental, or emotional characteristics you normally associate with a person, or physical characteristics you associate with a thing.

Pablo **es** tan **alto** como su padre.	*Paul is as tall as his father.*
La presidente **es** una persona **inteligente.**	*The president is an intelligent person.*
La esposa de Raúl **es** muy **celosa**. Él no puede ni mirar a otra mujer.	*Raul's wife is really jealous. He can't even look at another woman.*
Su esposa **es (una persona) celosa**.	*His wife is (a) jealous (person).*
Mi apartamento **es (un lugar) muy moderno.**	*My apartment is (a) very modern (place).*

2. Use **estar** + adjective when describing the condition or state of being of a person, place or thing.

Nosotros **estamos muy cansados.**	*We are very tired.*
El agua **está muy fría.**	*The water is very cold.*
Mi primo siempre **está enojado** con alguien de la familia.	*My cousin is always mad at someone in the family.*

Siempre is frequently used with **estar**. **Siempre está preocupado/borracho/enfermo/etc.**

3. Adjectives that are normally used with **ser** to describe a person's characteristics may be used with **estar** to indicate a change of condition. Use this combination of **estar** + adjective to criticize or compliment. Study the following examples:

Estás muy cariñoso hoy, ¿qué quieres?	*You're really affectionate today, what do you want?*
Me encanta tu corbata, **estás muy elegante.**	*I love your tie, you look especially elegant.*
Camarero, esta sopa **está fría**.	*Waiter, this soup is cold.*
La señora Brenes **está nerviosa** porque tiene que hablar con su jefe.	*Mrs. Brenes is nervous because she has to speak to her boss.*
Él **está celoso** porque el jefe de su esposa la invitó a cenar.	*He's jealous because his wife's boss invited her to dinner.*
¿**Estás sordo**? ¿No me oyes?	*Are you deaf? Can't you hear me?*

Compare the preceding examples with the following sentences using **ser** + adjective:

Mi marido **es (un hombre) muy cariñoso**.	*My husband is (a) very affectionate (man).*
Eres (una persona) muy elegante.	*You are (a) very elegant (person).*
El gazpacho **es una sopa española fría.**	*Gazpacho is a cold Spanish soup.*
Esa señora **es muy nerviosa** y por eso siempre fuma.	*That woman is (a) very nervous (person), that's why she always smokes.*
Su novio **es muy celoso.**	*Her boyfriend is (a) jealous (person).*
Es sordo, no oye nada.	*He's (a) deaf (person), he can't hear anything.*

4. Some adjectives convey different meanings, depending on whether they are used with **ser** or **estar**. Remember that **ser** is used to describe the being and **estar** the condition or state of the being.

Está muerta = She's dead

ser + ***adjective*** **Being**	**estar +** ***adjective*** **Condition or State of Being**
La película **es aburrida.** *The movie is boring.*	Nosotros **estamos aburridos.** *We are bored.*
Mi hijo **es listo.** *My son is smart.*	Mi hijo **está listo.** *My son is ready.*
El niño **es muy despierto.** *The child is very alert.*	El niño **está despierto.** *The child is awake.*
El gazpacho **es bueno** porque tiene muchas vitaminas. *Gazpacho is good because it has a lot of vitamins.*	El gazpacho **está muy bueno,** quiero más. *The gazpacho tastes really good (today), I want some more.*
Es viva. *She's smart/sharp.*	**Está viva.** *She's alive.*

Actividad 23: Ser o estar Completa las nueve conversaciones que siguen usando **ser** o **estar.**

1. —Quiero presentarte a una amiga.
   —Háblame de ella.
   —________ muy interesante y ________ espontánea.

2. —¡Ay! Este café ________ frío.
   —Por supuesto, hace una hora que lo preparé.

3. —De niños, mi hermano y yo ________ muy caprichosos.
   —Me imagino que volvían locos a tus padres.

4. —Quiero irme de este cine de una vez. Me estoy durmiendo.
   —Tienes razón. Esta película ________ aburridísima.

5. —Marta. ¿Qué te ocurre hoy?
   —¿Por qué me preguntas?
   —Porque me parece que ________ un poco nerviosa.

6. —¿Qué pasa?
   — ________ muy contenta pues parece que me aceptaron en la universidad.

7. —¿Qué te parece si comemos el plato cubano que se llama ropa vieja?
   —Pero ________ una comida caliente y hoy hace mucho calor para comer eso.

8. —¡Niños!
   —¿Qué, papá?
   —¡Vengan a comer! ¡La comida ________ lista!

9. —¿Qué opinas de contratar a Marisel para este trabajo?
   —Ella es la persona ideal porque ________ muy despierta.

Actividad 24: Impresiones equivocadas En parejas, Uds. trabajan para una empresa y por primera vez asisten a una fiesta con sus compañeros de trabajo. Se sorprenden porque algunas personas están mostrando un aspecto de su personalidad que nunca se ve en la oficina. Reaccionen a estas descripciones. Sigan el modelo.

➤ Marta Ramos: secretaria; callada, respetuosa; esta noche está cantando con un micrófono.

Marta normalmente es tan . . . , pero, ¡qué increíble! Esta noche está muy . . .

1. Jorge Mancebo: jefe de personal; serio, siempre lleva corbata; esta noche lleva una cadena de oro; está bailando cumbia con la cocinera.
2. Cristina Salcedo: trabaja en relaciones públicas; viva, divertida; esta noche está sentada sola en un rincón mirando el suelo y tomando Coca-Cola.
3. Paulina Huidobro: jefa de producción; muy profesional; esta noche lleva minifalda y está coqueteando con Juan Gris, el jefe de ventas.

Actividad 25: Sus compañeros En parejas, hablen de la personalidad de por lo menos tres compañeros de la clase y digan cómo creen que se sienten ellos hoy.

➤ Craig es muy cómico e hiperactivo. Hoy está muy nervioso porque tiene un examen.

IV. Indicating the Beneficiary of an Action

The Indirect Object

1. In Chapter 3 you saw that a direct object answers the questions *what* or *whom.* An indirect object normally answers the questions *to whom* or *for whom.* In the sentence "I gave a gift to my friend.", "a gift" is *what* I gave, and "my friend" is the person *to whom* I gave the gift. As you saw with the verb **gustar,** the indirect-object pronouns are:

me	nos
te	os
le	les

2. The indirect-object pronoun is almost always present in Spanish to tell to whom or for whom something is done. A prepositional phrase introduced by **a** is needed when the indirect object is first mentioned to provide clarity, or simply for emphasis.

Mi amiga Dolores hace investigaciones en el Amazonas y no tiene teléfono, por eso **le** escribí una carta.	*My friend Dolores is doing research in the Amazon and doesn't have a telephone, that's why I wrote a letter to her.*
Le escribí una carta **a Dolores.**	*I wrote a letter to Dolores. (Clarity)*
Les di un regalo **a Marco y a Ana**.	*I gave a present to Marco and Ana. (Clarity)*
Les di un regalo **a mis hermanos.**	*I gave a present to my brothers. (Clarity)*
No lo podía creer, **me** dio un regalo **a mí.***	*I couldn't believe it. She gave me a present. (Emphasis)*

*Note: Use the following pronouns after a preposition.

a **mí**	a **nosotros/as**
a **ti**	a **vosotros/as**
a **Ud.**	a **Uds.**
a **ella**	a **ellas**
a **él**	a **ellos**

Mí has an accent when it is a prepositional pronoun: **detrás de mí, a mí, para mí,** etc. **Mi** without an accent is a possessive adjective: **Mi madre es peruana.**

3. Use either the indirect-object pronoun or a prepositional phrase introduced by **para** but not both in the same sentence.

Compré una camisa para mi padre.
Le compré una camisa (a mi padre).

4. Use indirect-object pronouns:

a. before a conjugated verb

Siempre **le escribo** una postal a mi hermano.
Le había escrito una postal antes de irme de Ecuador.
Le escribí una postal ayer.
Le estoy escribiendo una postal.
Le quiero escribir una postal.

b. after and attached to the infinitive or the present participle

Voy a escribirle una postal.
Estoy escribiéndole* una postal.

*Note the need for an accent. To review accent rules, see page 321.

Word order may vary and change the meaning of sentences with indirect-object pronouns. Which of the following sentences reflect what is happening in the drawing? Many answers are possible. Answers are located at the bottom of the page.

1. Le dio ella un beso a él.
2. Él le dio un beso a ella.
3. Le dio un beso a ella.
4. Le dio un beso ella.
5. Le dio un beso.
6. Le dio un beso él.
7. Ella le dio un beso a él.
8. Le dio él un beso a ella.
9. Le dio un beso a él.

Answers are: 2, 3, 5, 6, 8

Actividad 26: El regalo Usa pronombres indirectos para completar la historia sobre un episodio que le sucedió a un joven chileno durante un viaje.

Hace un mes mi hermano y yo fuimos de vacaciones a México donde ________ compramos un jarrón de cerámica a mis padres para su aniversario de bodas. Pusimos el regalo cuidadosamente en una caja y lo enviamos desde el aeropuerto. Por desgracia, cuando llegamos a Santiago, nos dimos cuenta de que el jarrón estaba roto. Entonces fuimos directamente a la oficina de reclamos donde ________ pidieron explicar el problema por escrito. Yo ________ escribí una carta al gerente de la aerolínea en ese aeropuerto. Poco después, el gerente ________ envió una carta por correo expreso disculpándose por lo que había pasado. En esa carta él ________ hizo muchas preguntas sobre el contenido de la caja y su valor en dólares norteamericanos. ¡Qué fastidio! Como yo no ________ pude contestar todas las preguntas, ________ pregunté a mi hermano que siempre lo sabe todo o por lo menos piensa que lo sabe todo. El gerente ________ ofrecía el dinero que habíamos gastado, pero enfáticamente nosotros ________ explicamos que no queríamos el dinero, sólo queríamos el recuerdo que habíamos comprado. A la semana siguiente recibimos otra carta del gerente que nos dejó boquiabiertos y en la que ________ proponía otra idea: ________ daba gratis (a nosotros) dos pasajes al Caribe para nuestros padres. Nos fascinó la idea e inmediatamente ________ informamos que aceptábamos su sugerencia. ¡Valió la pena escribir tantas cartas y ser tan inflexibles!

Actividad 27: Parientes típicos o atípicos **Parte A:** En parejas, entrevístense para obtener respuestas a las siguientes preguntas y así averiguar si la otra persona tiene parientes típicos o atípicos.

parientes = relatives

padres = parents

1. ¿Te regalan ropa pasada de moda o ropa de moda?
2. ¿Te dan comida en cantidades industriales?
3. ¿Te pellizcaban *(pinch)* la mejilla cuando eras niño/a?
4. ¿Les dan consejos a tus padres sin cesar?
5. ¿Te ofrecen a ti y a otros parientes trabajos horribles en su compañía o su tienda durante los veranos?
6. ¿Les muestran a Uds. fotos o videos aburridísimos de la familia?
7. ¿Le dicen a la gente cuánto dinero ganan? Si contestas que sí, ¿le mienten sobre la cantidad?
8. Cada vez que te ven, ¿te dan dinero?
9. ¿Les piden dinero a tus padres?
10. ¿Te cuentan historias aburridas sobre su juventud?
11. ¿Te hacen comentarios poco gratos sobre tu aspecto físico?

Parte B: Ahora, díganle a su compañero/a si tiene una familia típica o atípica y defiendan su opinión.

➤ En mi opinión, tu familia es atípica porque te regala . . .

Actividad 28: ¿Cuándo fue la última vez que . . . ? **Parte A:** En parejas, túrnense para preguntarle a la otra persona cuándo fue la última vez que hizo las actividades de la lista.

➤ —¿Cuándo fue la última vez que le compraste flores a una persona?

—Hace un mes les compré flores a mis padres para su aniversario.

—Nunca le compro flores a nadie.

1. comprarle flores a una persona
2. hablarles a sus padres sobre su novio/a
3. escribirle una carta de amor a alguien
4. regalarle algo a un/a amigo/a
5. escribirle un poema a alguien
6. decirle a alguien "te quiero"
7. mandarle a alguien una tarjeta cómica

Parte B: Ahora digan cuándo fue la última vez que alguien les hizo a Uds. las acciones de la parte A.

➤ Hace cinco meses que alguien me regaló flores. / Mi hermana me regaló flores hace cinco meses. / Nadie me regala flores nunca.

Actividad 29: La historia de la Malinche **Parte A:** Lee el párrafo sobre un personaje importante de la historia de México y contesta la pregunta que le sigue.

Malinalli es la hija de un noble indígena y sabe hablar maya y también náhuatl, el idioma azteca. Cuando se muere su padre, su madre **la** quiere vender y la compra un grupo de indígenas. Este grupo a su vez se la vende a otro grupo de indígenas. Después de la batalla de Tabasco, estos indígenas le dan un regalo a Cortés: Malinalli. Él **la** bautiza y **le** pone el nombre de Marina. Aguilar, un español que sabe maya, **le** enseña español. Por un período de seis años ella se convierte en compañera, intérprete, enfermera y amante de Cortés, y a su vez, **le** enseña a Cortés a llevarse bien con los indígenas. **Lo** ayuda a formar una alianza con los tlaxcalas, archienemigos de los aztecas, para derrotar el imperio de Moctezuma. Doña Marina, como **la** llaman los conquistadores, es indispensable tanto para los españoles como para los indígenas. El gran conquistador y Doña Marina tienen un hijo juntos y Cortés se queda con ella hasta que no **la** necesita más. Un día, quiere regalar**le** algo a uno de sus capitanes, y otra vez Doña Marina pasa a ser propiedad de otro hombre. Después de su separación de Cortés, esta mujer tan importante en la conquista de México pasa a ser anónima. Hoy día se la conoce con el nombre de la Malinche.

¿A quiénes se refieren las palabras en negrita?

1. **la** en la línea 2 ____________________
2. **la** en la línea 5 ____________________
3. **le** en la línea 5 ____________________
4. **le** en la línea 6 ____________________
5. **le** en la línea 8 ____________________
6. **lo** en la línea 8 ____________________
7. **la** en la línea 10 ____________________
8. **la** en la línea 13 ____________________
9. **le** en la línea 13 ____________________

▲ *En el mural* La alianza de Cortés, *de Desiderio Hernández Xochitiotzin, aparecen Moctezuma, Hernán Cortés y la Malinche.*

Parte B: Es común usar el presente en un relato histórico. Este uso del presente se llama presente histórico. En parejas, lean la historia de la Malinche otra vez y cambien los verbos al pretérito o al imperfecto.

¿LO SABÍAN?

El nombre de Doña Marina con el tiempo se degeneró en Malinche. Hoy en día muchos mexicanos piensan que la actitud de esta mujer al ayudar a los españoles fue un acto de traición. El término **malinche** se usa en México para referirse a una persona que prefiere lo extranjero a lo nacional o para una persona a quien se considera traidora. Sin embargo, muchas feministas han combatido este significado de la figura de la Malinche y la han revalorizado como una mujer de gran talento e inteligencia que supo sobrevivir las condiciones adversas de su vida.

Vocabulario activo

Adverbios de tiempo

de vez en cuando	*every now and then*
muchas veces	*many times*
a menudo	*frequently*
con frecuencia	*frequently*
frecuentemente	*frequently*
generalmente	*generally*
normalmente	*normally*
siempre	*always*
durante los fines de semana/veranos/el año escolar/mi niñez	*during weekends/summers/school year/my childhood*
todos los días/domingos/meses/veranos/años	*every day/Sunday/month/summer/year*
mientras (que)	*while*

Expresiones útiles

Había una vez . . .	*Once upon a time there was/were . . .*
¿A que no saben . . . ?	*Bet you don't know . . . ?*
No saben la sorpresa que se llevó cuando . . .	*You wouldn't believe how surprised he/she was when . . .*

Vocabulario personal

Verbos que indican cambios físicos, mentales y de estado social

Ver páginas 101–102.

Adjetivos de personalidad

Ver página 105.

El buen paladar

CAPÍTULO 5

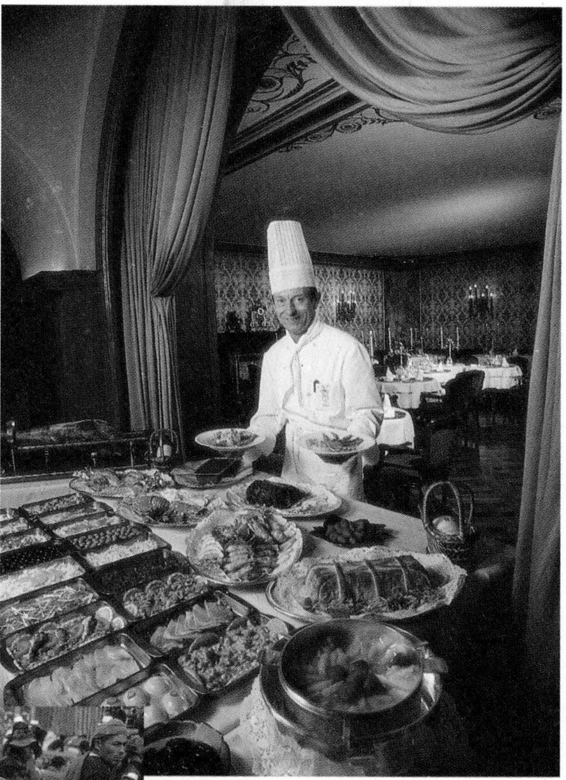

▲ Un chef muestra las especialidades de un restaurante de la Costa Brava, España.

◀ Lugareños comprando comida en un mercado dominical en Pisac, Perú.

COMMUNICATIVE GOALS

- influencing, suggesting, persuading, and advising
- giving direct and indirect commands
- discussing food

¿De dónde es esa fruta?

comérselo/s todo/s	to eat it/them all up
¿Acaso no sabías?	But, didn't you know?
Te lo digo en serio.	I'm not kidding.
. . . y punto.	. . . and that's that.

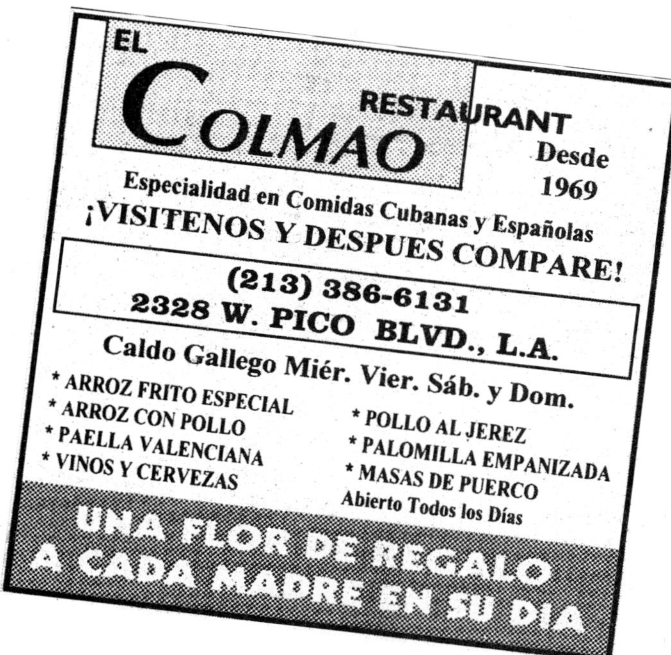

EL
COLMAO
RESTAURANT
Desde
1969
Especialidad en Comidas Cubanas y Españolas
¡VISITENOS Y DESPUES COMPARE!
(213) 386-6131
2328 W. PICO BLVD., L.A.
Caldo Gallego Miér. Vier. Sáb. y Dom.
* ARROZ FRITO ESPECIAL
* ARROZ CON POLLO
* PAELLA VALENCIANA
* VINOS Y CERVEZAS
* POLLO AL JEREZ
* PALOMILLA EMPANIZADA
* MASAS DE PUERCO
Abierto Todos los Días
UNA FLOR DE REGALO
A CADA MADRE EN SU DIA

Actividad 1: La comida y su origen **Parte A:** Vas a escuchar una conversación en un restaurante cubano. Antes de escucharla, nombra platos típicos que conozcas de España, México y Cuba.

Parte B: Ahora escucha la conversación y marca los adjetivos que mejor describan la conversación.

_____ graciosa _____ tranquila _____ inesperada
_____ estimulante _____ romántica _____ tensa
_____ informativa _____ agresiva

Actividad 2: En el restaurante Lee las siguientes oraciones y después escucha la conversación otra vez para completarlas.

1. La familia pidió ____________________, ____________________ y ____________________ para comer. (platos)
2. Estos platos son de ____________________. (país)

3. El plátano es original de ____________________. (continente)
4. Los españoles lo trajeron a América desde ____________________ (lugar) en ____________________ . (año)
5. Los padres quieren que el niño ponga las ____________________ en la mesa.
6. Según el niño, los plátanos vienen de la ____________________.

¿LO SABÍAN?

Los modales de la mesa varían en todo el mundo. Lo que es apropiado en un lugar, puede ser descortés en otro. En la mayoría de los países de habla hispana se considera buena educación poner las dos manos sobre la mesa, no levantar mucho los brazos al cortar la comida y empujar con la ayuda de un pedazo de pan o del cuchillo para poner la comida en el tenedor. Di cuáles son algunos modales de la mesa en los Estados Unidos.

Actividad 3: La influencia culinaria **Parte A:** En grupos de tres, intenten decir cuáles de estos alimentos conocían los indígenas del continente americano antes de 1492 y cuáles conocían los europeos. Si no están seguros, traten de adivinar. Sigan el modelo.

➤ Antes de 1492 los europeos ya conocían . . . , pero los indígenas no lo/la/los/las conocían.

1. la papa
2. los productos lácteos *(dairy)*
3. el tomate
4. el chocolate
5. el chile
6. el trigo *(wheat)*
7. el maíz
8. el azúcar

Parte B: Después de comparar sus respuestas con el resto de la clase, digan cómo influyeron estos productos en la dieta italiana, irlandesa y mexicana.

➤ La dieta mexicana usa el chocolate para preparar una salsa llamada mole.

¿LO SABÍAN?

Los alimentos que los conquistadores encontraron en América afectaron considerablemente la dieta de varios países europeos y asiáticos. El chile (para preparar comidas picantes) es considerado un ingrediente esencial en la comida tailandesa mientras que la papa se ha convertido en un alimento de suma importancia en la dieta irlandesa y alemana. El tomate fue adoptado en muchos países, entre otros, España, donde se utiliza en comidas como el gazpacho. A su vez, los conquistadores introdujeron al continente americano el concepto de freír los alimentos y trajeron cultivos, como la caña de azúcar que llegó a ser un producto de exportación de gran importancia para países como Cuba y la República Dominicana.

Actividad 4: Las implicaciones En la conversación anterior, la mujer le dice al niño que el plátano es delicioso. Dado el contexto, lo que la mujer probablemente implica es "Debes comértelo". Hay muchas maneras de influir en las acciones de otra persona. Por ejemplo: si eres una persona muy perezosa, y hay una ventana abierta y tienes frío, puedes usar varios métodos directos e indirectos para lograr que otra persona se levante y cierre la ventana.

directos

Por favor, ¿podrías cerrar la ventana?
Debes cerrar las ventanas cuando hace frío.
Tienes que cerrar la ventana, hace frío.

indirectos

¿No tienes frío? Te vas a enfermar.
¿De dónde viene esa corriente de aire? ¡Qué frío!

En parejas, formen oraciones que muestren maneras directas e indirectas para lograr que otra persona haga estas acciones:

1. preparar un café
2. sacar a pasear al perro
3. lavar los platos
4. no cambiar los canales de televisión cada dos segundos

I. Influencing, Suggesting, Persuading, and Advising

A. The Present Subjunctive

In Spanish the indicative and the subjunctive are two verbal moods. So far in this text, you have been asked to form sentences only in the indicative mood, which is used primarily to ask questions, to state facts, and to describe. The subjunctive mood can be used in sentences that express influence, doubt, emotion, and possibility. This chapter will focus on the use of the subjunctive in sentences that express influence over actions the subject would or would not like somebody else to do, but cannot directly control.

1. The present subjunctive endings are as follows:

habl**ar**		com**er**		sal**ir**	
que habl**e**	que habl**emos**	que com**a**	que com**amos**	que salg**a**	que salg**amos**
que habl**es**	que habl**éis**	que com**as**	que com**áis**	que salg**as**	que salg**áis**
que habl**e**	que habl**en**	que com**a**	que com**an**	que salg**a**	que salg**an**

To review the formation of the present subjunctive, see page 315.

2. To express influence over other people's actions, you can use the following construction.

Independent clause	**que**	Dependent clause
Subject 1 + *verb of influence* (indicative)	**que**	Subject 2 + *action to be done* (subjunctive)

(Yo)	quiero	**que**	(Uds.)	vengan mañana.
I	*want*		*you*	*to come tomorrow.*

Notice that the independent clause has a subject and a verb expressing influence, and the dependent clause has a different subject that may or may not carry out an action. Compare the preceding sentence with the following:

(Yo) quiero venir mañana. *I want to come tomorrow.*

Since there is no influence expressed toward another person or persons, the verb **quiero** is followed by an infinitive. Notice that there is no dependent clause introduced by **que.**

Verbs such as **aconsejar, exigir,** and **rogar** can also express influence when followed by an infinitive.

3. Use these verbs to express influence:

insistir en	preferir (ie, i)	querer (ie)
me/te/le/etc.		aconsejar exigir *(to demand)* pedir (i, i) proponer *(to propose)* recomendar (ie) rogar (ue) *(to beg)* sugerir (ie, i) suplicar *(to implore)*

Compare the following sentences:

Two Subjects: Subjunctive	**One Subject: No Subjunctive**
Él prefiere que tú vayas mañana.	**Él prefiere ir** mañana.
Quiero que vaya a la fiesta.	**Quiero ir** a la fiesta.
Te aconsejo que llegues temprano.	**Te aconsejo llegar** temprano.

4. To express influence in an impersonal way, you may use an impersonal expression such as **es bueno** or **es necesario**.

Independent clause	**que**	Dependent clause
Impersonal expression (indicative)	**que**	Subject + *action to be done* (subjunctive)

Es importante	**que**	(Uds.)	**presten** atención.
It's important	*that*	*you*	*pay attention.*

Compare the preceding sentence with the following:

Es bueno masticar bien. *It's good to chew well.*

Influence is expressed in an impersonal way, and no specific party is mentioned. In this case, the impersonal expression is followed by an infinitive.

5. Impersonal Expressions: Use these expressions in the affirmative or the negative.

(no) +	**es aconsejable**	it's advisable
	es buena/mala idea	
	es bueno/malo	
	es importante	
	es mejor	it's better
	es necesario	
	es preciso	it's necessary
	es preferible	it's preferable

Compare the following sentences:

Subject in Dependent Clause: Subjunctive	No Subject in Dependent Clause: No Subjunctive
Es mejor que (Ud.) vuelva mañana.	**Es mejor volver** mañana.
No es aconsejable que (Uds.) visiten el centro de la ciudad.	**No es aconsejable visitar** el centro de la ciudad.
Es preferible que cocine las papas en agua hirviendo *(boiling)*.	**Es preferible cocinar** las papas en agua hirviendo.

Actividad 5: Los deseos de Año Nuevo **Parte A:** Un periódico de barrio publicó los deseos de algunas personas para el Año Nuevo. Completa los deseos usando el infinitivo o el presente del subjuntivo de los verbos que se presentan.

traer
recibir
sacar
permitir
ir
montar
regalar
saber

Yo quiero que el año nuevo me ______________ muchos regalos. Prefiero ______________ muñecas como la Barbie y su novio Ken. Espero ______________ buenas notas en la escuela y que la maestra me ______________ jugar cuando yo lo desee. Quiero que mi familia y yo ______________ de vacaciones a la playa este verano. También deseo aprender a ______________ a caballo y espero que mis papis me ______________ uno. Por último, quiero que mis papis ______________ que yo los quiero mucho.

Teresita Olmos

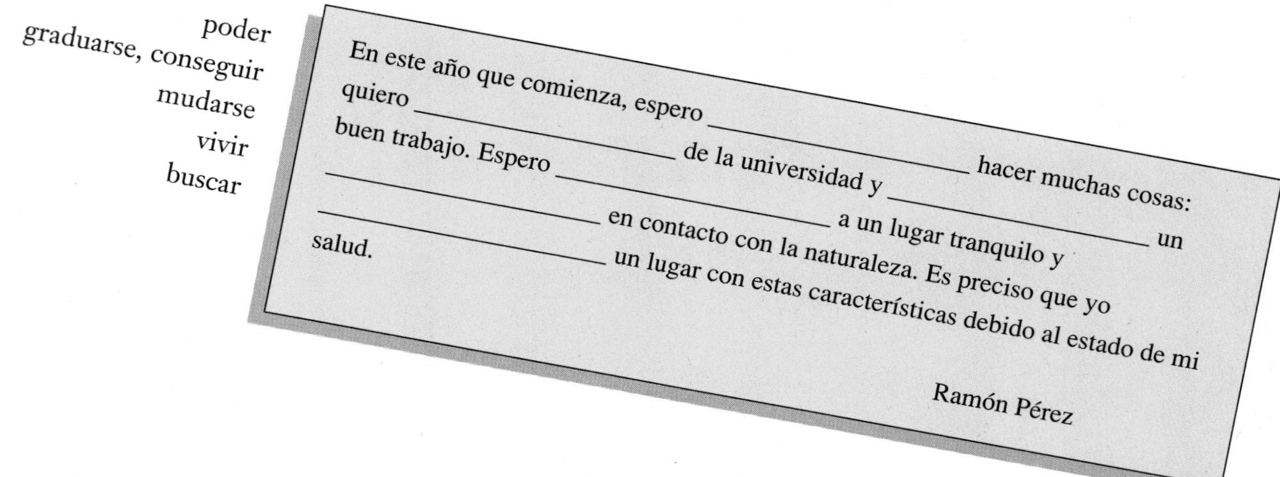
poder
graduarse, conseguir
mudarse
vivir
buscar

En este año que comienza, espero __________ hacer muchas cosas: quiero __________ de la universidad y __________ un buen trabajo. Espero __________ a un lugar tranquilo y __________ en contacto con la naturaleza. Es preciso que yo __________ un lugar con estas características debido al estado de mi salud.

Ramón Pérez

Parte B: Ahora, pide algunos deseos para ti y tu familia para el próximo año. Usen expresiones como: **Quiero . . . , Quiero que mi padre . . .**

Actividad 6: Te recomiendo que lo pruebes **Parte A:** Prepara sugerencias para unos amigos sobre qué comidas deben pedir en diferentes restaurantes hispanos.

➤ Si van a un restaurante colombiano, les recomiendo que prueben las papas chorreadas.

papas chorreadas = potatoes coated with melted cheese

restaurantes	**platos**
cubano	paella valenciana
español	cebiche (pescado cocinado en limón)
mexicano	ropa vieja
peruano	tamales

Parte B: En parejas, hagan sugerencias sobre restaurantes de su ciudad. Incluyan el nombre del restaurante, dónde está, qué tipo de comida sirve, cuánto cuesta y sugieran un plato delicioso.

➤ Les sugiero que vayan a Dalí que está en la Avenida Sepúlveda y pidan el pescado salado . . .

Actividad 7: El compañero de cuarto En parejas, díganle a la otra persona qué cualidades son importantes y qué cualidades no son importantes en un/a compañero/a de cuarto o apartamento.

➤ Para mí, es importante que mi compañero/a no ponga música a todo volumen.

ser ordenado/a	no fumar
saber cocinar	tener mucho dinero
no hacer mucho ruido	pagar las cuentas a tiempo
respetar mi espacio privado	no traer muchos amigos
ser hombre/mujer	? ? ?

Actividad 8: El primer año de español En parejas, preparen una lista de cinco consejos para que un/a estudiante de primer año de español pueda aprobar la materia. A continuación hay muchas sugerencias. Uds. tienen que decidir cuáles son las cinco más importantes de la lista. Usen expresiones como: **te aconsejamos que . . . , es preciso que . . . , te recomendamos que . . . , es importante que . . .**

1. ir al laboratorio una vez por semana
2. tener una actitud positiva
3. alquilar películas en español
4. participar en clase
5. memorizar las formas de los verbos usando fichas *(index cards)*
6. ir a hablar con el/la profesor/a con frecuencia
7. estudiar un rato todos los días
8. hablar español con tus amigos
9. hacer las actividades del libro de ejercicios cuando las asignan y no a último momento
10. asistir a clase todos los días
11. usar con frecuencia el programa de computación
12. ? ? ?

Actividad 9: Los consejos de sus padres Cuando los estudiantes van a asistir a la universidad, sus padres les dan miles de consejos. En parejas, hagan una lista de tres consejos útiles y tres consejos inútiles que los padres generalmente les dan a sus hijos. Usen expresiones como: **les aconsejan a sus hijos que . . . , es importante (que) . . . , es preciso (que) . . .**

Actividad 10: Las exigencias de la sociedad **Parte A:** En grupos de tres, digan si eran los hombres o las mujeres los que hacían las siguientes labores en las familias típicas de la televisión de los años 60 ó 70, como la familia Cleaver del programa "Leave it to Beaver".

➤ Generalmente, cocinaban las mujeres.

labores domésticas: cocinar, limpiar el baño, lavar los platos, sacar la basura, cortar el césped, pasar la aspiradora
trabajo: trabajar tiempo completo, trabajar horas extras
niños: cuidarlos, bañarlos, darles de comer, llevarlos a la escuela, hablar con sus maestros, disciplinarlos, participar en deportes con ellos

Parte B: En grupos de tres, usen la lista de la Parte A para comentar qué espera la sociedad norteamericana actual que hagan los hombres y las mujeres después de casarse con respecto a las labores domésticas, el trabajo y los niños. Digan si estas exigencias son similares para ambos *(both)* sexos.

➤ La sociedad le exige al hombre que tenga un trabajo y le exige a la mujer que . . .

B. Giving Indirect Commands and Information: *Decir que* + Subjunctive or Indicative

1. To convey orders, you can use a form of the verb **decir** in the independent clause followed by **que** and a verb in the subjunctive in the dependent clause.

Tu madre **te dice que comas** toda la comida.	*Your mom is telling you to eat all the food.*
Les dice que vayan al laboratorio con más frecuencia.	*He's telling them to go the laboratory more often.*

2. Notice how you can use this construction to express impatience or emphasize a point when someone does not heed your desires.

—Ayúdame . . . no puedo con esta caja.	*Help me . . . I can't (lift) this box.*
—Sí, sí . . . espera.	*OK, OK . . . wait.*
—¡**Te digo que me ayudes**!	*I'm telling you to help me!*

tell to → subjunctive

3. To give information instead of orders, use the verb **decir** in the independent clause followed by **que** and a verb in the indicative in the dependent clause.

say/tell that → indicative

Tu madre **me dice que comes** toda la comida. ¡Qué bueno eres!	*Your mom tells me that you eat all your food. ¡You're so good!*
Ella **dice que está lloviendo.**	*She says that it's raining.*

Actividad 11: ¿Qué dijo? Completa las siguientes conversaciones según el contexto con el indicativo o el subjuntivo del verbo entre paréntesis.

1. —Carlos, ¿qué dice el señor?
   —Nos dice que no ______________ al despacho del presidente. (entrar)

2. —Isabel, ¿qué quiere el jefe que hagamos?
   — Dice que ______________ el informe mañana porque ya ______________ demasiado tarde. (entregar, ser)

3. —Jefa, estoy cansadísima.
   —Pero, Srta. Roca, siempre le digo que no ______________ tantas horas. (trabajar)

4. —Perdón. ¿Puede hablar más despacio? No comprendo.
   —Digo que la oficina de visas ______________ a la 1:30. (cerrar)

5. —Mami, ¿te gusta mi nuevo amiguito?
—¿Cuántas veces te tengo que decir que no ______________ más insectos a casa? (traer)

6. —Búscate un amigo francés.
—¿Cómo? Y eso . . . no veo cómo me va a ayudar a mejorar mi francés.
—Te digo que te ______________ un amigo francés. Ya verás. (buscar)

Actividad 12: La reunión de voluntarios **Parte A:** En parejas, A llegó tarde a una reunión sobre trabajo voluntario en la comunidad y B se tuvo que ir antes del final de la reunión. Intercambien información con los apuntes que tomaron. Comiencen cada idea con: **La coordinadora dice que (nosotros) . . .**

A

pensar si tenemos suficiente tiempo libre para hacer el trabajo
decidir cuántas horas por semana podemos trabajar
no descuidar los estudios
elegir un trabajo voluntario según nuestras capacidades

B

algún día acompañar a alguien que ya hace trabajo voluntario
comprometerse a hacer el trabajo
avisarle a la coordinadora si algún día estamos muy ocupados y no podemos venir
hablarles a otros amigos sobre el trabajo voluntario

Parte B: Contesten estas preguntas: ¿Hacen Uds. algún tipo de trabajo voluntario? ¿Qué trabajo voluntario se puede hacer a través de su universidad? ¿Cuál prefieren y por qué? ¿Hay programas patrocinados por su universidad en otros países? ¿Cuáles son?

II. Giving Direct Commands

A. Affirmative and Negative Commands with *Ud.* and *Uds.*

You already know a number of ways to express influence over another person's actions. Some are more direct than others.

Quiero que Ud. venga mañana.	Ud. tiene que venir mañana.
Es mejor que Ud. venga mañana.	¿Por qué no viene Ud. mañana?
Le digo que venga mañana.	Ud. debe venir mañana.

1. The most direct way to get someone to do something is by giving a command. When giving an affirmative or negative command to someone you address in the **Ud.** or **Uds.** form, use the subjunctive form of the verb.

Venga (Ud.) mañana.	*Come tomorrow.*
Vayan (Uds.) ahora mismo.	*Go right now.*
No toquen eso, está caliente.	*Don't touch that, it's hot.*

2. Object pronouns (reflexive, direct or indirect) follow and are attached to affirmative commands, and precede verbs in negative commands.

Affirmative Commands	Negative Commands
Pruébenlo, está muy rico.	No **lo prueben**, está horrible.
Dígame todo, quiero saber todos los detalles.	No **me diga** nada, prefiero no saber nada.
Levántese.	No **se levante**.

Note: To review accent rules, see page 321.

En un reciente artículo titulado "Si los niños se quedan solos . . . " le presentamos estas sugerencias:

- Asegúrese que su hijo sabe qué hacer en una emergencia. Anote el número de teléfono suyo y el de otros parientes, amigos y vecinos de confianza en el formulario **"Números de Emergencia"** que se encuentra aquí. Coloque este formulario en un lugar donde el niño lo pueda encontrar con facilidad, por ejemplo la puerta del refrigerador.
- Su hijo no debe abrir la puerta a extraños ni decir a quien llama por teléfono que usted no está en casa. Si un desconocido llama, debe responder que el padre está ocupado o tomar el mensaje.
- Establezca reglas para recibir visitas y determine quién puede visitar a su hijo.

¡Números de Emergencia!

Policía, Bomberos, Hospital
911

Padre/Madre ____________________

Pariente/Amigo ____________________

Vecino ____________________

Doctor ____________________

Centro de Control
de Venenos ____________________

Coloque este formulario cerca del teléfono.
Más... *La revista para la familia hispana.*

Subraya todos los mandatos que encuentres en esta propaganda. Luego agrega uno o dos mandatos a la lista.

Actividad 13: Para perder peso Una doctora le dice a un paciente qué necesita hacer para bajar de peso. Cambia las sugerencias a mandatos.

1. Ud. tiene que hacer una dieta muy estricta.
2. No puede comer dulces.
3. Su esposa y Ud. no deben comer afuera.
4. Necesita hacer ejercicio por lo menos tres veces por semana.
5. Ud. y su esposa pueden salir a caminar juntos.
6. Es mejor dormir por lo menos siete horas diarias.
7. Debe venir a verme dentro de un mes.

Actividad 14: Problemas y soluciones Dos personas acaban de llamar a un programa de radio para contar sus problemas. Usa mandatos para decirles a estas personas lo que pueden hacer para solucionar su problema.

llamada no. 1

"Estoy cansada de mi trabajo. Soy ayudante de cocinera en un restaurante y hace diez años que trabajo allí. Trabajo diez horas al día, seis días por semana y apenas me alcanza el sueldo para vivir. No sé qué hacer, pero no tolero más este trabajo".

llamada no. 2

"Mi vecino es insoportable. Se levanta temprano y pone música a todo volumen. Cocina pescado y a veces fríe sardinas con la ventana abierta. El olor entra en mi casa por la ventana del baño y después toda la casa huele a pescado. Hablé con él, pero dice que él está en su casa y que nadie puede decirle lo que debe hacer".

B. Affirmative and Negative Commands with *tú* and *vosotros*

1. When giving commands to people you address using **tú,** follow these rules. Remember that object pronouns follow and are attached to affirmative commands, and precede verbs in negative commands.

Affirmative **tú** Commands	Negative **tú** Commands
Third Person Singular of the Present Indicative	**no** + Subjunctive Form
Cierra la puerta.	**No cierres** la puerta.
Háblame.	**No me hables**.
Págalo, no tengo dinero.	**No lo pagues**, yo tengo dinero.
Levántate temprano.	**No te levantes** temprano.

2. Irregular affirmative **tú** command forms include:

	Affirmative Commands	Negative Commands
decir	¡**Di** la verdad!	¡No digas nada!
hacer	¡**Haz**lo!	¡No hagas eso!
ir(se)	¡**Ve**te de aquí!	¡No te vayas!
poner	¡**Pon** tu chaqueta en el armario!	¡No pongas el vaso allí!
salir	¡**Sal** inmediatamente!	¡No salgas!
ser	¡**Sé** bueno!	¡No seas malo!
tener	¡**Ten** cuidado, está caliente!	¡No tengas miedo, el perro no muerde!
venir	¡**Ven** aquí!	¡No vengas todavía!

3. When giving commands to people you address using **vosotros**, follow these rules. Remember that the **vosotros** form is only used in Spain.

Affirmative **vosotros** Commands Delete **r** from the Infinitive and Substitute **d**	Negative **vosotros** Commands **No** + Subjunctive **vosotros** Form
Habladme en voz alta.	**No** me **habléis** (vosotros).
Corred.	**No corráis** (vosotros).
Abridlo.	**No** lo **abráis** (vosotros).
Reflexive Verbs Delete the **r** from the Infinitive	**No** + Subjunctive **vosotros** Form
Levantaos.	**No os levantéis.**

Note: Colloquially, infinitives are often used as affirmative **vosotros** commands: **¡Venir y sentaros!**

Conoce los secretos del agua

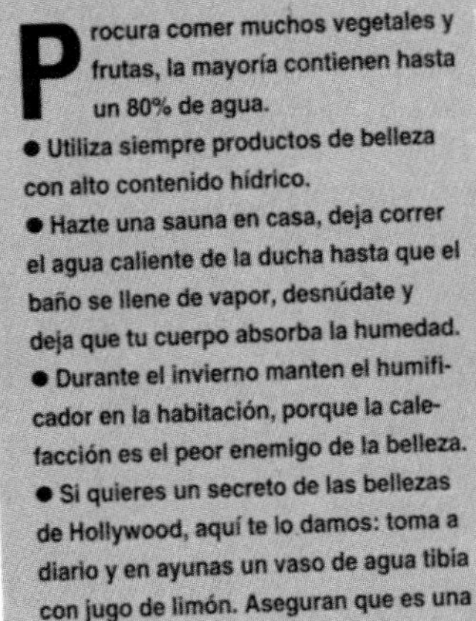

Procura comer muchos vegetales y frutas, la mayoría contienen hasta un 80% de agua.

- Utiliza siempre productos de belleza con alto contenido hídrico.
- Hazte una sauna en casa, deja correr el agua caliente de la ducha hasta que el baño se llene de vapor, desnúdate y deja que tu cuerpo absorba la humedad.
- Durante el invierno manten el humificador en la habitación, porque la calefacción es el peor enemigo de la belleza.
- Si quieres un secreto de las bellezas de Hollywood, aquí te lo damos: toma a diario y en ayunas un vaso de agua tibia con jugo de limón. Aseguran que es una de las fuentes de la eterna juventud.

▶ *¿Haces algunas de estas cosas?*

Actividad 15: Un fax típico El siguiente es un fax incompleto que alguien recibió en su trabajo. Complétalo con los mandatos apropiados correspondientes a la forma de **tú**.

Remember: Place the object pronoun before the verb in a negative command and after and attached to an affirmative command.

MAR-31-1995 16:25 P.01

Instrucciones para los que no quieren trabajar

I. No ________________ nunca. (confesarlo)

II. ________________ sin impaciencia a que te llegue la orden de trabajo; no ________________. (esperar, buscarla)

III. No ________________ a los que trabajan. (molestar)

IV. ________________ una postura especial dando la impresión de actividad. (adoptar)

V. ________________ relajado y ________________ sin fatiga aparente, toda inactividad por larga que sea. (permanecer, tolerar)

VI. Amas el trabajo bien hecho, por tanto, ________________ para los compañeros más calificados. (dejarlo)

VII. Si te vienen ganas de trabajar, ________________ y ________________ a que se te pasen. (sentarse, esperar)

VIII. No ________________ culpa al recibir del cajero el primer sueldo. (sentir)

IX. Hay muchos más accidentes en el trabajo que en las cafeterías: ________________ a la cafetería a menudo. (ir)

X. El trabajo consume; el descanso raramente lo hace: ¡________________ cuidado! ________________ lo menos posible. (tener, hacer)

Conclusión:

El trabajo es una cosa buena. No ________________ egoísta y ________________ para otras personas. (ser, dejarlo)

Actividad 16: Los cuatro mandamientos para un amigo triste En parejas, Uds. tienen un amigo que siempre está triste y deciden escribirle una lista de **cuatro mandamientos** *(commandments)* para ayudarlo a ser feliz. Intenten ser graciosos. Pueden usar las sugerencias de la Actividad 15 como guía.

➤ No salgas con personas más tristes que tú. Es preciso salir sólo con personas más alegres.

Actividad 17: La asistente social y su caso Una asistente social habla con unos adolescentes y sus padres sobre las cosas que necesitan hacer para que haya armonía en la familia. Después de una hora de gritos, la asistente les da órdenes a todos antes de irse. Cambia las siguientes sugerencias a órdenes usando mandatos con **tú** y **Uds.** según a quién le esté hablando ella. Si es apropiado, usa los pronombres de complementos directos.

➤ Felipe, debes ordenar tu habitación.

Felipe, ordena tu habitación.

1. Juan, es importante que te comuniques con tus padres.
2. Uds. deben escuchar a su hijo.
3. Uds. no deben pelearse delante de sus hijos.
4. Uds. muchachos tienen que ir a la escuela todos los días.
5. Señor, necesita darles consejos a sus hijos.
6. Muchachos, no deben acostarse tarde.
7. Lucía, debes respetar las órdenes de tus padres.
8. Todos deben acostumbrarse a gritar menos y a escuchar más.
9. Ignacio, tienes que venir a mi oficina la semana próxima.

Actividad 18: Interpretaciones **Parte A:** Una frase puede tener diferentes interpretaciones de acuerdo con quién se la diga a quién y en qué contexto la diga. Muchas frases comunes a menudo son mandatos disfrazados *(disguised)*. Mira el siguiente cuadro sobre la oración **Hace frío.**

oración	quién a quién	dónde	interpretación
Hace frío.	un jefe a su empleado	en una oficina	Apague el aire acondicionado.
	un instructor de esquí a otro	en la montaña	Dame mi anorak.

Parte B: Ahora en grupos de tres, completen los espacios en blanco del segundo cuadro. Recuerden que bajo la columna "interpretación" deben poner el mandato que está implícito en cada caso.

oración	quién a quién	dónde	interpretación
Tengo hambre.	un niño a su padre	en un carro en la autopista	
	un hombre a su esposa		
En cinco minutos los atiendo.		en un restaurante	
Esta sopa está fría.	suegra a su nuera		
		en un restaurante	

III. Discussing Food

A. La comida

salado = not sweet (most main dishes are **salados**)

salado = salty **(Esta sopa está muy salada.)**

sabores

agridulce	sweet and sour	**dulce**	sweet
agrio/a	sour	**insulso/a, soso/a**	bland
amargo/a	bitter	**salado/a**	not sweet; salty

envases y cantidades

la barra (de chocolate)	bar (chocolate)	**el paquete**	package
la botella	bottle	**el pedazo**	piece, slice
el frasco	jar	**la porción**	serving
la lata	can	**la rebanada (de pan)**	slice (of bread)

Por { docena / gramo / kilo / litro }

otras palabras

alimentos { **altos/bajos en calorías** / **de alto/bajo contenido graso** }

comida { **liviana** / **pesada** }

bebidas { **con cafeína** / **descafeinadas** }

productos { **congelados (frozen)** / **enlatados (canned)** / **frescos (fresh)** }

¿LO SABÍAN?

Muchos productos comestibles constituyen a menudo exportaciones fundamentales para los países hispanos. El café, por ejemplo, es un producto de primordial importancia en la economía de Guatemala, El Salvador y Colombia. La banana representa el 12% de las exportaciones de Ecuador, mientras que la uva es el producto comestible que más se exporta de Chile. El aceite de oliva y la fruta, como la naranja de Valencia, son exportaciones importantes de España. Di qué productos comestibles asocias con diferentes regiones de los Estados Unidos.

Actividad 19: El paladar sabe Describe el sabor de los siguientes alimentos. Usa palabras como: **dulce, salado, agrio, amargo, agridulce, insulso.**

1. café sin azúcar
2. ensalada de lechuga y tomate
3. una quesadilla
4. chocolate con poco azúcar
5. unas papas fritas
6. ensalada de frutas
7. palomitas de maíz *(popcorn)* sin sal y sin mantequilla
8. gazpacho
9. un limón
10. un churro

Actividad 20: ¿En qué envase? En parejas, digan en qué medidas y en qué envases se pueden comprar los siguientes productos.

➤ Compramos las especias por gramo y normalmente vienen en frascos pequeños.

mayonesa	chocolate	azúcar	nueces *(nuts)*
leche	sopa	mostaza	huevos

Actividad 21: Congelados, enlatados o frescos En parejas, decidan a qué categoría(s) pertenecen los siguientes productos. Luego añadan dos productos más en cada categoría.

1. pollo
2. pan
3. jamón
4. ajo
5. queso
6. huevos
7. habichuelas
8. atún

Productos		
Enlatados	Congelados	Frescos

Actividad 22: Gustos personales **Parte A:** En parejas, entrevístense para averiguar sus gustos en cuanto a la comida.

1. ¿Prefieres los alimentos dulces o salados?
2. ¿Te gusta la comida de otros países? ¿Cuál es tu plato favorito? ¿Cuál es el país de origen de esa comida?
3. ¿Prefieres la comida casera o la de restaurante?
4. ¿Cuándo fue la última vez que comiste afuera y qué comiste?
5. ¿Qué platos comías con mucha frecuencia cuando eras niño/a?
6. ¿Cuántas veces al día comes?
7. ¿Comes mientras miras televisión o lees algo?
8. ¿Comes muchas porquerías *(junk food)*?
9. ¿Te gusta cocinar? Si contestas que sí, ¿quién te enseñó?

Parte B: En parejas, cada persona debe decirle a la otra si tiene buenos hábitos alimenticios, basando su opinión en las respuestas de la Parte A. De no ser así, denle consejos.

➤ No tienes buenos hábitos alimenticios porque . . . Te aconsejo que . . .

◀ *Una familia argentina a punto de comer el típico asado de los domingos.*

Actividad 23: Los modales de la mesa **Parte A:** Usando las ideas que se presentan a continuación, forma mandatos que normalmente oyen los niños hispanos o estadounidenses a la hora de comer.

1. poner las dos manos en la mesa
2. poner la mano izquierda debajo de la mesa
3. empujar los frijoles con el cuchillo
4. no apoyar los codos en la mesa
5. dejar el cuchillo y tomar el tenedor con la otra mano al comer
6. coger sólo un trocito de pan y no todo el pedazo

Parte B: En parejas, decidan cuáles de los mandatos anteriores se oyen en los Estados Unidos y cuáles se oyen con frecuencia en un país hispano.

Review use of the impersonal **se** in Chapter 1.

B. The Passive *se*

In Chapter 1, you studied the impersonal **se**. In this chapter you will study another use of **se** called the passive **se**. Compare these three sentences in English and Spanish.

Clients buy tomatoes.	Los clientes compran tomates.
People/You/They/One buy/s fresh tomatoes.	Se compra tomates frescos.
Fresh tomatoes are bought.	Se compran tomates frescos.

The first sentence is active: someone (the clients) does an action to something (the tomatoes). It follows a typical subject + verb + object pattern. The second sentence is impersonal: there is an impersonal subject (people/you/they/one) who performs an action. The third sentence is passive: something is acted upon. In this sentence, the object is converted into a passive subject and the person doing the action is omitted. This is a passive construction. The following formula shows one way to form passive sentences in Spanish:

se + { third person singular of the verb + passive subject (singular noun)
third person plural of the verb + passive subject (plural noun/series of nouns) }

Se usa aceite de oliva para cocinar en España.	*Olive oil is used to cook in Spain.*
Se comen plátanos fritos en el Caribe.	*Fried plantains are eaten in the Caribbean.*
El gazpacho y las lentejas se sirven de primer plato.	*Gazpacho and lentils are served as a first dish.*

The passive **se** construction is frequently used to give instructions and in advertising. The following verbs related to food preparation are frequently used with the passive **se:**

agregar	to add	**machacar**	to crush
añadir	to add	**mezclar**	to mix
calentar (ie)	to heat	**picar**	to chop
colar (ue)	to drain	**reducir/subir el fuego**	to reduce/raise the heat
dorar	to brown	**remojar**	to soak
echar	to pour; put in	**sofreír (i, i)**	to fry lightly
freír (i, i)	to fry		
hervir (ie, i)	to boil		

Actividad 24: Una receta **Parte A:** Completa las instrucciones para una receta típica usando la construcción **se + verbo singular/plural.** Atención: gandules y frijoles son tipos de habichuelas *(beans).*

	<u>Se limpian</u> los frijoles.
lavar	__________ dos veces en
colar	agua fría y __________.
remojar	__________ en agua durante una
	noche.
colar	__________ de nuevo.
hervir	__________ 8 tazas de agua en
añadir	una olla. __________ los
dejar	frijoles y la calabaza. __________
	hervir a fuego moderado por una hora
	hasta que los frijoles estén casi blandos.
preparar	Mientras tanto, __________
	el sofrito. En una cacerola
calentar	__________ el aceite. A fuego
freír	lento __________ el puerco *(pork)*
	curado y el jamón hasta que estén
reducir	dorados. __________ el fuego a
sofreír	muy bajo, y __________ la
	cebolla, los pimientos, el ajo, el cilantro
	y el orégano por 10 minutos.
	Cuando los frijoles están casi blan-
machacar	dos __________ la calabaza y
añadir	__________ la mezcla al sofrito.
agregar	__________ la salsa de tomate y la
poner	sal. __________ a hervir y
cocinar	__________ sin tapar a fuego
	moderado por una hora hasta que espese
	al gusto.

Habichuelas puertorriqueñas

8 porciones

1 libra de gandules o habichuelas
8 tazas de agua
3/4 de libra de calabaza, pelada y cortada en pedacitos
1 cucharada de aceite vegetal
1 pedazo (**2** onzas) de puerco curado (tocino grueso)
2 onzas de jamón
1 cebolla, picada
1 pimiento verde, picado
2 pimientos rojos, picados
1/4 de cucharadita de orégano, espolvoreado
1/4 de taza de salsa de tomate
2 cucharaditas de sal

sofrito = lightly fried ingredients

calabaza = squash

Parte B: Ahora, dale a tu profesor/a instrucciones detalladas para preparar un sándwich de mantequilla de maní y mermelada *(a peanut butter and jelly sandwich).*

Auge, sabor y estilo de los buenos frijoles

De simples platos de la mesa latinoamericana, los frijoles han pasado a ser el más reciente descubrimiento de la alta gastronomía

por Regina Córdova

Los humildes frijoles están de moda. ¿Por qué? Los especialistas en nutrición han descubierto que los frijoles pueden ayudar a bajar el colesterol, controlar el azúcar de la sangre y hasta ofrecer protección contra el cáncer.

Pruebe su conocimiento frijológico

Falso Verdadero (Marque uno)

F V 1. No se pone sal al agua donde se remojan los frijoles hasta que estén tiernos.

F V 2. No es necesario lavar o quitarle las piedrecitas a los frijoles de paquete.

F V 3. Cocine los frijoles a fuego lento. Hervirlos a fuego alto los hace menos digestibles.

F V 4. Es necesario remojar las lentejas antes de cocinarlas.

F V 5. Los frijoles secos duplican su volumen y peso después de remojarlos y cocinarlos.

F V 6. No le añada ingredientes ácidos—tomate, limón, piña—a los frijoles antes de que estén tiernos o nunca se ablandarán por más que se cocinen.

F V 7. Los frijoles secos se deben guardar en el refrigerador.

F V 8. Cuele y enjuague los frijoles enlatados antes de añadírselos a otros ingredientes.

F V 9. Cambiarle el agua dos o tres veces a los frijoles en remojo reduce el problema de los gases.

F V 10. Si cocina los frijoles en el agua de remojo, reabsorben las azúcares complejas que producen gases.

1(V), 2(F), 3(V), 4(F),5(V), 6(V), 7(F), 8(V), 9(V), 10(V)

No importa si comemos frijoles negros, pintos o lentejas, todos tienen un alto contenido de proteínas, fibra y carbohidratos complejos, además de estar llenos de hierro y vitaminas B. Hoy en día se comen más frijoles que nunca, no sólo porque son saludables (bajos en sal, azúcar, grasas y calorías) y baratos (alrededor de 29 centavos la libra), sino también porque se usan tradicionalmente para dar a las comidas un sabor a la vez robusto y delicado.

En las bodegas y mercados, esta legumbre ahora se exhibe con gran esmero artístico. Se redescubren las interminables posibilidades gastronómicas de los frijoles, cuya nueva popularidad se debe menos a razones de salud que a su atractivo exótico.

Los frijoles se importan de muchas partes. De Latinoamérica vienen los frijoles negros, flor de mayo, canario, bayo y boca de ratón, porotos, caraota, que han sido rebautizados como "fresas mexicanas" (frijoles colorados), "valentinos negros"(frijoles negros), y "appaloosa" (frijoles pintos). ¡Con tantas variedades no es raro que se vendan más que nunca!

Los supermercados no son los únicos que se han unido al "boom" de los frijoles. En todo el país los restaurantes se han enterado de que los frijoles están de moda, especialmente las recetas de Latinoamérica, donde cada plato expresa las raíces culinarias de la región.

¡Pero si los frijoles nunca han pasado de moda!

Actividad 25: Los frijoles invaden los EE.UU. Parte A: El artículo de la página 136 fue publicado en una revista para hispanohablantes de los Estados Unidos. Léelo y contesta las preguntas.

1. ¿Por qué es bueno para la salud comer frijoles?
2. La autora da dos razones de la popularidad de los frijoles. ¿Cuáles son?
3. ¿Hay muchos tipos diferentes de frijoles o sólo muchas maneras de prepararlos?
4. Como todo lo popular, para venderlo hay que tener un buen plan de promoción. ¿Qué hicieron los comerciantes para vender frijoles al mercado estadounidense?

Parte B: Completa la prueba de conocimiento "frijológico"en la página 136.

Actividad 26: La cocina En parejas, formen oraciones usando construcciones con **se** para decidir dónde se consumen las siguientes comidas.

➤ tomar fabada, una sopa

En España se toma fabada, una sopa. | No estoy seguro/a, pero creo que se toma fabada en España.

En Cuba | En México | En Perú | En España

1. servir frijoles negros con arroz con muchas comidas
2. usar salsa picante
3. preparar gazpacho, una sopa fría
4. cultivar muchos tipos de papas
5. comer mole
6. freír bananas
7. hacer tortillas de maíz
8. preparar tortillas de huevos
9. beber sangría
10. comer **ropa vieja,** un plato típico

Una pregunta extra: ¿Dónde se dicen "tacos" en vez de comerlos?

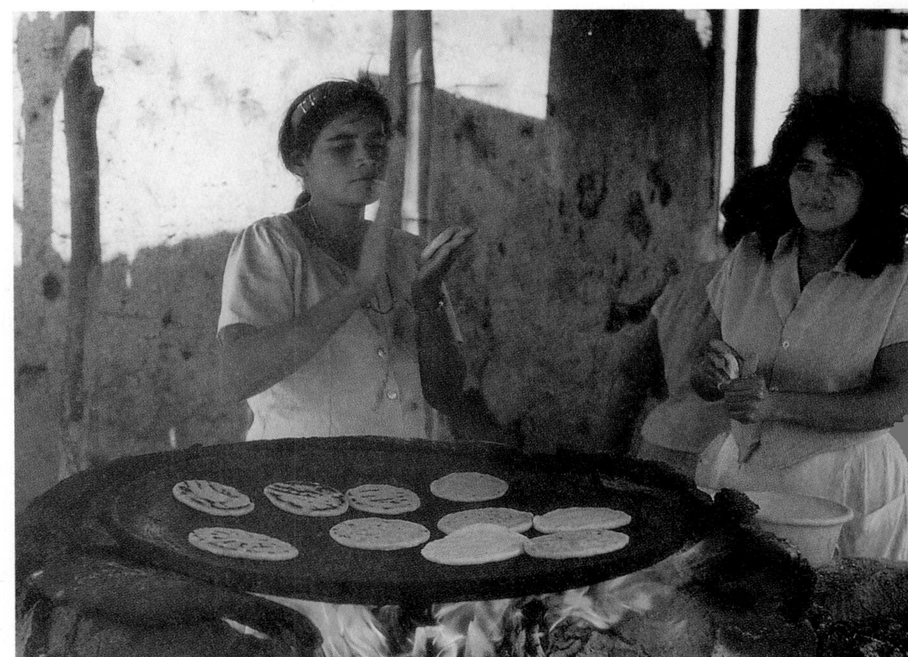

▶ *Así se preparan las tortillas de maíz.*

Actividad 27: Se necesita un poco de lógica Lee el siguiente párrafo que es totalmente ilógico. Luego, en parejas, construyan un párrafo lógico usando lo que aprendieron en este capítulo.

Voy a visitar a mi sobrina que tiene 85 años y es la madre de mi primo. Suelo comer con ella los fines de semana, pero voy a ir este sábado. Cada vez que voy, paro en una oficina y le hago la compra; esta vez quiere que le lleve medio kilo de huevos, cuatro litros de habichuelas, dos rebanadas de tomates, una barra de vinagre y una lata de manzanas frescas. También, ella siempre espera que le lleve algo dulce, y por eso pienso comprarle un pollo asado en la lechería. Me molesta mucho la comida que prepara en su casa porque se considera la mejor de la zona. Por esta razón, cada vez que la visito, insisto en que cocine platos típicos de España como tamales y mole poblano. De postre, siempre se abre una lata de helado caliente y le echamos un poco de salsa picante. Por eso, me encanta visitar a esta mujer joven.

Vocabulario activo

Verbos para expresar influencia

aconsejar	*to advise*
exigir	*to demand*
insistir en	*to insist*
pedir (i, i)	*to ask (for)*
preferir (ie, i)	*to prefer*
proponer	*to propose*
querer (ie)	*to want*
recomendar (ie)	*to recommend*
rogar (ue)	*to beg*
sugerir (ie, i)	*to suggest*
suplicar	*to implore, to beg*

Expresiones impersonales para expresar influencia

Ver página 121.

La comida

Ver página 131.

Verbos relacionados con la comida

Ver página 134.

Expresiones útiles

¿Acaso no sabías?	*But, didn't you know?*
comérselo/s todo/s	*to eat it/them all up*
. . . y punto	*. . . and that's that*
Te lo digo en serio.	*I'm not kidding.*

Vocabulario personal

La política: ¿Un mal necesario?

CAPÍTULO 6

▲ *La presidente de Nicaragua, Violeta Chamorro, le habla al pueblo con un megáfono.*

COMMUNICATIVE GOALS

- expressing feelings, emotions, and opinions about present, future, and past events
- expressing belief, doubt, and denial about present, future, and past events
- discussing politics
- expressing abstract ideas

ADDITIONAL GOAL

- forming complex sentences (Part One)

La estabilidad política

la democracia/noche/fiesta está en pañales	the democracy/night/party is young
tener en claro	to have it clear in your mind
siempre y cuando + *subjunctive*	provided (that)

▶ *La ciudad de Ibarra, Ecuador, se prepara para las elecciones.*

Actividad 1: La política **Parte A:** Antes de escuchar la opinión de tres personas, identifica las siguientes cosas.

- dos países hispanos que tienen una democracia estable
- un país hispano que hoy día no tiene un gobierno estable
- dos factores que puedan causar inestabilidad política en un país

Parte B: Ahora escucha las opiniones de tres hispanos sobre el futuro político de Hispanoamérica. Indica para cada caso si la persona tiene una visión optimista o pesimista en cuanto al futuro, o si la persona es optimista y pesimista a la vez.

1. ____________________ 3. ____________________

2. ____________________

Actividad 2: La situación política Escucha las opiniones otra vez y contesta las siguientes preguntas.

opinión n° 1

1. ¿Por qué cree la persona entrevistada que no hay estabilidad política?
2. ¿Qué comparación hace entre la corrupción de Hispanoamérica y de los Estados Unidos?

opinión n° 2

3. ¿Qué dice sobre la estabilidad esta persona?
4. ¿Qué opina sobre la gente y su actitud hacia la democracia?

opinión n° 3

5. La mujer dice que no se puede generalizar, ¿por qué opina así?
6. ¿Qué opina esta persona sobre el futuro de México?

Actividad 3: La situación de EE.UU. En grupos de tres, digan si están de acuerdo con estas ideas sobre los Estados Unidos y justifiquen sus respuestas.

1. La situación económica de los Estados Unidos está cada día mejor.
2. Cada vez hay más gente en la clase media y menos gente en la clase baja.
3. No hay actos de terrorismo en este país.

I. Expressing Feelings, Emotions, and Opinions About Present, Future, and Past Events

A. The Present Subjunctive

1. To express feelings, emotions, and opinions about another person's actions or about a situation in the present or future, you can use the following construction.

Independent Clause	que	Dependent Clause
Subject 1 + *verb of emotion* (indicative)	**que**	Subject 2 + *action* (subjunctive)

(Yo)	estoy contento de	**que**	(Uds.)	puedan votar.
I	*am happy*	*that*	*you*	*can vote.*

Compare the preceding sentence with the following:

(Yo) estoy contento de poder votar. *I'm happy to be able to vote.*

To express emotion about *one's own situation*, use an infinitive after an expression of emotion. Notice that there is no dependent clause introduced by **que**.

2. Use these verbs to express emotion:

esperar	to hope, to expect
estar contento/a (de)	to be happy
estar triste (de)	to be sad
lamentar	to lament
sentir (ie, i)	to be sorry
temer	to fear
tener miedo (de)	to be afraid
alegrarle (a alguien)*	to be glad, happy
darle pena (a alguien)*	to feel sorry
importarle (a alguien)*	to feel it is important
molestarle (a alguien)*	to be bothered
sorprenderle (a alguien)*	to be surprised

Two Subjects: Subjunctive	One Subject: No Subjunctive
Ella teme que el gobierno no haga nada.	**Ella teme no hacer** nada.
Me molesta* que ellos nunca **conduzcan.**	**Me molesta conducir.**
Lamentamos que no puedas ir a la fiesta.	**Lamentamos no poder ir** a la fiesta.
Espero que Uds. tengan unas buenas vacaciones.	**Espero tener** unas buenas vacaciones.

*Note: These verbs function like **gustar** and they are always singular when followed by a clause introduced by **que**.

3. To express feelings or emotions in an impersonal way about what somebody does or is going to do, you may use an impersonal expression such as **es fantástico** or **es lamentable.**

Independent Clause	**que**	Dependent Clause
Impersonal expression	**que**	Subject + *action* (subjunctive)

Es lamentable	**que**	(Ud.)	no pueda votar en las elecciones.
It's a pity	*that*	*you*	*can't vote in the elections.*

Compare the preceding sentence with the following:

Es lamentable no poder votar. *It's lamentable not to be able to vote.*

To express feelings about a general situation, use an infinitive after an expression of emotion. Notice that no specific subject is mentioned and **que** is not present.

4. Impersonal Expressions

es bueno/malo	es maravilloso
es fantástico	es una pena/lástima *(it's a shame)*
es horrible/terrible	es raro *(it's strange)*
es lamentable	es sorprendente *(it's surprising)*
¡Qué bueno . . . !	*How good . . . !*
¡Qué lástima/pena/vergüenza . . . !	*What a shame . . . !*
¡Qué sorpresa . . . !	*What a surprise . . . !*

Subject in Dependent Clause: Subjunctive	No Subject: No Subjunctive
Es maravilloso que puedas conocer otros países.	**Es maravilloso poder conocer** otros países.
Es una vergüenza que ese gobernante sea corrupto.	**Es una vergüenza ser** corrupto.
¡Qué lástima que Eda no pueda ir al concierto!	**¡Qué lástima no poder ir** al concierto!

Remember that because of the Moorish influence in Spain, there are many Arabic words in Spanish such as **algodón** and **álgebra.**

5. The word **ojalá** *(I hope)* comes from the Arabic meaning *may Allah grant.* When followed by a verb, **ojalá** always takes the subjunctive. **Que** is optional.

Ojalá (que) tengamos paz en el mundo. *I hope that we have peace in the world.*

Actividad 4: La política laboral **Parte A:** Dos oficinistas están hablando sobre el aumento de sueldo *(salary raise)* en su oficina. Elige el verbo y la forma apropiada del infinitivo o del presente del subjuntivo para completar cada espacio de la conversación.

dar
dar
cambiar
intentar
oír
poder
recibir
reconocer
ser
ser

Marta Me sorprende que nuestros jefes no le ______________ un aumento de sueldo a Carlos.

Ernesto ¿Qué dices?

Marta ¡Qué lástima que él no ______________ el aumento como nosotros! Ojalá que nuestra jefa ______________ de idea.

Ernesto Mira, mujer. Me alegra que nuestra jefa ______________ el trabajo que nosotros hacemos. Lamento que la empresa no le ______________ a Carlos el aumento, pero tú sabes que él no trabaja tanto como los demás. Es bueno que las cosas ______________ justas.

Marta ¡Qué increíble! Es lamentable ______________ este tipo de comentario de tu parte.

Ernesto ¿A qué te refieres?

Marta ¡Qué pena que tú no ______________ ser objetivo y que no ______________ hacer un comentario imparcial sobre un colega! Dices eso sobre Carlos porque no toleras que él ______________ tan trabajador o más que tú. Y punto.

Parte B: En parejas, usen la conversación entre Ernesto y Marta como ejemplo, pero cámbienla para hablar de un estudiante que recibió una nota baja en una clase.

Actividad 5: Me molesta En grupos de tres, usen la lista para decir cuatro o cinco cosas que les molestan o no de otras personas. Digan si les molestan mucho, un poco o nada.

➤ Me molesta mucho que una persona siempre esté contenta.

ser inmadura	dar consejos
fumar cerca de ti	hablar con la boca llena
quejarse constantemente	hablar mal de otros
masticar *(chew)* chicle y hacer ruido	no compartir sus cosas
ser muy irrespetuosa con otros	pedir dinero prestado
mentir mucho	? ? ?

Actividad 6: ¿Lamentables o raras? **Parte A:** Lee las siguientes situaciones y marca si son buenas, lamentables o si son raras o no.

a. es bueno b. es lamentable c. es raro d. no es raro

1. _____ un hombre / gastar / mucho dinero en ropa
2. _____ una persona desconocida / pedirte / dinero para el autobús
3. _____ un hombre / ser / víctima de acoso *(harassment)* sexual
4. _____ tu ex novio/a / salir / con tu mejor amigo/a
5. _____ tus padres / criticar / a tu pareja
6. _____ un esposo / quedarse / en casa con los niños y / no trabajar
7. _____ una persona / no pagar / los impuestos debidos

Parte B: Ahora en parejas, túrnense para dar su opinión sobre estas situaciones.

➤ (No) Es raro que un hombre gaste mucho dinero en ropa porque . . .

Actividad 7: La universidad y sus prioridades Muchos estudiantes no están completamente satisfechos con la universidad y quieren que haya cambios. En parejas, expresen sus sentimientos y digan qué cambios son necesarios. Elijan dos puntos de cada categoría o incluyan cosas pertinentes a su universidad. Luego escriban las oraciones que les van a decir a las autoridades de la universidad.

➤ Es lamentable que no haya una facultad de estudios afrocaribeños. Es preciso que Uds. abran esa facultad.

facultades

abrir una nueva facultad de . . .
contratar a más profesores de . . .
tener más ayudantes de cátedra *(teaching assistants)*
elegir al profesorado con la participación de los estudiantes

Remember: **facultad** = academic department (English) or school (Letters and Sciences)

profesorado = faculty

dar más énfasis a las evaluaciones de los estudiantes cuando evalúan el trabajo del profesorado
dar más énfasis a la calidad de las investigaciones que hace el profesorado cuando se evalúa su trabajo

viviendas y transporte

construir una residencia de estudiantes grande para aliviar el problema de la vivienda
edificar apartamentos para estudiantes de cuarto año
construir apartamentos baratos para estudiantes casados o con hijos
aumentar/implementar un sistema de autobuses gratis para los estudiantes
ofrecerles servicio de transporte nocturno a los estudiantes para protegerlos de la violencia
bajar el precio de las residencias y las comidas

tecnología

comprar computadoras para todos los estudiantes
incluir videos y computadoras en el laboratorio de idiomas
darles acceso a los estudiantes al correo electrónico
modernizar los laboratorios de ciencias
computarizar las instalaciones técnicas de los teatros de la universidad

B. The Present Perfect Subjunctive

1. As you learned before, when expressing present feelings or emotions about another person's actions or about a situation, in the present or future, you use the present subjunctive in the dependent clause.

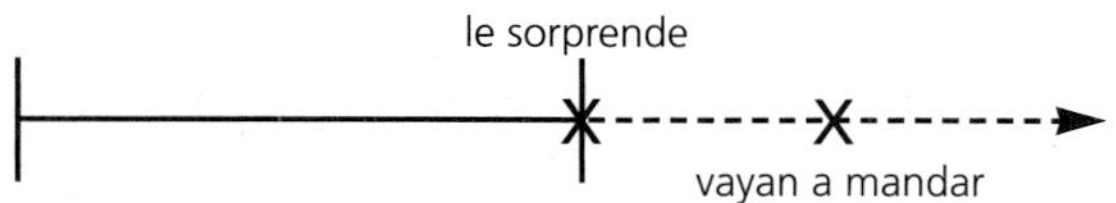

Le sorprende que los Estados Unidos **vayan a mandar** medicamentos a ese país. *He's surprised that the United States will send medicine to that country.*

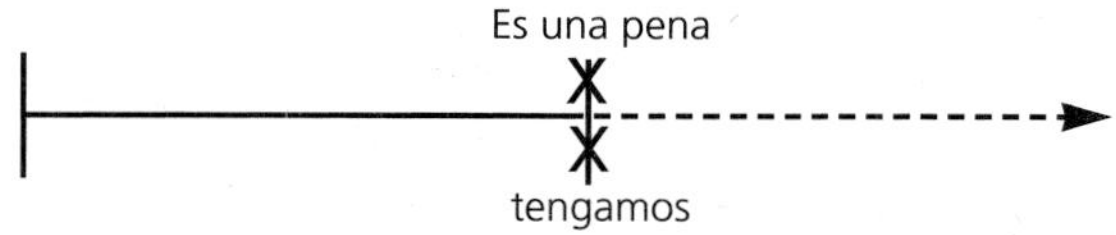

Es una pena que nosotros **no tengamos** los medicamentos ahora mismo. *It's a shame (that) we don't have the medicine right now.*

2. When expressing present feelings or emotions about something that has already occurred, use the present perfect subjunctive in the dependent clause.

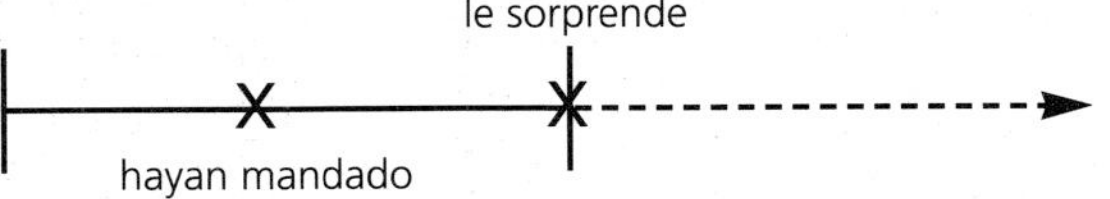

Le sorprende que los Estados Unidos **hayan mandado** medicamentos a ese país.	*He's surprised that the United States has sent medicine to that country.*
Es lamentable que esta campaña electoral **haya sido** tan sucia.	*It's a shame that this electoral campaign has been so dirty.*
¡Qué bueno que haya ganado mi partido!	*How good that my party has won!*

Note: In a verb phrase, past participles (e.g. **mandado**) always end in **-o**.

3. The present perfect subjunctive is formed by using the present subjunctive form of the verb **haber** and a past participle:

haber		
haya	hayamos	
hayas	hayáis	+ *past participle*
haya	hayan	

To review irregular past participles, see pages 318–319.

Actividad 8: Carta a una hija **Parte A:** Un padre le escribe una carta breve a su hija que está en otro país. Completa la carta con la forma apropiada del presente del subjuntivo, del presente perfecto del subjuntivo o con el infinitivo de los verbos que se presentan.

Querida Gabriela:

(estar) Espero que ______ bien. Toda la familia te echa de menos. Sí, finalmente se acabaron las elecciones. (poder) Es una pena que tú no ______ escuchar el discurso del nuevo presidente porque estuvo sensacional. Él (tener) dijo que es necesario ______ paciencia pues las cosas van a cambiar. Es maravilloso que después de años de un gobierno conservador, el domingo pasado los ciudadanos (elegir) ______ a alguien del P.R.U. Por mi parte, estoy (tener) contento de que el país ______ este nuevo

	presidente. Ahora es importante ______________
tomar	conciencia de la situación del país y que nosotros
hacer	______________ algo para que las cosas mejoren. Lamento
estar	que tú no ______________ aquí en este momento tan
	importante para la historia de nuestro país.
acordarse	Ojalá que ______________ de ir al consulado a votar
	el domingo pasado. Me olvidé de decírtelo antes. Como sabes,
	creo que el voto es un derecho que todos tenemos que
	ejercer.

Parte B: En los Estados Unidos más o menos un 60% de la población vota en las elecciones presidenciales y el porcentaje es aun más bajo para los jóvenes de dieciocho a veinticinco años de edad. En grupos de cuatro, digan su reacción a esta realidad. Usen frases como: **Es una lástima que . . . , (No) Me sorprende que . . . porque . . .**

¿LO SABÍAN?

En algunos países hispanos como Panamá, Argentina, Costa Rica y Colombia las elecciones tienen lugar un domingo. En casi todos los países hispanos, el voto es obligatorio para cualquier individuo mayor de dieciocho años. Además, en muchos países, si uno no apoya las ideas de ninguno de los candidatos, puede votar en blanco, es decir, votar, pero no votar por nadie. Esto se considera una señal de protesta y, al anunciarse los resultados, se anuncia también el número de votos en blanco. Di cuáles son las ventajas y las desventajas del voto obligatorio y del voto en blanco.

▶ *Una joven deposita su voto en una urna electoral en Guazapa, El Salvador.*

Actividad 9: El año pasado En parejas, digan qué aspectos de su vida del año pasado han sido una pena o han sido fantásticos.

➤ ir a fiestas

Es una pena que yo no haya ido a más fiestas.

1. aprender español
2. tener un trabajo interesante
3. poder practicar deportes
4. preocuparte seriamente por tus estudios
5. conseguir un buen trabajo
6. mirar mucha televisión
7. conocer bien a tus profesores
8. hacer un viaje a otro país
9. ? ? ?

Actividad 10: Acontecimientos importantes En parejas, túrnense para expresar sus emociones y opiniones sobre los siguientes acontecimientos históricos.

➤ guerra fría con Rusia / terminar

Me alegra que la guerra fría con Rusia haya terminado porque . . .

1. México / vender / California / a los Estados Unidos
2. los Estados Unidos / luchar / en la Guerra de Vietnam
3. el Museo del Holocausto en Washington / inaugurarse
4. la guerra en Nicaragua / terminar
5. Rosa Parks / sentarse / adelante en un autobús
6. Costa Rica y Panamá / prohibir la organización de un ejército *(army)*
7. Perón (presidente argentino) / quemar / iglesias

¿LO SABÍAN?

Históricamente, la influencia de la Iglesia Católica en los países hispanos ha sido muy importante. Esto se debe en gran parte a que la mayoría de la población es católica, aunque muchos no vayan regularmente a la iglesia. Muchas veces la Iglesia ha hecho oír su opinión en las decisiones gubernamentales. Por ejemplo, en Argentina, en 1954, la Iglesia estaba en contra del Presidente Perón debido a la corrupción y represión que ejercía su gobierno. Perón decidió entonces quemar varias iglesias para acallar su protesta. En El Salvador, se dice que el gobierno fue el responsable de la muerte del Arzobispo Romero, así como de seis curas jesuitas que trabajaban en contra de la opresión que ejercía el gobierno sobre el pueblo. Di cuánta influencia tiene la Iglesia en este país.

Actividad 11: Los jubilados En parejas, Uds. son personas jubiladas que están haciendo una revisión de su vida. Lea cada uno una de las siguientes biografías y hablen de las cosas que lamentan de su pasado. Pueden inventar más detalles. Usen expresiones como: **¡qué lastima que . . . !** , **es triste que . . .** Después lean la biografía de su compañero/a para tratar de ver el lado positivo de la vida de esa persona y usen expresiones como: **¡qué bueno que . . . ! , es maravilloso que . . .**

Rafael Legido, 75 años, jubilado
Cuando era joven, sus padres ofrecieron pagarle los estudios universitarios, pero no quiso estudiar. En vez de estudiar, fue a trabajar de cajero en un banco. Después de muchos años llegó a ser subgerente del banco. En su trabajo conoció a la mujer con la cual se casó. No tuvieron hijos. Sus compañeros de trabajo jugaron juntos a la lotería y ganaron 10 millones de dólares. Él no quiso jugar.

Carmela Ramos, 77 años, jubilada
Llegó a ser Miss Chile. Nunca usó su fama para luchar contra el abuso de menores o la pobreza de su país. No se casó con el amor de su vida porque él no tenía dinero. En cambio, se casó con un millonario, pero no tuvo un matrimonio feliz. Tuvo seis hijos. Nunca les dedicó mucho tiempo a sus hijos, más bien pasó su tiempo viajando.

C. La política

To refer to the two major U.S. political parties use **demócrata** and **republicano**.

cognados obvios

el abuso, abusar
la corrupción
la democracia, el/la demócrata, democrático/a
la dictadura, el/la dictador/a
la discriminación racial, discriminar (a alguien)
la eficiencia/ineficiencia
la estabilidad/inestabilidad
la estratificación social/económica
la influencia, influir en*

*Note: irregular verb

For irregular verbs, see page 310.

otras palabras

el acuerdo, estar de acuerdo, ponerse de acuerdo	an agreement (pact), to be in agreement, to reach an agreement
la amenaza, amenazar	threat, to threaten
el apoyo, apoyar	support, to support
el asunto político/económico	political/economic issue
la campaña electoral	political campaign
la censura, censurar, censurado/a	censorship, to censure, censured
el golpe de estado	coup d'etat
la inversión, invertir (ie, i)	investment, to invest
la junta militar	military junta
la libertad de palabra/prensa	freedom of speech/the press
la política	politics
el político, la mujer política	politician
la protección, proteger	protection, to protect
respetar/violar los derechos humanos	to respect/to violate human rights
el tratado	treaty

▶ *Este chiste es de un argentino que se llama Quino. Él hace un comentario sobre la política de su país. ¿Creen Uds. que el comentario sea válido para los Estados Unidos? ¿Por qué sí o no?*

Actividad 12: Las definiciones **Parte A:** En parejas, una persona define las siguientes palabras y la otra cubre la lista y adivina qué palabra es.

➤ estar de acuerdo

—Es cuando dos o más personas piensan la misma cosa.

—Ellos están de acuerdo.

1. una amenaza
2. proteger
3. la eficiencia
4. los asuntos económicos
5. violar los derechos humanos
6. la estratificación económica

Parte B: Ahora cambien de papel.

1. la censura
2. la inestabilidad
3. la discriminación racial
4. abusar
5. la corrupción
6. invertir

Actividad 13: La democracia y la dictadura En parejas, digan cuáles de las siguientes palabras asocian Uds. con la dictadura y cuáles con la democracia y por qué. Es posible asociar la misma palabra con las dos.

amenazas
alto nivel de crímenes
campaña electoral
censura
corrupción
ineficiencia
violaciones de derechos humanos
libertad de prensa

Actividad 14: Situación política en Hispanoamérica En parejas, den su opinión sobre las siguientes situaciones políticas en Hispanoamérica. Usen expresiones como: **me sorprende, es una lástima, es bueno/malo, me da pena**.

➤ Manuel Noriega ayudó a los narcotraficantes.

Es una lástima que Manuel Noriega haya ayudado a los narcotraficantes.

1. Rigoberta Menchú, indígena guatemalteca, ganó el Premio Nóbel de la Paz.
2. Existe discriminación racial en Hispanoamérica.
3. La CIA ayudó al General Pinochet a subir al poder en Chile con un golpe de estado.
4. Hay mucha estratificación económica en Hispanoamérica.
5. Han muerto muchos políticos en Colombia por hacerles frente a *(stand up to)* los narcotraficantes.
6. Los militares tienen mucha influencia en algunos gobiernos hispanoamericanos.

Actividad 15: Los Estados Unidos e Hispanoamérica Uds. saben que el gobierno de los Estados Unidos manda mucho dinero a Hispanoamérica. Muchos piensan que el país gasta demasiado dinero, otros que gasta poco y otros piensan que el gobierno estadounidense no sabe gastarlo bien. En parejas, usen las siguientes frases para hablar de la intervención de los Estados Unidos en Hispanoamérica. Defiendan sus opiniones. Usen expresiones como: **(No) Es buena idea que los Estados Unidos . . . porque . . .**

1. darles ayuda económica a las dictaduras
2. venderles armas a los militares de Hispanoamérica
3. quemar plantaciones de coca en Bolivia
4. tolerar la violación de los derechos humanos
5. mandarle medicamentos a la gente necesitada
6. abusar del medio ambiente
7. abrir fábricas y crear fuentes de trabajo
8. educar a los analfabetos
9. contribuir con dinero a las campañas electorales de algunos candidatos

¿LO SABÍAN?

Se especula mucho sobre el futuro de Hispanoamérica, principalmente debido a la inestabilidad política que existe en ciertos países como El Salvador, Guatemala y Perú. Para salir adelante, expertos en la materia afirman que es esencial que haya cierta colaboración entre los diferentes países. En diciembre de 1994 se firmó un acuerdo de intercambio comercial entre treinta y dos países de la región denominada Área de Libre Comercio de las Américas (ALCA). Este acuerdo comercial que se pondrá en práctica antes del año 2005 posibilitará la creación de un mercado de aproximadamente 850 millones de consumidores desde Alaska hasta Tierra del Fuego en Argentina. Di qué piensas de este tipo de tratado. ¿Es bueno o malo para la economía de un país?

II. Expressing Belief, Doubt, and Denial About Present, Future, and Past Events

1. To express doubt or denial about a situation or someone's actions (even your own) in the present, future, or past, use the following subjunctive construction.

Independent Clause	que	Dependent Clause
Subject 1 + *verb of doubt* (indicative)	**que**	Subject 1 or 2 + *action* (subjunctive)

(Yo)	no creo	**que**	(ellos)	reformen la constitución.
I	*don't believe*	*that*	*they*	*will reform the constitution.*
(Yo)	no creo	**que**	(ellos)	hayan reformado la constitución.
I	*don't believe*	*that*	*they*	*have reformed the constitution.*

2. To express belief or certainty about an action or situation, use the indicative in the dependent clause. Compare and contrast the following lists and examples:

Expressions of Doubt: Subjunctive	**Expressions of Belief or Certainty: Indicative**
no estar seguro/a (de)	estar seguro/a (de)
no creer*	creer
dudar	
No estamos seguros de que hayan actuado incorrectamente.	**Estamos seguros de que ellos actuaron** incorrectamente.
No creo que el presidente tenga una buena política exterior.	**Creo que el presidente tiene** una buena política exterior.
No creo que (yo) vote en las próximas elecciones.*	**Creo que voy a votar** en las próximas elecciones.*

*Note: Remember that the subject of the independent and dependent clauses can be the same in sentences with expressions of certainty, doubt, and denial.

3. In questions that contain the verb **creer,** you can use either the subjunctive or the indicative in the dependent clause. If the speaker's intention is to convey doubt or to ask about something completely unknown, the subjunctive is preferred. Compare and contrast the following examples:

¿Crees que Alfonso **viene?**	*Do you think Alfonso is coming? (implying: I think he's coming, don't you?)*
¿Crees que Alfonso **venga?**	*Do you think Alfonso is coming? (implying: I have no idea if he is coming or not. Do you have any idea?)*

4. To express doubt or denial about a situation or someone's actions, you may also use an impersonal expression followed by a dependent clause with a verb in the subjunctive.

Es posible que ellos **ganen** las elecciones.	*It's possible that they will win the elections.*
Es probable que nosotros **hayamos perdido** las elecciones.	*It's probable that we have lost the elections.*

Compare the preceding sentence with the following:

Es posible ganar las elecciones.	*It's possible to win the elections.*

Doubt is expressed in an impersonal way, and no specific subject is mentioned. In this case, the impersonal expression is followed by an infinitive and **que** is not present.

5. Impersonal Expressions

es dudoso *(it's doubtful)*
es imposible
es improbable
(no) es posible
(no) es probable
(no) puede ser
no es evidente
no es obvio *(it's not obvious)*
no es verdad/no es cierto *(it isn't true)*

Subject Mentioned in Dependent Clause: Subjunctive	No Subject Present: No Subjunctive
Es imposible que ganen con esa política exterior.	**Es imposible ganar** con esa política exterior.
No es posible que ella haya llegado tarde al trabajo.	**No es posible llegar** tarde al trabajo.

The following expressions show certainty and therefore, take the indicative in the dependent clause.

es cierto *(it's true)*
es evidente
es obvio *(it's obvious)*
es seguro *(it's certain)*
es verdad
está claro
no cabe duda (de) *(there is no doubt)*

Doubt Implied: Subjunctive	Certainty Expressed: No Subjunctive
No es verdad que los partidos políticos **tengan** mucho dinero.	**Es verdad que** los partidos políticos **tienen** mucho dinero.
Dudo que haya corrupción en todos los gobiernos.	**No cabe duda (de) que hay** corrupción en todos los gobiernos.

Actividad 16: Un candidato a presidente **Parte A:** Un candidato a presidente está preparando su discurso final antes de las elecciones. Aquí tienes un primer borrador *(first draft)* de lo que va a decir. Complétalo con la forma apropiada de los verbos correspondientes.

ir

complacer
preocuparse

importarle

interesarse
prestar

necesitar

deber
poder

Querido pueblo:

Mañana son las elecciones y llega el momento de la decisión final. Si Uds. me eligen como líder del país, pueden estar seguros de que __________ a hacer todo lo que prometí durante la campaña electoral. Yo sé que es imposible __________ a todos los ciudadanos; hay gente que no cree que yo __________ por sus problemas en el pasado y que duda que a mí __________ el pueblo cuando era senador. Niego categóricamente estos rumores. No es verdad que a mí no __________ sus problemas y se lo voy a demostrar a todos. Les prometo __________ atención a todas sus necesidades. Yo quiero trabajar por el país, pero creo que todos __________ poner nuestro granito de arena para que el país progrese. Mis colaboradores y yo pensamos que __________ empezar a actuar ya mismo. No cabe duda de que no __________ perder más tiempo. Pueblo querido: ¡Mañana triunfaremos!

Parte B: En el discurso, el candidato niega haber hecho ciertas cosas. En estos últimos años se han oído acusaciones sobre algunos políticos. En grupos de tres, digan lo que pasó en estos casos y den sus opiniones. Usen frases como: **(No) Me preocupa que . . . , (No) Me importa que . . . , Es una pena que . . .**

Bill Clinton/Gennifer Flowers
George Bush/Irangate
Anita Hill/Clarence Thomas
la Princesa Diana/el Príncipe Carlos

Actividad 17: ¿Mentira o verdad? **Parte A:** ¡Vas a decir mentiras! Escribe una lista de cinco cosas que hiciste en el pasado, pero algunas no tienen que ser verdad.

Parte B: En parejas, escuchen lo que dice su compañero/a y decidan si es verdad o no.

➤ —Me gradué de la escuela secundaria cuando tenía dieciséis años.

—Dudo que te hayas graduado de la escuela secundaria cuando tenías dieciséis años.

—Creo que es verdad porque eres muy inteligente.

Actividad 18: Opiniones sobre la historia En grupos de tres, den su opinión sobre los sucesos que se presentan usando expresiones como: **(No) Creo que . . . porque . . . , Dudo que . . . , No cabe duda que . . .**

1. Oswald actuó solo en el asesinato de Kennedy.
2. Bill Clinton aspiró el humo cuando fumó marihuana.
3. Richard Nixon era un gran diplomático.
4. Ronald Reagan fue mejor actor que presidente.
5. Dan Quayle fue víctima de la prensa.
6. La actitud feminista de Hillary Rodham Clinton le causó problemas.

Actividad 19: Un político con éxito En parejas, elijan las cinco características más importantes para que un político tenga éxito. Usen expresiones como: **(no) es importante, (no) es necesario, (no) es posible**.

➤ Es importante que el político aparezca en fotos con niños.

No es posible que tenga éxito si no habla bien.

ser honrado/a *(honest)*
besar a los bebés
tener buena apariencia física
tener dinero para su campaña electoral
creer en Dios
ser buen/a padre/madre
tener título universitario
tener buen sentido del humor
estar casado/a
ser fiel a su esposo/a
estar en buen estado físico
? ? ?

Actividad 20: El futuro norteamericano En parejas, discutan el futuro de los Estados Unidos bajo un presidente demócrata o republicano.

➤ subir los impuestos

—Creo que un presidente demócrata va a subirle los impuestos a la clase alta.

—No creo que sea verdad. —Creo que tienes razón.

1. mejorar la situación económica del país
2. contribuir más a las causas de los pobres
3. ofrecer una mejor educación para los niños
4. luchar en contra de la violencia
5. invertir más dinero en investigaciones de enfermedades mortales
6. bajarles los impuestos a los ciudadanos de la clase media
7. subirles los impuestos a las empresas
8. proteger el medio ambiente
9. ofrecerles ayuda económica a los (estudiantes) universitarios

Actividad 21: Las abuelas de la Plaza de Mayo y sus nietos **Parte A:** A fines de los años 70 hubo una dictadura militar en la Argentina durante la cual raptaron *(kidnapped)*, torturaron y mataron a muchos jóvenes. Entre ellos había mujeres embarazadas cuyos hijos nacieron en cautiverio. Muchos de estos bebés fueron adoptados ilegalmente por familias de militares. Durante los años siguientes, muchas abuelas trataron de encontrar a esos nietos e integrarlos a su familia. Lee las siguientes cartas relacionadas con un caso hipotético y enviadas a un diario. Luego, contesta las preguntas de tu profesor/a.

Después de años y años de esperar el regreso de mi hija desaparecida, tuve que resignarme a aceptar que a ella la habían matado. Pero ella estaba embarazada cuando se la llevaron los militares y yo me pasé casi dieciséis años buscando a mi nieto perdido. Finalmente, gracias a otra abuelita como yo, encontré a mi nieto. Él vive ahora con los Mendineta, la familia de un militar. Mi nieto tiene ahora dieciséis años y se crió con esta familia que nunca le dijo que él era adoptado (ilegalmente por supuesto) como tampoco quién era su verdadera madre. Ese adolescente pertenece a mi familia (los exámenes de sangre así lo comprobaron) y es hora de que viva con su verdadera familia.

Sra. Sara Vecchio, jubilada
C.I. 3.890.665

Mi nombre es Javier Mendineta y soy hijo de Julián y María Mendineta. Yo quiero mucho a mis padres y no quiero ir a vivir con una señora que no conozco. Ella dice que es mi abuela y que yo soy parte de su familia, pero yo no sé quién es ella y mi verdadera familia es la familia con quien he vivido toda mi vida. Mis padres me dijeron hace poco que yo era adoptado, pero a mí no me importa porque mis padres me tratan igual que a mis hermanos. Yo tengo una vida muy feliz. Tengo una familia que me quiere y quiero quedarme con ellos.

Javier Mendineta
C.I. 13.555.430

C.I. = cédula de identidad.

Parte B: Ahora en grupos de cuatro, dos personas van a prepararse para debatir a favor de que el adolescente regrese con su abuela y las otras dos personas en defensa de que el adolescente se quede con su familia actual. Cada pareja debe buscar ideas en las cartas para preparar su defensa.

Parte C: Ahora debatan el caso usando expresiones como: **(No) Creemos que . . . , Dudo que (haya) . . . , Es posible que (haya) . . .**

▶ *Concierto de Sting en Buenos Aires. Todas las semanas se reúne un grupo de mujeres en la Plaza de Mayo para protestar la muerte de sus hijos y el robo de sus nietos. El cantante Sting cantó la canción "Ellas danzan solas" para ellas y también bailó con algunas de las madres durante el concierto.*

III. Expressing Abstract Ideas

Lo + Adjective and *lo que*

1. Use the word **lo,** followed by a masculine singular adjective, to express abstract ideas:

Lo bueno es que el país ya no tiene dictadura.	*The good (part, thing, point) is that the country doesn't have a dictatorship any more.*
Lo triste son los niños que viven solos en las calles de la ciudad.	*The sad (part, thing) are the children that live alone on the streets of the city.*

2. When **lo** + adjective is followed by a verb and a plural noun, the verb form is also plural. Notice the similarity between the Spanish and the English examples:

Lo triste **es el niño huérfano.**	*The sad part is the orphan child.*
Lo triste **son los niños huérfanos.**	*The sad part are the orphan children.*

In Spanish, a clause introduced by **que** is considered singular.

Lo triste **es que no hay salida**.	*The sad part is that there is no way out.*

3. **Lo que** is used to express *what*, whenever *what* is not a question word.

Lo que nos interesa combatir es el hambre.	*What we are interested in combating is hunger.*
Él quiere que tú hagas **lo que** te dijo.	*He wants you to do what he told you.*
¿Cómo? ¿Qué dices? **Lo que** propones es absurdo.	*What? What are you saying? What you propose is absurd.*

Actividad 22: Lo fascinante . . . Haz comentarios sobre diferentes películas o libros famosos formando oraciones con un elemento de cada columna. Empieza cada oración con **lo + adjetivo**.

➤ terrible — *Tiburón* — el tiburón arrancarle *(tear)* partes del cuerpo a la gente

Lo terrible de la película *Tiburón* fue que el tiburón le arrancó partes del cuerpo a la gente.

interesante	*Atracción fatal*	él / enamorarse de Dulcinea
horrible	*Romero*	quemarse la ciudad de Atlanta
increíble	*Bambi*	morir su madre
terrible	*ET*	esconderse en el armario
cómico	*El Quijote*	los dos / suicidarse
triste	*Lo que el viento se llevó*	la amante / levantarse / de la bañera
romántico		
trágico	*Romeo y Julieta*	asesinar al arzobispo

Actividad 23: El año pasado En parejas, díganle a la otra persona qué fue lo mejor, lo peor, lo terrible, lo fascinante, lo molesto y lo interesante del año pasado.

➤ —Lo horrible del año pasado fue el accidente de avión en . . . donde murieron . . . personas.
—Para mí lo horrible fue . . .

IV. Forming Complex Sentences

A. The Relative Pronouns *que* and *quien*

As you progress in your study of Spanish, using relative pronouns in your speech and writing will improve your fluency. Compare these two narrations in English:

Dick and Jane are friends. They have a dog. The dog's name is Spot. Spot runs fast.	Dick and Jane, **who** are friends, have a dog **that**'s named Spot, **who** runs fast.

As you can see, relative pronouns are important to connect shorter sentences in order to make longer ones. They help make speech interesting to listen to and give prose its richness and variety.

Remember to use **que** for essential information even when referring to people.

1. When you want to give crucial or essential information that describes a noun, you may introduce it with **que** *(that, which, who)*. Omitting essential information changes the meaning of the sentence.

En los países hispanos, las personas **que estudian inglés** tienen mejores oportunidades de trabajo.	*In Hispanic countries, the people who/that study English have better job opportunities. (only the people who study English)*
Cursé una clase de geografía social **que me interesaba mucho.**	*I took a social geography class which/that interested me a lot.*
El cuadro ganador fue pintado por un niño **que sólo tenía cuatro años.**	*The winning painting was painted by a child who/that was only four years old.*

Remember to use **quien** for people for nonessential information.

2. When you want to give nonessential information in a sentence, you may introduce it with **quien(es)** for people and **que** for things. You *must* make a brief pause in speech right before it, or set it off with commas when writing. Nonessential information may be omitted from a sentence without changing the meaning of the sentence itself.

Hice una fiesta y mis mejores amigos, **quienes** son de Asunción, no pudieron venir	*I had a party and my best friends, who are from Asunción, couldn't come.*
Este pueblo, **que** fue totalmente destruido, va a recibir ayuda federal.*	*This village, which was totally destroyed, is going to receive federal aid.*

*Note: Remember that nonessential information is always set off by commas. Compare the last sentence with this one: **El pueblo que fue totalmente destruido va a recibir ayuda federal.** *The village that was totally destroyed is going to receive federal aid. (i.e., other villages that were not totally destroyed will not receive aid)*

In colloquial speech, **que** is often used after short prepositions when referring to people.

3. When you want to add either essential or nonessential information, you may use a preposition + **quien(es)** for people, and **que** for things.

El profesor de matemáticas, **con quien** hablé esta mañana, todavía está en su despacho.	*The mathematics professor, with whom I spoke this morning (whom I spoke with this morning), is still in his office.*
Ésta es la mujer **de quien** te hablé.	*This is the woman of whom I spoke to you (whom I spoke to you about).**
La situación **en que** me encuentro es difícil.	*The situation which I am in (in which I am) is difficult.*

*Note: In colloquial English, sentences frequently end with a preposition. A sentence in Spanish must *NEVER* end with a preposition.

Actividad 24: Identifica a los hispanos famosos En parejas, túrnense para identificar al mayor número de hispanos famosos usando pronombres relativos.

➤ Isabel Allende es la escritora que escribió *Eva Luna*.

Gabriela Sabatini	Hernán Cortés	Gloria Estefan
Francisco Goya	Severiano Ballesteros	César Chávez
Fidel Castro	Alicia Alonso	Plácido Domingo
La Malinche	Antonio Banderas	Isabel la Católica
Manuel Noriega	Frida Kahlo	
Juan Domingo Perón	Joan Miró	

Actividad 25: Recuerdos de tu adolescencia En parejas, túrnense para hablarle a la otra persona sobre los siguientes recuerdos de su adolescencia. Necesitan usar pronombres relativos.

➤ enamorarte locamente de una persona

Una persona **de quien** me enamoré locamente fue mi profesora de música.

1. quedarte en un hotel lujoso
2. conocer a una persona interesante en una fiesta
3. trabajar en un lugar
4. ver una película inolvidable
5. salir con una persona
6. enojarte seriamente con una persona
7. leer algo interesante
8. escuchar un concierto fabuloso

Actividad 26: ¿Qué es eso? **Parte A:** Los estudiantes extranjeros siempre tienen problemas al llegar a los Estados Unidos con palabras y costumbres que no entienden. En parejas, una persona es un/a extranjero/a que no entiende algunas cosas y la otra persona le explica los significados. Usen pronombres relativos en las respuestas. Sigan el modelo.

➤ ¿Qué es un *banjo*?

—Es un instrumento **que** es como la guitarra y **que** se usa en la música "country".

1. Fui a una fiesta con un amigo y me dijo que él iba a ser el *designated driver.* ¿Qué significa eso?
2. Entiendo qué es *Broadway;* pero ¿qué significa *Off-Broadway*?
3. ¿Qué es *March Madness*?

Parte B: Ahora, cambien de papel.

1. Voy a ir a un partido de fútbol americano de los Cowboys y todo el mundo dice que tengo que ver a las *cheerleaders.* ¿Qué son *cheerleaders*?
2. ¿Qué es *voice mail*?
3. El otro día cuando miraba televisión, una persona dijo que había asistido a la escuela de *hard knocks.* ¿Qué significa eso? ¿Existe esa escuela?

B. The Relative Pronouns *el que* and *el cual*

Remember: Nonessential information is always set off by commas and omitting it does not alter the meaning of the sentence.

1. In Part A on page 158, you learned how to use **que** and **quien(es)** to introduce relative clauses. You may also use **el/la/los/las que** *(the one/s who, the thing/s that)*, **el/la cual** or **los/las cuales** *(who, that, the one/s which, the thing/s which)* to give nonessential information about people and things. When different possibilities exist, the use of **el/la cual** or **los/las cuales** is considered the most formal.

quienes/los cuales = who

los que = the ones who

Hice una fiesta y mis amigos, { **quienes** / **los que** / **los cuales** } son de Asunción, no vinieron.

que/el cual = which

el que = the one which

El teléfono rojo, { **que** / **el que** / **el cual** } está en mi habitación, está roto.

2. All the relative pronouns **(que, quien(es), el/la/los/las que, el/la cual, los/las cuales)** can be used after a preposition to give essential or nonessential information. Note: If the preposition is comprised of more than one syllable or word, such as **al lado de, cerca de, lejos de,** and **sobre, el/la cual** or **los/las cuales** are preferred.

Estos son mis amigos **sobre los cuales** te hablé.
Allí hay una escuela **al lado de la cual** quieren edificar una planta nuclear.
Mi amigo, **con el que** hablaste ayer, no puede venir.
Ramón, **para el cual** trabajé el año pasado, te llamó.*

*Note: The expressions **por qué, para que** and **sino que** are set phrases and have nothing to do with the use of relative pronouns.

Actividad 27: Dos héroes José de San Martín y Simón Bolívar son considerados dos héroes de la independencia de Suramérica. Gracias a ellos se formaron los primeros gobiernos autónomos de Latinoamérica. Lee el siguiente párrafo sobre ellos y subraya **todos** los pronombres relativos que se pueden usar en cada caso. A veces hay más de una posibilidad.

Bolívar y San Martín fueron dos hombres **que/los cuales/quienes** lucharon por Suramérica y gracias a **que/los cuales** esta región pudo liberarse del dominio español. San Martín cruzó la parte de los Andes **que/la cual** se encuentra entre Argentina y Chile; este viaje, en **que/el cual** utilizó unos quinientos soldados, fue un éxito militar para San Martín. Entró por sorpresa en Chile, donde se encontraban las fuerzas enemigas, **que/las cuales** eran fieles a la corona de España, y las atacó.

Bolívar, por su parte fue el hombre **que/el cual** llegó a ser el primer presidente de la Gran Colombia, **que/la cual** estaba formada por Colombia, Venezuela y Ecuador. En 1825 Bolívar entró en el Alto Perú, al **que/cual** quería unificar con el Perú, pero ya era demasiado tarde. Los líderes del Alto Perú ya habían decidido crear su propia república a **la que/la cual** llamaron Bolivia. Invitaron a Bolívar a ser su presidente de por vida, pero él no aceptó el puesto.

Actividad 28: Los chismosos En parejas, Uds. son camareros en una fiesta para personas que aparecieron en "El show de Cristina" durante el año pasado. Cristina es la Oprah Winfrey hispana en los Estados Unidos. Usen la información que se presenta sobre las personas y luego inventen más detalles para chismear *(gossip)* de ellos. Túrnense para contar chismes.

➤ esa señora / perder / millones en un viaje a Monte Carlo . . .

—Esa señora, **quien** perdió millones en un viaje a Monte Carlo, todavía va mucho a los casinos y se dice que siempre pierde.

—Es verdad. La vi en Las Vegas. Siempre tiene un papel en **el que** anota sus pérdidas.

1. aquel señor / publicar / 3 novelas de terror . . .
2. ese señor / casarse / 10 veces . . .
3. la señora alta / estar / en la cárcel 3 años por vender drogas . . .
4. este señor / ganar / el premio Nóbel de Literatura . . .
5. ese señor / aparecer / en la sección de deportes del periódico . . .
6. aquella niña / acusar / a su madre de robar en una tienda . . .
7. estos señores / vender / su apartamento por 25 millones . . .
8. ese señor / perder / una pierna en un atentado terrorista . . .

Actividad 29: ¿Dónde los sentamos? Todas las noches, durante la Feria del Libro, los Duques de Manzanares ofrecen una cena para escritores. El duque es mayor y no oye bien, por eso suele decir que sí a todo y se sonríe siempre. La duquesa es una persona con quien no se puede hablar mucho porque siempre cambia de tema. En parejas, Uds. tienen que decidir dónde van a sentar a los escritores para poder tener una cena agradable.

Los Duques van a estar en los dos extremos de la mesa. A continuación tienen ciertos datos de los invitados para que puedan decidir. Usen expresiones como: **Dudo que . . . , No creo que . . . , La persona con quien habla tiene que . . . , Ella escribió un libro en el que . . . , Pon a . . . al lado de . . . porque . . .**

José María Hidalgo
experto en el medio ambiente
serio, le gusta hablar de ciencia
libro: *Fluorocarbonos: Un peligro constante*

Ernestina Villarreal
periodista
le fascina todo
es asmática y no tolera el humo del cigarrillo
libro: *Entrevistas escandalosas*

Alfredo Vargas
representante de Amnistía Internacional
tiene fama de ser mujeriego *(womanizer)*
libro: *Presos políticos*

Teresa Guzmán
líder de una organización feminista
fuma mucho
muy cómica
le gusta participar en una buena discusión
libro: *Madres en la política*

Josefina Santos
senadora ultraderechista
quiere ayuda económica para su país
se ríe con facilidad
suele beber mucho y contar chistes verdes *(dirty jokes)*
libro: *Capitalismo: El opio de la gente*

Paulina Trujillo
presidenta de la compañía de refrescos Maya Cola
siempre habla de sus productos
libro: *Maya Cola y su mercado*

Arzobispo Ramírez
lucha contra el abuso de los pobres
serio y respetuoso, alegre si bebe un poco
libro: *Cooperativas agrícolas: El poder del hambre*

General Wilfredo Marciano
militar
siempre habla de sus batallas
muy animado
libro: *Militares en el poder*

Germán Fernán Fernán
esposo de Teresa Guzmán
actor en una compañía de teatro educativo
siempre de buen humor
se ríe de todo

Paolo
modelo internacional
hace fotos con y sin ropa
es muy egoísta
no le gusta la política, sólo quiere paz en el mundo
libro: *Cambie el cuerpo en diez minutos diarios*

Vocabulario activo

Verbos para expresar emoción

Ver página 142.

Expresiones impersonales para expresar emoción

Ver página 143.

Palabras relacionadas con la política

Ver página 149.

Verbos para expresar duda y certeza

Ver página 152.

Expresiones impersonales para expresar duda, certeza y negación

Ver página 153.

Expresiones útiles

el/la ayudante de cátedra	*teaching assistant*
la democracia/noche/fiesta está en pañales	*the democracy/night/party is young*
tener en claro	*to have it clear in your mind*
siempre y cuando + *subjunctive*	*provided (that)*

Vocabulario personal

CAPÍTULO 7

Nuestro medio ambiente

▲ *Empleados del gobierno mexicano cargan árboles en un camión para plantar en la ciudad de México.*

COMMUNICATIVE GOALS

- affirming and negating
- describing the unknown
- expressing pending actions (Part One)
- discussing adventure travel and the environment
- avoiding redundancies

ADDITIONAL GOAL

- other uses of relative pronouns (Part Two)

Unas vacaciones diferentes

¡Ya sé!	I've got it!
algo así	something like that
desde luego	of course

▶ *Indígenas quichuas preparan terrazas para el cultivo en Latacunga, Ecuador.*

Actividad 1: Viajando se aprende **Parte A:** Antes de escuchar la conversación, menciona los tres últimos lugares adonde fuiste de vacaciones, di qué hiciste en cada viaje y cómo la pasaste.

Parte B: Ahora vas a escuchar una conversación en la cual María José habla con Pablo sobre sus próximas vacaciones. Primero lee las siguientes oraciones y luego, mientras escuchas, marca si son ciertas o falsas.

1. María José no conoce muchos lugares. _____
2. Ella quiere ir a un lugar donde pueda visitar catedrales. _____
3. El verano pasado estuvo en Venezuela. _____
4. Un amigo de Pablo estuvo en Ecuador. _____
5. A María José no le interesa ir a Ecuador. _____

Actividad 2: Los detalles Primero, lee las siguientes preguntas y después escucha la conversación otra vez para contestarlas.

1. ¿Qué grupo indígena vive en Capirona, Ecuador?
2. ¿En qué consiste el programa que organizan estas personas?
3. ¿Qué es una minga?
4. ¿Cómo se llega al pueblo?
5. ¿Por qué crees que le interesa este viaje a María José?

Actividad 3: Opiniones En grupos de tres, discutan qué es lo peligroso, lo divertido y lo beneficioso de hacer un viaje de este tipo.

¿LO SABÍAN?

Si te interesan los viajes educativos, hay muchas organizaciones que preparan grupos para viajar a regiones del mundo donde se necesita ayuda. En este país existen dos organizaciones muy importantes. Una de ellas es Amigos de las Américas (800-231-7796), la cual recluta a gente joven para trabajar en proyectos de salud en pueblos rurales de América Latina. La otra asociación es la Fundación Médica Mexicoamericana (612-389-5164) que también organiza proyectos de salud y de desarrollo de la comunidad. Algunas de las tareas consisten en recoger información en clínicas de salud, distribuir comida y ropa y construir y reparar viviendas. Di si te gustaría participar en proyectos como éstos.

I. Affirming and Negating

The following section reviews negative and affirmative expressions.

1. Here is a list of common affirmative and negative words.

Affirmative Words	Negative Words
todo everything **algo** something	**nada** nothing, anything
todos/as everyone **todo el mundo** everyone **muchas/pocas personas** many/few people **alguien** someone	**nadie** no one

siempre always **muchas veces** many times **con frecuencia/a menudo** frequently **a veces** sometimes **una vez** once	**nunca/jamás** never

Remember: If you use **no** before the verb, use a negative word after the verb.

2. Two common ways to create negative sentences in Spanish are:

no + *verb* + **negative word**

negative word + *verb*

—¿Te ayudó la Sra. López? —¿Ayudarme? Esa mujer **no** me **ayuda jamás.** / Esa mujer **jamás** me **ayuda**.	*Did Mrs. López help you?* *Help me? That woman doesn't help me ever/never helps me.*
—¿Quiénes fueron a la reunión? —**No fue nadie.** / **Nadie fue**.	*Who went to the meeting?* *Nobody went.*
—¿Podemos reciclar algo? —**No, no** podemos reciclar **nada.***	*Can we recycle anything?* *No, we can't recycle anything.*

*Note: **Nada** can only precede the verb when it is the subject: **Nada** funciona. But: **No** le di **nada.**

3. When **nadie** and **alguien** are direct objects, they must be preceded by the personal **a.**

—¿Viste **a alguien?** —**No, no** vi **a nadie.**	*Did you see anyone?* *No, I didn't see anyone.*

Compare the previous sentences with the following ones in which **nadie** and **alguien** are the subject.

Ayer **no** vino **nadie.** / **Nadie** vino. **Alguien** derramó una sustancia tóxica en el río.	*Nobody came yesterday.* *Somebody spilled a toxic substance in the river.*

4. To talk about indefinite quantity in affirmative and negative sentences and in questions, use the following indefinite adjectives and pronouns:

Affirmative Adjectives	Negative Adjectives
algún/alguna/os/as + *noun* *a, some, any + noun*	ningún/ninguna + *singular noun* *not any + noun*

Affirmative Pronouns	Negative Pronouns
alguno/a/os/as *one, some*	ninguno/a *not any, none, no one*

No sé el nombre de **ningún** animal que esté en peligro de extinción.	*I don't know the name of any animal that is in danger of extinction.*
—¿Fueron **algunos** amigos de la escuela secundaria? —No, **no** fue **ninguno.**	*Did any high school friends go?* *No, no one did.*
—¿Quieres ver **alguna** película? —Sí, pero **ninguna** (película) me parece interesante.	*Do you want to see a movie?* *Yes, but none seems interesting to me.*

Note: The plural forms **ningunos/ningunas** are seldom used. The exception is plural nouns such as **pantalones** and **tijeras** *(scissors)*: No tengo **ningunos pantalones** limpios.

5. It is common to use the pronouns **ninguno** and **ninguna** with a prepositional phrase beginning with **de: Ninguno de mis amigos** se droga.

Actividad 4: Conversaciones ecológicas **Parte A:** Completa las siguientes conversaciones usando palabras afirmativas o negativas.

1. —No, gracias. No necesito ______________ bolsa. Traje tres de mi casa para toda la compra.
   —Bien.
2. —¿Hay ______________ que podamos hacer para detener la deforestación? ¡Mira este lugar!
   —Sí, es terrible, pero no tengo la menor idea de lo que se pueda hacer.
3. —¿ ______________ desperdicia el agua en tu casa?
   —Sí, mi hermano tarda 25 minutos en ducharse.
4. —¡Qué horror! Hay 50 personas y ______________ se preocupa por reciclar el papel que se usa en este lugar.
   —Estoy totalmente de acuerdo. Debemos hablar con ______________ para resolver este problema.
5. —______________ compro árboles de Navidad vivos pues tengo uno de plástico.
   —Yo también, y aunque parezca mentira, se ve bien bonito.
6. —¿Oyes ______________ ruido?
   —No. No oigo ______________. ¡Qué placer! Me encanta el silencio de este lugar.

Parte B: Ahora, en parejas, digan dónde creen que tiene lugar cada conversación. Usen oraciones como: **Es posible que ellos estén en . . . y creo que están hablando sobre . . .**

Actividad 5: ¿Con qué frecuencia? Parte A: En parejas, túrnense para averiguar con qué frecuencia hace su compañero/a las siguientes actividades. Sigan el modelo.

➤ —¿Con qué frecuencia montas en bicicleta?

—Monto en bicicleta a veces.

	jamás	a veces	a menudo
1. montar en bicicleta	_____	_____	_____
2. comprar verduras orgánicas	_____	_____	_____
3. hacer deportes al aire libre	_____	_____	_____
4. contribuir con dinero a organizaciones para proteger el medio ambiente	_____	_____	_____
5. vestirse con ropa de algodón	_____	_____	_____
6. reciclar latas de bebidas	_____	_____	_____
7. hacer ecoturismo	_____	_____	_____
8. usar transporte público	_____	_____	_____

Parte B: Repitan la actividad, pero ahora con referencia a los años de la escuela secundaria.

Actividad 6: ¿Conoces a tu compañero? Parte A: En parejas, primero, y sin consultar con su compañero/a, marquen las cosas de la siguiente lista que creen que tiene su compañero/a en la habitación o apartamento.

_____ discos compactos de Elvis
_____ fotos de su familia
_____ cuadros de arte moderno
_____ un póster de un animal en peligro de extinción
_____ libros de turismo
_____ sudaderas
_____ videos de películas de acción
_____ una bicicleta de montaña
_____ un instrumento musical

Parte B: Ahora, hablen con su compañero/a para confirmar sus predicciones. Sigan el modelo.

➤ —Creo que tienes algunos discos compactos de Elvis.

—Es verdad, tengo tres.

—Te equivocas, no tengo ninguno. / No tengo ningún disco compacto de Elvis.

Actividad 7: ¿Cómo es tu familia? En parejas, usen la siguiente lista de ocupaciones para averiguar sobre la familia de su compañero/a. Sigan el modelo.

➤ A: ¿Hay algún piloto en tu familia?

B: Sí, hay una mujer piloto.

A: ¿Quién es?

B: Mi hermana trabaja para Mexicana.

B: No, no hay ningún piloto. / No, no hay ninguno.

1 político
2. plomero
3. vendedor
4. artista
5. enfermero
6. arquitecto
7. cartero
8. ecologista
9. carpintero

plomero = fontanero (España, Costa Rica)

II. Describing the Unknown

The Present Subjunctive in Adjective Clauses

1. As you have already learned, you can use the subjunctive in dependent clauses after expressions of influence, emotion, doubt, and denial. Additionally, you can use it in dependent adjective clauses to describe something that may or may not exist. Study the following examples:

May or May Not Exist: Use the subjunctive	**Exists:** Do not use the subjunctive
Buscamos una persona **que nos enseñe** a reciclar. *We are looking for someone who can teach us to recycle (there may or may not be such a person.)*	Buscamos **a** la persona **que enseña** a reciclar. *We are looking for the person who teaches recycling.*
Tengo que encontrar un abogado que **haya estudiado** las leyes de inmigración. *I have to find a lawyer who has studied immigration laws.*	Conozco **a** un abogado **que estudió** las leyes de inmigración por dos años. *I know a lawyer who studied immigration laws for two years.*
Necesitamos un carro **que cueste** poco, **que gaste** poca gasolina y **que funcione.** *We need a car (any car) that doesn't cost much, that doesn't use much gas, and that works.*	Ayer vi un carro **que costaba** poco, **que gastaba** poca gasolina y **que funcionaba.** *Yesterday I saw a car that didn't cost much, that didn't use much gas, and that worked.*

Quiché is one of the most widely spoken of the more than twenty indigenous languages in Guatemala. Do not confuse with Quichua and Quechua, spoken by indians in Ecuador and Peru.

2. Notice that the personal **a** is not present in the sentences with the subjunctive in dependent adjective clauses. However, the *personal **a*** precedes **alguien** in these sentences.

Busco **un traductor** que sepa traducir del quiché al español.	*I'm looking for a translator who knows how to translate from Quiché to Spanish.*
Busco **a alguien** que sepa traducir del quiché al español.	*I'm looking for someone (anyone) who knows how to translate from Quiché to Spanish.*
Necesitas **a alguien** que pueda ayudarte con tus problemas.	*You need someone who can help you with your problems.*

3. When describing a place or places that are unknown to you or that you are uncertain exist, you can introduce the dependent clause with the words **donde** or **en (el/la/los/las) que,** instead of the word **que.**

Quiero visitar un lugar **donde no haya** mucha contaminación.	*I want to visit a place where there isn't much pollution.*
Quiero visitar lugares **en (los) que no haya** mucha gente.	*I want to visit places in which there aren't many people.*

4. To describe something that, according to the speaker, does not exist, you can use the following subjunctive construction:

no + *verb* + negative word + **que** + *subjunctive*

No encuentro nada que me **guste.**	*I can't find anything that I like.*
No conozco a nadie que sepa hacerlo.*	*I don't know anyone who knows how to do it.*
No hay nadie que me **entienda.***	*There is no one who understands me.*

*Note: The personal **a** is used with **nadie,** just as with **alguien** in sentences containing adjective clauses with a verb in the subjunctive (see point 2). **Hay** is never followed by the personal **a.**

Actividad 8: El lugar ideal **Parte A:** En el mundo hay una variedad de lugares para vivir. Mira la siguiente lista y marca con una X las tres características más importantes para ti. Luego subraya las tres menos importantes.

- nevar mucho/poco
- ofrecer una variedad de restaurantes étnicos
- tener escuelas buenas
- estar cerca de las montañas
- ser un centro urbano
- haber alquileres bajos
- tener temperaturas moderadas
- estar cerca del agua
- convivir gente de diferentes razas
- ser un lugar tranquilo
- estar poco contaminado
- haber muchas/pocas actividades culturales
- haber poco crimen

Parte B: En parejas, díganle a su compañero/a cuáles de estas características buscan Uds. en un lugar para vivir. Usen expresiones como: **Busco un lugar que . . ./donde . . . , Quiero vivir en un lugar que . . ./donde . . . , Conozco un lugar que . . ./donde . . .**

Actividad 9: El medio ambiente **Parte A:** Tú estás muy consciente de los problemas ecológicos. En parejas, túrnense para decir qué se necesita hacer para salvar el medio ambiente. Usen frases como: **Necesitamos . . . , Se necesita/n . . . , Queremos tener . . .** Sigan el modelo.

➤ personas / recoger / basura de la calle

Se necesitan personas ***que recojan*** *basura de la calle.*

1. fábricas / no tirar / desechos *(waste)* a los ríos
2. más científicos / hacer / estudios para encontrar nuevas fuentes de energía
3. más organizaciones / proteger / las especies de animales en peligro de extinción
4. alcaldes / crear / espacios verdes en las ciudades
5. carros / emitir / pocos gases tóxicos
6. compañías / construir / paneles de energía solar baratos para las casas
7. supermercados / no envolver / absolutamente todo en plástico

Parte B: En grupos de tres, organicen las ideas anteriores de la más importante a la menos importante. Estén listos para justificar el orden que han elegido. Usen expresiones como: **Lo más importante es que . . . , También es importante que . . .**

¿LO SABÍAN?

- Suramérica pierde el 1% de los bosques cada año.
- En los últimos años, Ecuador perdió el 95% de los bosques costales y esta pérdida pone en peligro unas 2.500 especies de animales.
- Los Estados Unidos mandan basura a la Patagonia, un área poco poblada del sur de Argentina y Chile.
- En el sur de Chile hay conejos con cataratas y ovejas con córneas inflamadas, posiblemente por la falta de ozono.

Di si conoces otros casos como los mencionados.

Actividad 10: ¿Qué piensas? Parte A: Primero rellena los espacios con la forma correcta del verbo indicado. Después, marca con una X las oraciones con las que estás de acuerdo y con una O aquéllas con las que no estás de acuerdo.

1. _____ No hay ningún estudiante que ________________ estudiar muchas horas por día. (querer)
2. _____ No hay ninguna cafetería en esta universidad que ________________ comida decente. (servir)
3. _____ No conozco a ningún profesor que ________________ tarde a clase. (llegar)
4. _____ No hay ningún profesor que ________________ exámenes finales fáciles. (dar)
5. _____ No hay nadie en esta universidad que ________________ en los exámenes. (copiar)

Parte B: En grupos de tres, compartan y justifiquen sus opiniones.

Note: In countries like Chile, Perú, Colombia, and Argentina you say **Los profesores <u>toman</u> exámenes y los estudiantes los <u>dan</u>.** In many other countries these verbs are reversed.

Actividad 11: Una encuesta Parte A: Entrevista a tus compañeros para ver si hay alguien que haga algunas de las siguientes actividades. Si alguien responde afirmativamente, escribe su nombre en la columna de la derecha. Sigue el modelo.

➤ —¿Tratas de no comer carne?

—Sí, trato de no comer carne. —No, no trato de no comer carne.

tratar de no = to try not

1. reciclar papel ________________
2. tener un carro que gaste poca gasolina ________________
3. usar baterías recargables ________________
4. darse duchas de 5 minutos o menos ________________
5. comprar bombillas de luz de larga duración ________________
6. ser miembro de un grupo ecológico como Greenpeace ________________

Parte B: En parejas, túrnense para averiguar si su compañero/a tiene a alguien en su lista que haga las actividades anteriores.

➤ —¿Tienes a alguien en tu lista que trate de no comer carne?

—Sí, Cindy es vegetariana. ¿Y tú? ¿Tienes a alguien en tu lista que . . . ?

—No, no tengo a nadie que no coma carne. ¿Y tú? ¿Tienes a alguien en tu lista que . . . ?

Actividad 12: ¿Conoces a alguien que . . . ? Pregúntales a tus compañeros si conocen a alguien que haya hecho las siguientes cosas. Sigue el modelo.

➤ A: ¿Conoces a alguien que haya nadado en el río Amazonas?

B: No, no conozco a nadie que haya nadado en el Amazonas.

B: Sí, conozco a alguien.

A: ¿Quién es y cuándo lo hizo?

B: Mi hermano nadó en el Amazonas el año pasado.

1. visitar un país de Suramérica
2. escalar los Andes
3. saltar con una cuerda "bungee"
4. ver una película de esquí de Warren Miller
5. cruzar el Atlántico en barco
6. ir a Capirona, Ecuador
7. viajar por México en bicicleta
8. ? ? ?

Actividad 13: Un lugar de vacaciones En parejas, una persona quiere ir de vacaciones y llama a una agencia de viajes para que le recomienden un lugar. El/La agente de viajes le da algunas sugerencias. Lea cada uno un papel y luego mantengan una conversación telefónica.

cliente

Estas son algunas de las características que buscas en un lugar de vacaciones: al lado del mar, tranquilo, económico, temperatura no mayor de 30 grados. Usa expresiones como: **Busco un lugar que . . . , Quiero un lugar donde . . .**

30 grados centígrados = 86 Fahrenheit

agente de viajes

Averigua qué tipo de lugar busca el/la cliente y luego recomiéndale uno de los siguientes lugares. Usa expresiones como: **Le recomiendo que . . . , le aconsejo que . . .**

Isla Margarita, Venezuela:
Parque nacional, con muchos pájaros, aguas tranquilas
Clima agradable, vientos suaves
Hoteles: $

Isla Contoy, México:
Santuario de pájaros (especialmente pelícanos)
Snorkeling
Clima agradable, vientos suaves
Hoteles: $

Acapulco, México:
Vida nocturna, deportes acuáticos de todo tipo, pesca
Clima agradable, bahía protegida, playas preciosas
Hoteles: $

III. Expressing Pending Actions (Part One)

The Subjunctive in Adverbial Clauses

You have learned that, in order to describe something that may or may not exist, you use the subjunctive in a dependent adjective clause **(Busco un carro que funcione.),** and that to describe something that exists, you use the indicative in the dependent clause **(Tengo un carro que funciona.).** In a similar vein, when you want to link two actions, one of which is contingent upon the other one taking place, you can use the subjunctive in a dependent adverbial clause. These actions are pending and have not yet been realized.

1. Study the following examples linking two actions and notice that the action in the dependent clause is pending; it has not yet taken place.

Independent Clause	Dependent Adverbial Clause	
Present indicative or **ir a** + infinitive	Conjunction of time	Subjunctive
Me voy a casar con él	cuando	un astronauta llegue a Plutón.
I'm going to marry him	*when*	*an astronaut arrives on Pluto.* (pending action)

Quiere asociarse a un grupo ecológico	en cuanto	tenga dinero.
She wants to become a member of an ecological group	*as soon as*	*she has money.* (pending action)

Note: A conjunction related to time links the two actions.

In contrast, when you want to link two or more events that are habitual or completed actions, you use the indicative in the dependent clause because you are merely reporting something that usually happens or that happened.

Independent Clause	Dependent Adverbial Clause	
Present indicative or Preterit/Imperfect	Conjunction of time	Indicative
Me besa todos los días	cuando	llego de la oficina.
He kisses me every day	*when*	*I arrive from the office. (habitual action)*
Me casé con ella	en cuanto	terminé los estudios.
I married her	*as soon as*	*I finished my studies. (completed action)*

2. The following is a list of common conjunctions of time.

cuando	when	**hasta que**	until
después (de) que	after	**mientras (que)**	while, as long as
en cuanto	as soon as	**tan pronto como**	as soon as

Mientras que can also mean *whereas* in sentences like:

A mí me gusta el jazz **mientras que** a él le gusta la ópera.

3. Compare the following sentences:

Pending actions	Habitual or completed actions
Este mes **cuando** me **paguen,** le voy a mandar dinero a una organización que protege las Islas Galápagos. *This month when they pay me, I'm going to send money to an organization that protects the Galapagos Islands.*	Cada mes **cuando** me **pagan,** le mando dinero a una organización que protege las Islas Galápagos. *Every month when they pay me, I send money to an organization to preserve the Galapagos Islands.*
Tengo un examen mañana y quiero estudiar **hasta que se cierre** la biblioteca. *I have an exam tomorrow and I want to study until the library closes.*	Antes de mi último examen, estudié **hasta que se cerró** la biblioteca. *Before my last exam, I studied until the library closed.*

4. **Después de** and **hasta** without the word **que** are prepositions, not conjunctions, and are followed directly by an infinitive.

Después de terminar mis estudios aquí, voy a trabajar en el extranjero un año.	*After finishing my studies here, I am going to work abroad for a year.*

Actividad 14: El futuro está en nuestras manos **Parte A:** En muchos países hispanos, la gente viene protegiendo el medio ambiente desde hace muchísimos años sin saberlo. Lee este discurso que dio un ecologista hispano sobre el medio ambiente y complétalo con la forma apropiada de los verbos que aparecen en el margen. (El discurso continúa en la página 178.)

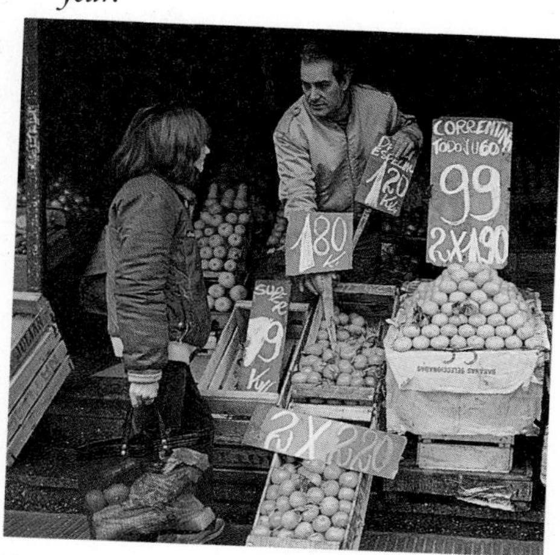

▶ *Una señora charla con el verdulero después de hacer la compra en una verdulería de Buenos Aires, Argentina.*

Gran parte de los habitantes de esta ciudad están conscientes de proteger el medio ambiente y esperamos que cuando nuestros hijos ________________ sus propias familias, todavía disfruten de agua limpia y aire puro. Cada uno de nosotros puede hacer algo por el futuro de nuestros hijos. (tener)

En nuestra ciudad, muchos ciudadanos llevan un carrito o sus propias bolsas para los comestibles cuando ________________ al supermercado. (ir) Otros reciben bolsas de plástico en el supermercado, pero después de ________________ las bolsas, las reciclan utilizándolas como bolsas de basura. (usar) Sin embargo, hasta que todos los ciudadanos ________________ carritos o ________________ las bolsas, no vamos a hacer todo lo posible por el ambiente y por nuestros hijos. (usar, reciclar) Recuerden: no usen lo que no necesiten y reciclen todo lo posible.

Hace muchos años, cuando nosotros ________________ la basura, ésta se quemaba en los incineradores de los edificios. (sacar) Hoy en día, en algunos edificios, cuando la **gente** ________________ **la basura, se pasa a menudo por** una compactadora de basura. (tirar) Las asociaciones de vecinos tienen que empezar a ahorrar dinero y tan pronto como ________________ lo suficiente, deben comprar compactadoras. (ahorrar) Es necesario hacerlo para salvar el futuro de nuestros hijos.

comprar devolver estar poder sufrir obedecer gozar	Generalmente, cuando alguien ________________ bebidas en el supermercado, deja un depósito que luego se le entrega en cuanto ________________ sus envases. No obstante, todavía se ven botellas rotas en la calle; pero hasta que todos ________________ conscientes de estos problemas, no vamos a poder solucionarlos. Recuerden: devuelvan las botellas. La contaminación ambiental causada por los carros es muy peligrosa y, como todos Uds. saben, para combatirla hay ciertos días de la semana cuando sólo los que tienen placa que termina en número par o impar ________________ salir a la calle. Muchas familias, sin embargo, no quieren cooperar y si tienen dos carros se aseguran de que uno tenga número par y el otro impar. Así que mientras el ambiente ________________, ellos no. Hasta que todos ________________ esta ley, no vamos a tener una ciudad con aire puro. Recuerden: tanto los pobres como los ricos respiran el mismo aire. Prometo que hasta que no ________________ de agua limpia y aire puro, no vamos a dejar de trabajar por esta causa. Es importante que trabajemos juntos. Es nuestro deber. Se lo debemos a nuestros hijos.

Parte B: Compara la información del discurso que dio el ecologista con tus costumbres.

1. Cuando vas al supermercado, ¿llevas bolsas? ¿Tienes un carrito propio para no tener que usar bolsas? ¿Pides bolsas de plástico o de papel? ¿Reciclas las bolsas?
2. ¿Devuelves las botellas a la tienda o las tiras a la basura? ¿Qué haces con las latas de gaseosas *(sodas)* vacías?
3. ¿Qué malas costumbres de los americanos afectan el medio ambiente?

Actividad 15: En una reunión del Partido Verde Estás en una fiesta con miembros del Partido Verde, organización que se dedica a proteger el medio ambiente. Sólo oyes partes de las conversaciones, pero puedes imaginar el resto. Completa estas frases de una forma lógica.

1. Los bosques van a estar en mejores condiciones después de que . . .
2. Va a seguir agrandándose *(grow larger)* el agujero en la capa de ozono hasta que . . .

3. En un supermercado que hay a la vuelta de mi casa, las gaseosas son caras pero te devuelven parte del dinero cuando . . .
4. La contaminación de las fábricas va a reducirse en cuanto . . .
5. Si piensas comprar un coche usado, tienes que hacerle un control de emisión tan pronto como . . .

Actividad 16: Tu vida actual y tus planes futuros En parejas, túrnense para hacerse las siguientes preguntas. Contesten usando las expresiones que están entre paréntesis.

Pending→Subjunctive

Completed, habitual→Indicative

➤ —¿Cuándo vas a ir a visitar a tu familia? (en cuanto)

—En cuanto termine el semestre.

1. Generalmente, ¿cuándo haces tu tarea para esta clase? (después de que)
2. ¿Cuándo sales con tus amigos? (después de que)
3. ¿Cuándo vas a comprar un carro nuevo? (en cuanto)
4. ¿Cuándo miras televisión? (mientras)
5. ¿Hasta cuándo vas a vivir en el lugar donde vives ahora? (hasta que)
6. ¿Cuándo vas al cine? (cuando)
7. ¿Cuándo te levantas? (tan pronto como)
8. ¿Cuándo vas a ver a tus padres? (después de que)

Actividad 17: ¿Mentira o verdad? **Parte A:** ¡Vas a mentir! Escribe cuatro cosas que piensas hacer usando las ideas que se dan a continuación. Algunas cosas no tienen que ser verdad.

➤ terminar la clase de hoy

Después de que/Cuando termine la clase de hoy voy a alquilar una película en español.

tu jefe/pagarte
empezar las vacaciones
tener mucho dinero
graduarte de la universidad
conseguir tu primer trabajo permanente
? ? ?

Parte B: En parejas, compartan sus planes con su compañero/a y decidan si son verdad o mentira. Usen frases como: **Dudo que . . . , No creo que . . . , Sí, creo que . . . , Es posible que . . .**

IV. Discussing Adventure Travel and the Environment

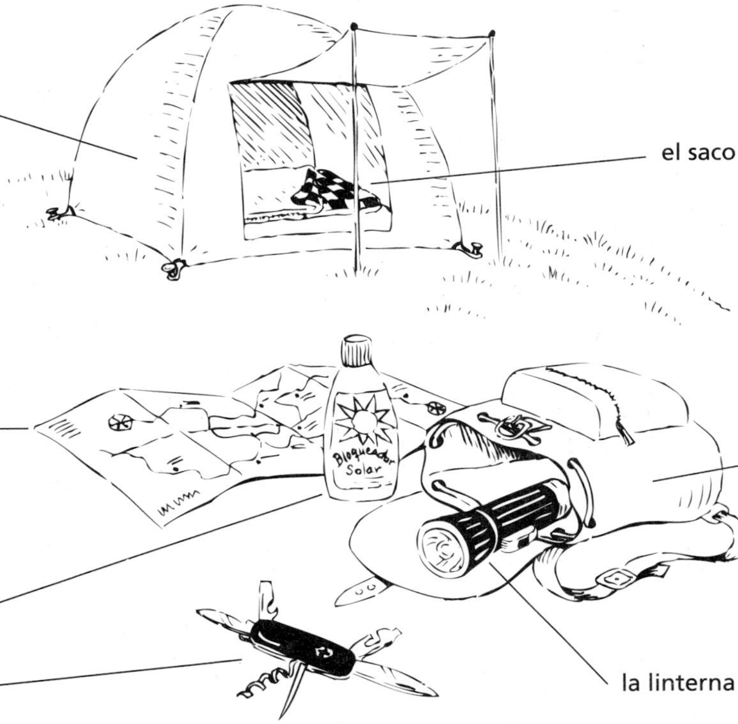

la tienda de campaña

el saco de dormir

el mapa

la mochila

el bloqueador solar

la navaja suiza

la linterna

Many sports that have become popular in recent years take their names from English. These words may change in the future and already vary in use from one country to another. The words presented here are the most common.

acampar = hacer camping (España)

hacer rafting = hacer navegación de rápidos (Costa Rica)

viajar a dedo = hacer autostop (España)

Deportes

acampar	to go camping
el buceo, bucear	scuba diving, to scuba dive
escalar (montañas)	to climb (mountains)
hacer	
alas delta	to hang-glide
ecoturismo	to do ecotourism
esquí nórdico/alpino/acuático	to cross country/downhill/water ski
rafting, snorkeling, surfing	
viajar a/hacer dedo	to hitchhike

Contaminante = **contaminador/a** are both adjectives and can also be used as nouns. **Contaminación** = **polución,** but the former is more common.

A more common meaning of **extinguir** is *to extinguish.*

El medio ambiente

la conservación, conservar	conservation, to conserve
la contaminación, contaminante, contaminar	pollution, contaminating, to contaminate/pollute
la desaparición, desaparecer	disappearance, to disappear
los desechos, desechable, desechar	rubbish, disposable, to throw away
el desequilibrio, desequilibrar	imbalance, to throw off balance
el desperdicio, desperdiciar	waste, to waste
la destrucción, destruir	destruction, to destroy
la extinción, extinguirse	extinction, to become extinct
la preservación, preservar	
la protección, proteger	
recargable, recargar	rechargeable, to recharge
la reducción, reducir	
el reemplazo, reemplazar	replacement, to replace/substitute
el rescate, rescatar	rescue, to rescue
la restricción, restringir	

¿LO SABÍAN?

En la actualidad, casi todo el mundo está consciente de la necesidad de proteger el medio ambiente, reciclar y cuidar nuestra tierra. En los últimos años también se ha despertado un interés por hacer viajes de ecoturismo, es decir, viajes donde uno está en contacto con la naturaleza y aprende sobre ella. Entre los numerosos lugares que son frecuentados por ecoturistas están: las Islas Galápagos de Ecuador para ver la flora y fauna, el Parque Tayrona en Colombia para explorar la selva, la laguna de Scammon en México para ver ballenas, los glaciares de la Patagonia en Argentina y el río Bío-Bío en Chile para hacer rafting. Di si te gustaría hacer ecoturismo. ¿Conoces otros lugares para hacer ecoturismo o sabes de alguno?

▼ *Grupo de personas haciendo rafting en el río Bío Bío de Chile.*

Actividad 18: Los viajes En grupos de tres, hagan una lista de elementos que se necesitan para las siguientes actividades y preséntensela a la clase.

1. acampar un fin de semana
2. una caminata de un día por la montaña
3. un viaje de una semana por la selva
4. un viaje en bicicleta, en verano, durante quince días

Actividad 19: Categorías En grupos de tres, túrnense para nombrar por lo menos cuatro deportes que pertenezcan a las siguientes categorías. Pueden incluir palabras de la lista de vocabulario y otras que Uds. sepan.

1. deportes acuáticos
2. deportes en los cuales los participantes usan zapatos especiales
3. deportes que se practican en el aire o en el agua
4. deportes que se practican cuando hace frío
5. deportes que se practican cuando hace calor
6. deportes baratos y deportes caros

Actividad 20: Actividades peligrosas En grupos de tres, discutan las siguientes preguntas.

1. ¿Practican algún deporte peligroso?
2. ¿Qué deportes peligrosos se pueden practicar en la ciudad donde viven o cerca de allí?
3. ¿Por qué piensan que algunas personas disfrutan de deportes peligrosos como escalar montañas o bucear en cuevas del Caribe?
4. ¿Consideran que es peligroso viajar a dedo? ¿Por qué?

Actividad 21: Las definiciones **Parte A:** En parejas, una persona define las siguientes palabras y la otra persona cubre la lista y adivina qué palabra es. Recuerden que no pueden usar la palabra en la definición. Usen frases como: **Es la acción de . . . , Es una cosa que se usa para . . .**

1. preservar
2. la linterna
3. destruir
4. reemplazar
5. los desperdicios
6. hacer dedo

Parte B: Ahora cambien de papel.

1. proteger
2. la extinción
3. bucear
4. rescatar
5. el saco de dormir
6. la contaminación

Actividad 22: Cuidemos el mundo en que vivimos En grupos de tres, compartan sus respuestas a las siguientes preguntas.

1. ¿Qué cosas desperdician Uds.? ¿Escriben en un solo lado del papel? ¿Dejan las luces encendidas? ¿Pueden nombrar cinco cosas que Uds. pueden hacer para reducir el desperdicio de recursos naturales?
2. ¿Qué productos destruyen la capa de ozono? ¿Podemos reemplazar estos productos con otros que contaminen menos?

3. ¿Cuántos animales pueden nombrar que están en peligro de extinción? ¿Por qué están en peligro? ¿Los podemos rescatar?
4. Muchas veces los desechos de un estado se tiran en otro. ¿Creen que el estado de Nueva York tiene el derecho de tirar su basura en Dakota del Norte? ¿Por qué sí o no?
5. ¿Qué se puede usar para reemplazar la gasolina para los carros? ¿Y para reemplazar el gas que se usa para calentar las casas?
6. Muchos lugares tienen restricciones sobre el nivel de emisiones tóxicas que producen los carros. ¿Creen Uds. que todos los países deban tener este tipo de leyes? ¿Qué estados conocen Uds. que tengan restricciones? ¿Y cuáles no tienen?

Actividad 23: Ecoturismo, ¿peligro o no? **Parte A:** Lee las siguientes oraciones e indica tu opinión usando esta escala:

1= estoy de acuerdo 2= es posible 3= no estoy de acuerdo

1. _____ La sola presencia del ser humano destruye el medio ambiente.
2. _____ Para llegar a lugares remotos hay que usar medios de transporte que contaminan el ambiente.
3. _____ Para tomar consciencia del valor de la naturaleza, hay que ver las zonas remotas y vírgenes con los propios ojos.
4. _____ Se puede usar el dinero que gastan los turistas para la conservación de las áreas silvestres.
5. _____ Después de hacer un viaje de ecoturismo, los participantes cumplen un papel más activo en el movimiento verde: reciclan más, compran productos que contaminan menos e intentan cambiar las leyes de su país para proteger el medio ambiente.
6. _____ Los controles gubernamentales nunca van a ser suficientemente estrictos para controlar los problemas que puede traer el ecoturismo.
7. _____ El contacto con los turistas cambia para siempre la vida de las personas naturales de una región.
8. _____ Los ecoturistas nunca tiran basura ni hacen nada para destruir el lugar que visitan.
9. _____ La presencia constante de grupos de turistas no es natural y por eso, crea un desequilibrio en el área.

Parte B: Algunos piensan que el ecoturismo es una buena idea porque así la gente aprende a apreciar y preservar la naturaleza. Otros piensan que el mismo ecoturismo ayuda a destruir el medio ambiente. Formen dos grupos y preparen un debate sobre este tema. Pueden usar las ideas mencionadas en la Parte A y expandirlas e inventar otras razones para apoyar su postura.

V. Avoiding Redundancies

Double Object Pronouns

Indirect-object pronouns

me	**nos**
te	**os**
le	**les**

Direct-object pronouns

me	**nos**
te	**os**
lo, la	**los, las**

1. In Chapters 3 and 4 you reviewed the use of indirect- and direct-object pronouns. When you use both in the same sentence, the indirect-object pronoun precedes the direct-object pronoun. The following chart shows all possible combinations of indirect- and direct-object pronouns.

me lo, me la, me los, me las
te lo, te la, te los, te las
se lo, se la, se los, se las
nos lo, nos la, nos los, nos las
os lo, os la, os los, os las
se lo, se la, se los, se las

—¿Quién **te** mandó **flores?**

—José Carlos **me las** mandó.

José Carlos sent them to me.

—¿**Me** puedes explicar **el problema?**

—Ya **te lo** expliqué.

I already explained it to you.

2. Remember that the indirect-object pronouns **le** and **les** become **se** when followed by the direct-object pronouns **lo, la, los,** or **las.**

—¿**Le** regalaste **la corbata** a tu padre?

—Sí, **se la** regalé ayer.

3. Remember the rules you learned for placement of object pronouns:

Before a Conjugated Verb or a Negative Command	After and Attached to Infinitives, Present Participles, and Affirmative Commands
Siempre **se lo digo.**	
Se lo dije.	
¿Quieres que yo **se lo diga?**	
Se lo voy a decir.	Voy a **decírselo.***
Se lo estoy diciendo.	Estoy **diciéndoselo.***
¡No se lo digas!	**¡Díselo!***

*Note: Remember the use of accents. To review accent rules, see page 321.

Actividad 24: El regalo anónimo Lee la siguiente conversación y contesta la pregunta que sigue.

Marcos ¿Y estas flores?

Ignacio **Se** las mandaron a mi hermano Juan.

Marcos ¿Quién?

Ignacio No tengo la menor idea. En este momento mi hermano **le** está preguntando a su novia Marisol por teléfono.

Marcos Mira, aquí entre las flores hay una tarjeta.

Ignacio A ver. Dáme**la** que quiero leerla.

Marcos ¿Qué dice?

Ignacio "Ojalá que te gusten. **Te las** mando para tu cumpleaños. Espero verte esta noche". Pero, ¿quién escribió esto?

Juan Te llamo más tarde, un beso . . . ¡Oigan! Marisol dijo que ella no **me las** envió.

Marcos Vamos, dinos quién es. Confiésa**noslo.** ¿Quién es tu admiradora secreta?

¿A qué o a quién se refieren los siguientes complementos directos e indirectos?

1. línea 2 **se**
2. línea 4 **le**
3. línea 7-**la**
4. línea 9 **te** y **las**
5. línea 12 **me** y **las**
6. línea 13 -**noslo**

Actividad 25: Los afectos En parejas, una persona le hace preguntas sobre su vida a la otra. La que contesta debe usar complementos directos e indirectos cuando sea posible. Cuando terminen, cambien de papel.

➤ quién le ayuda con la tarea

—¿Quién te ayuda con la tarea?

—Nadie me ayuda. —Mi amigo Paul siempre me ayuda.

1. quién le envía cartas
2. quién le manda flores
3. a quién le manda cartas
4. quién le da regalos que le gustan
5. quién le da regalos que le disgustan
6. quién le da consejos amorosos

Actividad 26: La vida universitaria En parejas, túrnense para hacerse preguntas sobre su vida universitaria. Al contestar deben usar complementos directos e indirectos cuando sea posible.

1. si alguien le prestó el dinero para la universidad
2. si la universidad le da algo de dinero
3. si la universidad le ofreció una beca
4. quién le da consejos para seleccionar las asignaturas
5. dónde estudió español por primera vez
6. cuándo va a terminar su carrera
7. quién le explica las materias difíciles
8. cuál de sus profesores lo/la ayuda más

VI. Other Uses of Relative Pronouns (Part Two)

The Relative Pronouns *quien, el que, lo que,* and *lo cual*

In Chapter 6 you learned how to use relative pronouns. Some additional uses of the relative pronouns are:

1. Use **quien** or **el que** at the beginning of a sentence to express *he/she who* in a general way, regardless of gender.

Quien/El que estudia, aprende.	*He (She) who studies, learns.*

Note: When talking about or addressing a group comprised of all women, use **la que: La que** estudia, aprende.

2. Both **lo que** and **lo cual** can be used to refer to abstract ideas, but **lo cual** always refers to an idea previously mentioned and can never begin a sentence. Compare these examples:

Ellos llegaron tarde, **lo cual/lo que** me molestó mucho.	*They arrived late, which bothered me a lot. (Idea already mentioned, so both are possible.)*
Lo que me molestó fue que llegaron tarde.	*What bothered me was that they arrived late. (Beginning of sentence, so **lo cual** cannot be used.)*

Actividad 27: Los refranes El español tiene muchos refranes entre los cuales se encuentra el siguiente:

El que mucho habla, mucho yerra. *He (She) who speaks too much, makes many mistakes.*

En parejas, imiten este refrán y escriban por lo menos tres más. Luego compartan sus refranes con la clase.

➤ El que poco come, poco gasta.

Actividad 28: El curso anterior de español En parejas, hablen de sus impresiones sobre su curso de español anterior a éste. Usen los siguientes verbos: **gustarle, molestarle, entender, no entender, aprender** y también la frase **lo que.** Sigan el modelo.

➤ Lo que me gustó de esa clase fue el número de estudiantes que había.

Actividad 29: Costa Rica **Parte A:** Vas a leer parte de un folleto que escribió el gobierno costarricense sobre Costa Rica. Antes de leer y en parejas, completen este gráfico sobre Costa Rica. Si no saben, traten de adivinar.

geografía	clima	flora y fauna	deportes

gobierno	historia	composición étnica	nivel de vida actual

Parte B: Lean esta parte del folleto que publicó el gobierno para informar a la gente sobre la belleza de su país. Después de leerla contesten las preguntas.

Imagínense un pequeño país lleno de asombrosos bosques tropicales, un sinnúmero de playas, donde la persona con la que probablemente va a encontrarse es con su yo interior; un clima variado (más fresco en las montañas y cálido en las playas), una fascinante vida silvestre y un ambiente hogareño le permitirán tener una idea básica de Costa Rica. Detengámonos ahora en su gente: su cultura es una refrescante mezcla de tradiciones europeas, americanas y afrocaribeñas, pulida por más de cien años de educación gratuita y una democracia estable. Alguien dijo una vez que para el resto del mundo, Costa Rica es como un parque nacional: un lugar donde aquello que se valora es preservado. Es una pequeña maravilla.

▲ *Aguas termales de Tabacón en Costa Rica.*

Belleza y aventura

Un escritor de viajes americano dijo que Costa Rica "ofrece más belleza y aventura por acre que cualquier otro lugar en el mundo". Los viajeros salen de Costa Rica sintiendo que no sólo han visto mucho, sino que han hecho cosas nuevas. Las caminatas, la pesca, el "snorkeling", el buceo, la navegación de rápidos, el ir en kayak y el "surfing", se ubican entre las actividades favoritas. Las caminatas probablemente se ubican en primer lugar debido a que hay tanto que ver en Costa Rica, desde sus paisajes naturales, pasando por aves, mariposas, hasta tortugas que vienen a desovar.

Costa Rica es reconocida por pescadores experimentados en todo el mundo debido a los récords mundiales en pesca de sábalo, róbalo y pez vela. La navegación de rápidos ha ido aumentando en popularidad como una manera excitante pero segura de experimentar la naturaleza. Los amantes de este deporte saben que en Costa Rica pueden encontrar corrientes confiables durante todo el año. Para cualquiera de estas actividades resulta fácil encontrar proveedores y guías profesionales. Muchos de ellos cuentan con la representación de mayoristas y agentes en los Estados Unidos y Canadá, entre otros.

Diversidad

Costa Rica es un puente biológico entre América del Norte y América del Sur. Esto explica la increíble diversidad de su flora y fauna, como también el flujo constante de especies emigrantes. Más pequeño que el Lago Michigan, el territorio costarricense cuenta con tres cadenas montañosas y más de doce zonas climáticas. Usted podrá manejar desde el Caribe hasta el Pacífico en un día, visitar un volcán y disfrutar de una gran variedad de paisajes. Hay más de 600 millas de playa que le permitirán descansar del bullicio de la gente.

Una naturaleza espléndida

Costa Rica goza de reconocimiento internacional por sus Parques Nacionales. Incluyen impresionantes volcanes, bosques, llanuras, escenarios de anidamiento de aves y desove de tortugas, arrecifes de coral y virtualmente cualquier forma de naturaleza que usted espera encontrar en el Trópico.

- Costa Rica posee más de 800 especies de aves, más de lo que se encuentra en toda Norte América.

▲ *Un ocelote descansa en el árbol de un parque nacional en Costa Rica.*

- Tiene unas 1.200 especies de orquídeas.
- 8.000 especies de plantas de mayor evolución.
- El 10% de todas las mariposas del mundo y más mariposas de las que existen en todo el continente africano.
- Más quetzales que cualquier otro país en el mundo.
- Más de 150 especies de frutas comestibles*

*Éstos y otros datos tomados de *Costa Rica, the traveler's choice* de Rex Govorchin.

Nación pacífica y culta

Cristóbal Colón, suponiendo la existencia de muchísimo oro, bautizó estas tierras con el nombre de Costa Rica. Luego resultó que la mayoría del oro ya había sido convertido en joyería por los indígenas. Sin poseer el atractivo que generan las minas de oro y plata, Costa Rica permaneció relativamente aislada y despoblada durante 400 años. Todos, incluso el gobernador español, tenían que producir su propia comida. Esto condujo a que Costa Rica tuviera una sociedad relativamente igualitaria de pequeños agricultores. Las cosas comenzaron a cambiar durante el siglo XIX, cuando el café de Costa Rica comenzó a exportarse a Europa. La recién independiente sociedad costarricense adquirió los beneficios de la civilización, tales como educación, desarrollo político, ferrocarriles y energía eléctrica, sin muchos de los trastornos inherentes a la misma. Cien años más tarde, Costa Rica posee el nivel de alfabetización más elevado de Latinoamérica, un alto promedio de esperanza de vida y una Orquesta Sinfónica de clase mundial. Un 25% de su territorio lo constituyen las áreas de conservación y no posee un ejército, a diferencia del resto del los países americanos.

After this brochure was written, Panamá also stopped having an army.

1. ¿Cómo es el clima de Costa Rica?
2. ¿Qué puedes decir de la flora y fauna?
3. ¿Cómo crees que sea físicamente el costarricense típico?
4. ¿Cuál es el tamaño de Costa Rica?
5. ¿Hay muchos ríos en Costa Rica? ¿Cómo sabes si hay o no?
6. ¿Qué deportes acuáticos se pueden practicar en Costa Rica? ¿Dónde se pueden practicar?
7. ¿Cuál es el deporte más popular y por qué?
8. ¿Qué te gustaría hacer en Costa Rica?
9. ¿Cómo es el nivel de vida de Costa Rica? ¿Puedes compararlo con el de los otros países centroamericanos?
10. ¿Hace algo el gobierno para conservar el medio ambiente?
11. Obviamente el gobierno escribió este folleto para gente de habla española, pero ¿a quién crees que se dirija principalmente? ¿Cómo lo sabes? (Hay tres pistas en el texto.)

Parte C: En parejas, vuelvan a mirar su gráfico de la parte A y comparen sus respuestas con lo que aprendieron al leer. ¿Tenían la información correcta? Ahora, hagan un gráfico semejante con los datos que aprendieron al leer. Después, decidan qué datos son los más sorprendentes. Al hablar, usen expresiones como: **Me sorprende mucho que Costa Rica . . . , Es interesante que . . .**

Parte D: Ahora, imagínense que Uds. van a pasar una semana en Costa Rica. Hagan una lista de lo que van a hacer cada día. Usen expresiones como: **Busco un lugar en que . . . , por eso quiero que nosotros . . . , Después de que . . . podemos . . . , Lo que prefiero . . .**

Vocabulario activo

Palabras afirmativas y negativas

Ver páginas 166–168.

Expresiones de tiempo

Ver página 176.

Los viajes de aventura y el medio ambiente

Ver páginas 180–181.

el bloqueador solar	*sunblock*
la linterna	*flashlight*
el mapa	*map*
la mochila	*backpack*
la navaja suiza	*Swiss army knife*
el saco de dormir	*sleeping bag*
la tienda de campaña	*tent*

Expresiones útiles

algo así	*something like that*
desde luego	*of course*
¡Ya sé!	*I've got it!*

Vocabulario personal

CAPÍTULO 8

Hablemos de trabajo

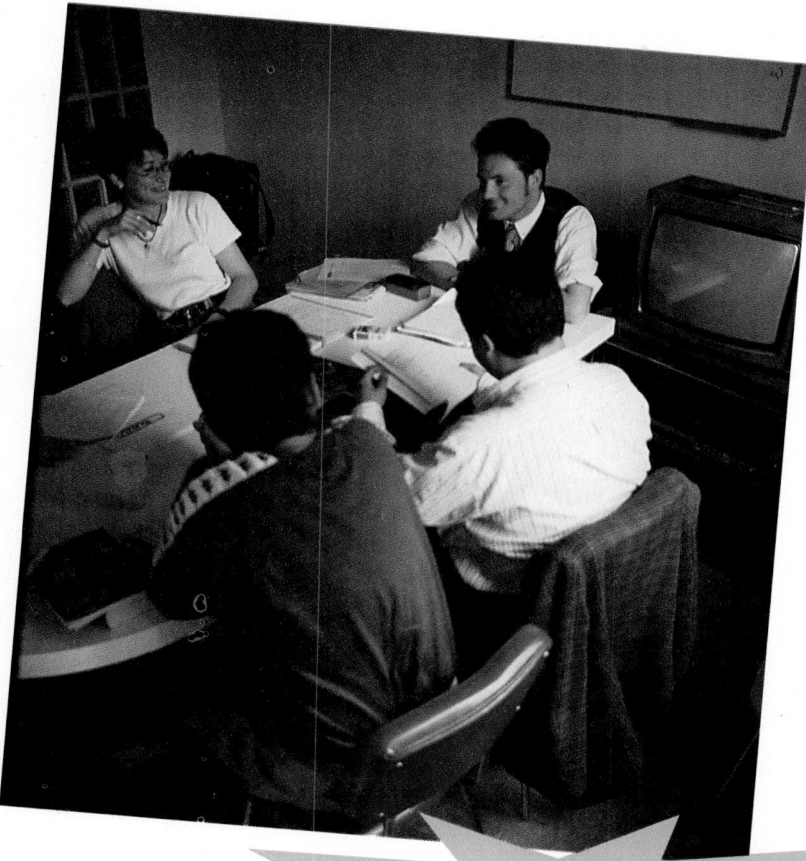

▲ *Clase de inglés en Madrid, España.*

COMMUNICATIVE GOALS

- expressing pending actions (Part Two)
- discussing past with current relevance
- discussing employment
- expressing choice and negation
- indicating cause, purpose, and destination
- describing reciprocal actions

Trabajar en el extranjero

un montón	a lot
No, en absoluto.	No, not at all.
darle igual (a alguien)	to be all the same (to someone)

NIE X-0779713-J
Nombre JENNIFER A.
1.er Apellido JACOBSEN
2.° Apellido
Fecha de nacimiento 24-5-62
Lugar LAKE FOREST
Nacionalidad actual ESTADOUNIDENSE
Domicilio DONOSO CORTES, 9
28003 MADRID
Actividad ENSEÑANZA
Profesión PROFESORA DE INGLES
Ambito geográfico PROVINCIAL
Firma del titular.
Huella
Expte. Laboral nº 6838/92 44/2546
Madrid, a 28 de septiembre de 1992
(Sello y firma de la autoridad laboral) ts
Registro residencia nº 145.448
Fdo: Casiano Díez Muñiz
(Sello y firma de la autoridad gubernativa)
VALIDEZ HASTA EL 28-9-1993

REPUBLICA DE COLOMBIA
D.A.S.
CEDULA DE EXTRANJERIA N.º 236764Btà
VISA: Estudiante 156
APELLIDOS: STAHLEY
NOMBRES: Jeffrey Paul
NACIONALIDAD: Estadounidense
FECHA DE NACIMIENTO: 16.X.60
PAIS: EE.UU.
VALIDA DESDE 22.III.90 HASTA 15.I.91
FIRMA DEL EXTRANJERO
INDICE DERECHO

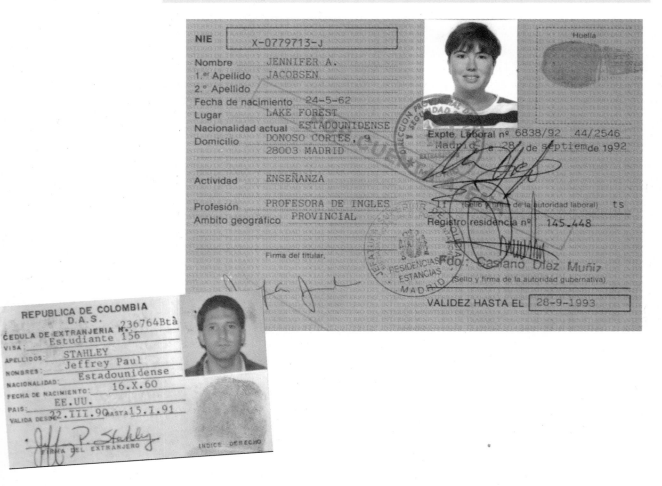

Actividad 1: Trabajar fuera del país Vas a escuchar a dos americanos hablar en una entrevista de radio sobre cómo consiguieron trabajo en el extranjero. Antes de escucharlos, en grupos de tres, discutan las siguientes preguntas y luego compartan sus respuestas con el resto de la clase.

1. ¿Conocen a alguien que haya trabajado en el extranjero? Si contestan que sí, ¿qué hizo esa persona? ¿Cómo consiguió el trabajo?
2. ¿Les gustaría trabajar en el extranjero? Si contestan que sí, ¿qué tipo de trabajo les gustaría hacer? ¿Adónde les gustaría ir?

Actividad 2: Las entrevistas **Parte A:** Lee la lista de ideas y después, mientras escuchas la primera entrevista, busca la información apropiada.

1. país en el cual trabajó la persona
2. tipo de trabajo que hizo
3. estudios que había hecho
4. cómo consiguió el trabajo
5. si el dinero que ganaba le alcanzaba para vivir

Parte B: Ahora lee esta lista de ideas y después, mientras escuchas la segunda entrevista, busca la información apropiada.

1. país en el que trabajó la persona
2. tipo de trabajo que hizo
3. cómo consiguió el trabajo
4. lo beneficioso del trabajo para esta persona
5. consejo que les da esta persona a los que quieran hacer lo mismo

Actividad 3: Una comparación Di en qué se asemejan y en qué se diferencian la experiencia de Jenny y la de Jeff. Escucha las entrevistas otra vez si es necesario.

¿LO SABÍAN?

Hay muchos americanos que trabajan en el extranjero como profesores de inglés o por lo menos así empiezan. He aquí algunos consejos para conseguir un trabajo de profesor:

- Ir a la Conferencia de TESOL (Teachers of English to Speakers of Other Languages) que tiene su reunión internacional cada año en los Estados Unidos o Canadá. Asisten alrededor de diez mil personas y muchas escuelas, institutos y universidades van en busca de profesores. Es aconsejable solicitar puesto antes de marzo, para asegurarse una entrevista en esta conferencia.
- Antes de ir a cualquier país, es aconsejable ponerse en comunicación con el consulado del país para averiguar si se necesita visa o no. Los consulados por lo general tienen listas de lugares donde se enseña inglés en su país.
- Para empezar a tener contactos, es buena idea participar en algún programa universitario que lleve gente a estudiar en el extranjero.
- Antes de salir de los Estados Unidos, vale la pena tomar en la universidad algunas clases sobre la pedagogía de la enseñanza del inglés.
- Al llegar a un país, es relativamente fácil conseguir estudiantes particulares. Para hacer eso, se pueden poner anuncios en los periódicos o en algunas librerías, pero otro método eficaz es consultar con amigos.

I. Expressing Pending Actions (Part Two)

The Subjunctive in Other Adverbial Clauses

In Chapter 7 you studied the use of the subjunctive in sentences that express pending actions or actions that have not yet taken place. In this chapter you will learn more conjunctions that will allow you to express pending actions. For example, in the first interview at the beginning of the chapter, the interviewer says, **"Hoy voy a entrevistar a dos jóvenes norteamericanos . . . para que nos cuenten sobre su experiencia".** Notice the use of the subjunctive in the second part of the sentence to refer to an action that has not yet taken place (the interviewees have not talked about their experiences yet).

1. When talking about actions that are pending, always use the subjunctive in the dependent clause after the following adverbial conjunctions.

Remember: **Siempre y cuando** also means *provided that* and is always followed by the subjunctive.

To remember, memorize the acronym **ESCAPA.**

E en caso (de) que
S sin que
C con tal (de) que
A antes (de) que
P para que
A a menos que

Condition:	**con tal (de) que**	provided that
	a menos que	unless
Manner:	**sin que**	without
Possibility:	**en caso (de) que**	in the event that, if
Purpose:	**para que**	in order to, so that
Time:	**antes (de) que**	before

Voy a cancelar la reunión **en caso de que** no **obtengamos** los datos a tiempo.	*I'm going to cancel the meeting in the event that we don't obtain the data on time.*
Podemos comenzar el proyecto **con tal de que** la jefa lo **autorice**.	*We can start the project provided that the boss authorizes it.*
Avísame **antes de que** Raúl **venda** su carro porque me interesa comprarlo.	*Let me know before Raúl sells his car because I'm interested in buying it.*
No quiero que él lo venda **sin que** yo lo **sepa.**	*I don't want him to sell it without me knowing (about it).*
Esta tarde Raúl va a averiguar precios de carros nuevos **a menos que** su esposa **tenga** tiempo de hacerlo.	*Raúl is going to find out prices of new cars this afternoon unless his wife has time to do it.*
Te voy a dejar una nota **para que** no te **olvides** de avisarme.	*I'm going to leave you a note so that you don't forget to let me know.*

2. In all of the preceding sentences, two different subjects are present in the main and the dependent clauses and the subjunctive is used in the latter. If using only one subject, follow the prepositions (**antes de, con tal de, en caso de, sin, para**) with an infinitive.

Two Subjects: Conjunction + Subjunctive	One Subject: Preposition + Infinitive
Mi hermano trabaja día y noche **para que su familia pueda** vivir bien.	**Mi hermano** trabaja **para poder** vivir bien.
Yo pienso hacerlo **sin que nadie** me **oiga**.	**Yo** pienso hacerlo **sin molestar** a nadie.
Diana va a llamar a Juan **en caso de que él se sienta** mal.	**Diana** va a llamar a Juan **en caso de sentirse** mal.

Note: **En caso de que** and **con tal de que** can also be used with only one subject and are followed by the subjunctive. Therefore, the following sentences are synonymous.

> **Diana** va a llamar a Juan **en caso de sentirse** mal.
> **Diana** va a llamar a Juan **en caso de que (ella) se sienta** mal.

3. The conjunction **a menos que** is always followed by the subjunctive whether or not there is a change of subject in the dependent clause.

Ellos van a buscar un regalo esta tarde **a menos que (ellos)** no **tengan** tiempo.

They are going to look for a present this afternoon unless they don't have time.

Actividad 4: Beneficios laborales **Parte A:** Completa la siguiente explicación sobre los beneficios laborales que existen en Argentina con la forma apropiada de los verbos que se presentan. (La explicación continua en la página 196.)

tener
computar
estar
estar
avisar
examinar diagnosticar
pasar

Argentina ofrece algunos beneficios para que el trabajador ________ cierta protección económica. Uno de estos beneficios es la licencia por casamiento, gracias a la cual si alguien se casa, puede faltar al trabajo por diez días sin que su jefe le ________ estas faltas. En caso de que un empleado ________ enfermo, puede pedir licencia por enfermedad; y en caso de ________ embarazada, una mujer tiene el derecho de pedir licencia por maternidad. El número de días que estos trabajadores pueden faltar depende de la gravedad del caso. Cuando un trabajador se siente mal, no puede faltar sin ________; ese mismo día, el jefe se encarga de mandar un médico a casa del empleado para que lo ________, ________ y ________ un informe a la compañía.

Los empleados reciben dos aguinaldos, cada uno equivalente a medio mes de sueldo. Las compañías les pagan a sus trabajadores este dinero extra para que ellos ______________ mejor de la Navidad y de las vacaciones de invierno en julio o agosto. (disfrutar)

Antes de ______________ a un empleado, un jefe tiene que mandarle un telegrama a su casa diciéndole que va a quedar cesante después de un mes. (despedir *(fire)*) A partir de ese momento y durante su último mes, el empleado va a trabajar seis horas por día en vez de ocho y generalmente usa esas dos horas diarias para ______________ otro trabajo. (buscar) Por lo general, el empresario no tiene problemas con tal de que ______________ lo que le indica la ley: (hacer) pagarle al empleado el sueldo de su último mes, un sueldo mensual por cada año que trabajó en la empresa, más las vacaciones que no tomó y parte del aguinaldo.

Parte B: En parejas, discutan las siguientes preguntas: ¿Ofrecen las compañías estadounidenses los mismos beneficios? ¿Les sorprenden algunos de estos datos? ¿Por qué? ¿Les parece que estos beneficios son buenos para las empresas? ¿Y para los empleados?

▼ *Manifestación en contra de la ley de privatización en Montevideo, Uruguay.*

¿LO SABÍAN?

Los beneficios laborales que recibe un empleado varían de país en país. En Uruguay, por ejemplo, un beneficio importante es el de las vacaciones. El empleado recibe, por ley, veinte días de vacaciones después del primer año de trabajo y un día más por cada cuatro años adicionales de trabajo. Antes de irse de vacaciones, el empresario debe darle un bono que consta del 45 por ciento del sueldo diario por cada día de vacaciones, es decir, que si un empleado gana cincuenta pesos por día y toma veinte días de vacaciones, recibirá 450 pesos. Di en qué ocasiones recibe el empleado un bono en este país.

Actividad 5: ¿Le digo la verdad? A veces es problemático decidir cuándo se le debe decir la verdad a alguien. En parejas, lean las siguientes situaciones laborales y hagan oraciones completas con las opciones que se dan. Luego decidan cuál es la mejor solución en cada caso. Estén listos para defender su opinión.

1. Un empleado oyó rumores de que el jefe iba a despedir *(fire)* a un compañero de trabajo. ¿Qué debe hacer?
   No debe/Debe decírselo a su compañero . . .
   a. para que / su compañero / comenzar a / buscar otro trabajo
   b. a menos que / él / poder / confirmar el rumor
   c. antes de que / el jefe / decírselo
2. Un empleado ve accidentalmente el recibo de sueldo de un compañero que tiene el mismo puesto que él. Se da cuenta de que el sueldo de su compañero es más alto. No debe/Debe hablar con su jefe . . .
   a. para / recibir / el mismo sueldo
   b. sin que / su compañero / saberlo
   c. en caso de que / él / creer / que es injusto
3. Un empleado trabaja para una compañía que fabrica carros. Encontró un defecto en el diseño de un carro nuevo, el cual puede causar muchos accidentes. Sin embargo, rectificar este problema puede costar muchísimo dinero y el primer carro va a salir a la venta el mes que viene. No debe/Debe . . .
   a. hablar con su jefe para que / estar / informado
   b. hacer nada a menos que / alguien / preguntarle
   c. informar anónimamente a una organización protectora de los consumidores para que / la compañía / cambiar / el diseño.
4. Una empleada trabaja con su cuñado, el hermano de su esposo, pero el cuñado no hace su trabajo; por eso ella tiene el doble de trabajo. Debe . . .
   a. decirle algo a su esposo para que / él / hablar / con su hermano
   b. explicarle la situación a su jefe con tal de que / él / prometer / no decirle nada al cuñado de su conversación
   c. negarse a hacer el trabajo de su cuñado a menos que / esto / afectar / la producción de la compañía
5. Cada vez que un empleado le da una buena idea a su jefa, ella va al presidente de la empresa y se atribuye la idea. Por eso el presidente piensa que la creatividad de esta mujer es esencial para la empresa. El empleado no debe/debe . . .
   a. hacer una cita con el jefe para explicarle todo antes de que / ella / contarle / otras ideas
   b. documentar todas sus conversaciones con su jefa para / tener / pruebas contra ella y usarlas en el futuro si sus acciones continúan
   c. consultar con un abogado a menos que / ella / dejar de / robarle las ideas

Actividad 6: Derechos y obligaciones laborales Trabajas en la oficina de Recursos Humanos de una compañía y estás a cargo de redactar algunos de los derechos y obligaciones de los empleados. Completa estas reglas usando **para (que), sin (que), en caso de (que), a menos que.**

los empleados . . .

no deben hacer llamadas personales a larga distancia en el trabajo . . .
pueden llegar tarde de vez en cuando . . .
pueden trabajar en su casa una vez por semana . . .
deben llamar por teléfono desde su casa . . .
no deben usar papel con membrete *(letterhead)* de la compañía . . .
no deben trabajar horas extras . . .

Actividad 7: Lo perfecto **Parte A:** Mira este dibujo del coche perfecto. Después termina las siguientes oraciones basándote en el dibujo.

1. Hay un paraguas en caso de que . . .
2. Hay una cafetera con una cantidad ilimitada de café para que . . .
3. Hay una pajita que va de la cafetera al conductor para que . . .
4. Con un periscopio el conductor puede ver el tráfico sin . . .
5. El asiento del conductor vibra para . . .
6. Las llantas traseras son enormes para que . . .
7. Hay una cámara de video en la parte trasera del carro y un televisor para que . . .

straw = **popote** (México), **pitillo** (Colombia)

Parte B: En parejas, miren el siguiente dibujo del sofá perfecto y descríbanlo usando expresiones como **para (que), sin (que), en caso de (que), a menos que.** Sigan el modelo.

➤ El sofá tiene un/a . . . para que . . .

Actividad 8: Reacción en cadena En grupos de tres, inventen una historia sobre una de las ideas de la siguiente lista. Formen oraciones en cadena *(chain sentences)* con conjunciones y el subjuntivo. Sigan el modelo.

➤ ir a Guatemala

a. Antes de que vaya a Guatemala, mis padres tienen que darme dinero.
b. Tus padres van a darte dinero con tal de que saques buenas notas.
c. No vas a sacar buenas notas a menos que estudies mucho.
etc.

1. conseguir un buen trabajo
2. comprar un perro
3. el/la profesor/a de español / estar / contento/a

II. Narrating in the Past

A. Discussing Past with Current Relevance: The Present Perfect

So far in this text you have used the indicative mood in the preterit, the imperfect, and the pluperfect to discuss past occurrences. In this chapter, you will use the present perfect to expand your ability to discuss past experiences.

1. You can use the present perfect to discuss events that have taken place in the past and are relevant to the present, or past events and actions that might be repeated or continued in the present.

—¿Quieres alquilar *Mujeres al borde de un ataque de nervios?*	*Do you want to rent* Women on the Verge of a Nervous Breakdown?
—No. **Ya he visto** esa película cuatro veces.	*No. I've already seen that movie four times. (It is problably very fresh in the speaker's mind now. When the action occurred is not important.)*
—Almodóvar **ha dirigido** varias películas de mucho éxito.	*Almodóvar has directed many successful movies. (And may do so again.)*

Present = relevance in the present.

Perfect = perfective or completed action.

2. The present perfect is formed by using a form of **haber** in the present and a past participle:

he	hemos	+ past participle
has	habéis	
ha	han	

To review past participle formation, see page 318.

3. Now study the following sentences contrasting the use of the present perfect and the preterit.

Action completed, but relevant to the present	Action anchored specifically in the past (often with an adverbial expression of time)
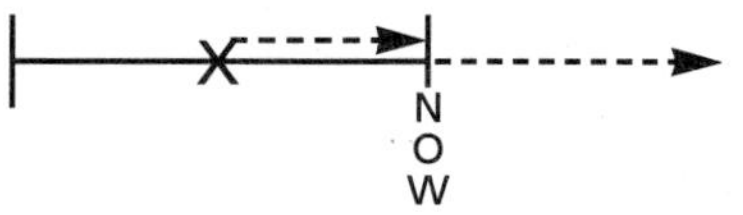	NOW
He trabajado como mesero y maestro particular. *I have worked as a waiter and as a private tutor.*	**El año pasado trabajé** como mesero y maestro particular. *Last year I worked as a waiter, and as a private tutor.*

¿Me **ha llamado** Hernán? *Has Hernán called me?*	¿Me **llamó** Hernán **mientras yo estaba en la oficina?** *Did Hernán call me while I was at the office?*
Se ha construido un centro cultural en esta ciudad. *A cultural center has been built in this city.*	**Se construyó** un centro cultural en esta ciudad **hace veinte años.** *A cultural center was built in this city twenty years ago.*
En los últimos veinte años **ha habido*** muchos avances tecnológicos. *In the last twenty years there have been many technological advances.*	**En el siglo XIX hubo** algunos avances tecnológicos. *In the nineteenth century there were some technological advances.*

*Note:

hay = there is/are	**ha habido** = there has/have been
había = there was/were	**había habido** = there had been
hubo = there was/were	

4. Ya *(already, yet)* may be used with the present perfect as well as with the preterit in questions and affirmative sentences to ask or talk about completed actions. It usually precedes the verb.

Note: Many Spaniards prefer the present perfect, whereas most Hispanic Americans prefer the preterit in questions and affirmative statements when discussing the recent past.

Spain	**Hispanic America**
—¿**Ya** has comido? —Sí, **ya** he comido. *Have you already eaten?* *Yes, I've already eaten.*	—¿**Ya** comiste? —Sí, **ya** comí. *Did you eat yet?* *Yes, I already ate.*

aún = todavía
aun = hasta (*even*)

5. Todavía *(still, yet)* is used with the present perfect in negative sentences to indicate that an action has not yet been completed. It is also used in negative questions. **Todavía** is placed before the word **no** or at the end of the sentence.

Spain	**Hispanic America**
—¿**Ya** has comido? —**No, todavía no** he comido nada. / **No, no** he comido nada **todavía.**	—¿**Ya** comiste? —**No, todavía no** he comido nada. / **No, no** he comido nada **todavía.**
Have you already eaten? *No, I haven't eaten anything yet. /* *No, I still haven't eaten anything.*	*Did you eat yet?* *No, I still haven't eaten anything.* *No, I haven't eaten anything yet.*

6. When it stands alone, the phrase **todavía no** means *not yet.* The phrase **ya no** means *no longer/not any more.*

—¿Has visto *Como agua para chocolate?*	*¿Have you seen* Like Water for Chocolate?
— **Todavía no.**	*Not yet.*
—¿Fumas?	*¿Do you smoke?*
—**Ya no** (fumo).	*Not anymore. / I don't smoke anymore.*

Actividad 9: La persona más intrépida **Parte A:** En parejas, averigüen cuáles de estas cosas ha hecho su compañero/a y cuáles no ha hecho nunca.

➤ participar en una protesta

—¿Alguna vez has participado en una protesta?
—No, no he participado nunca en ninguna protesta.

1. beber mate (un té que se toma en Argentina, Uruguay y Paraguay)
2. trabajar como salvavidas en una playa o una piscina
3. comer ostras crudas, pulpo (un animal marino con ocho tentáculos) o ancas de rana (Kermit es una rana)
4. hacer dedo
5. cocinar con tofú
6. hacer alas delta
7. nadar desnudo/a
8. manejar a más de 150 kilómetros por hora (más de 90 millas por hora)
9. saltar con una cuerda "bungee"
10. salir con otra persona mientras tenías novio/a

Parte B: Ahora, decidan cuál de Uds. es más intrépido/a.

➤ Yo soy más intrépido/a porque he . . . mientras que tú sólo has . . .

Actividad 10: Cambios En grupos de cuatro, dos de Uds. son personas muy pesimistas y las otras dos son muy optimistas. Mencionen tres o cuatro de los cambios sociales y políticos más importantes que han ocurrido en los últimos doce meses. Pueden usar la lista de cambios que se presenta a continuación. Sigan el modelo.

➤ (pesimista) Este año ha habido muchos crímenes en esta ciudad.

➤ (optimista) Este año hemos creado más programas sociales.

personas sin trabajo
programas para reducir la violencia en el hogar
accidentes de avión
animales en peligro de extinción
atentados terroristas
nivel de la enseñanza primaria y secundaria
control de la contaminación

Actividad 11: Y este semestre, ¿qué? En parejas, pregúntenle a la otra persona si ha hecho las siguientes actividades este semestre. Sigan el modelo.

—¿No has hablado con tu consejero todavía?

—Sí, ya hablé/he hablado con él.

—No, todavía no he hablado con él. / No, no he hablado con él todavía.

1. mejorar su promedio *(GPA)* para poder recibir una beca
2. conseguir un préstamo del banco
3. elegir las materias para el próximo semestre
4. decidir con quién(es) va a vivir el año que viene
5. encontrar un apartamento o un dormitorio en una residencia estudiantil para el año que viene
6. solicitar un trabajo para el verano

B. El trabajo

rellenar una solicitud	to fill out an application
solicitar un puesto/empleo	to apply for a job
el curriculum (vitae)	résumé
la experiencia laboral	work experience
las referencias	references
los avisos clasificados	classified ads
la oferta y la demanda	supply and demand
contratar/despedir (i, i) a alguien	to hire/fire someone
estar desempleado/a	to be unemployed
tomar cursos de perfeccionamiento/capacitación	to take continuing education/training courses
trabajar medio tiempo/tiempo completo	work part/full time
el salario mínimo	minimum wage
el sueldo	salary
la renta/los ingresos	income
el pago mensual/semanal	monthly/weekly pay
bajar/aumentar el sueldo	to lower/raise the salary
la economía sumergida	underground economy
el/la contribuyente	taxpayer
pagar/evadir el pago de impuestos	to pay/evade taxes
la declaración de la renta	income tax return
los beneficios laborales	benefits
la licencia por maternidad/enfermedad/matrimonio	maternity/sick/wedding leave
el aguinaldo	end-of-the-year bonus
el seguro médico/dental/de vida	health/dental/life insurance
la guardería infantil	child care center
los días feriados	holidays

estar desempleado/a = estar en (el) paro (España)

el alquiler = the rent

licencia = permiso (España)

aguinaldo = paga extraordinaria (España)

Actividad 12: Definiciones En parejas, una persona define las siguientes palabras y la otra persona cubre la lista y adivina qué palabra es. Recuerden que no pueden usar la palabra en la definición. Usen frases como: **Es la acción de . . . , Es una cosa que . . .**

1. la guardería infantil
2. despedir a alguien
3. los avisos clasificados
4. evadir el pago de impuestos
5. el pago semanal
6. las referencias

Parte B: Ahora cambien de papel.

1. bajar el sueldo
2. la economía sumergida
3. la licencia por maternidad
4. estar desempleado
5. el seguro médico
6. los días feriados

Actividad 13: Historia laboral En grupos de tres discutan las siguientes preguntas.

1. ¿Han trabajado alguna vez?
2. ¿Han tenido o tienen trabajo de tiempo completo con beneficios? Si contestan que sí, ¿qué beneficios recibieron? ¿Seguro médico? ¿Seguro dental? ¿Aguinaldos? ¿Vacaciones pagadas? ¿Licencia por maternidad? ¿Por matrimonio?
3. ¿Han trabajado medio tiempo? ¿Han trabajado sólo durante los veranos? Si contestan que sí, ¿recibieron algunos beneficios?
4. Cuando nacieron, ¿estaba empleada su madre? Si contestan que sí, ¿dejó el puesto? ¿Le dieron licencia por maternidad? ¿Volvió a trabajar? ¿Trabajó tiempo completo o medio tiempo?

Actividad 14: La entrevista de trabajo En parejas, una persona va a entrevistar a la otra para el puesto de recepcionista de un hotel que aparece en la página 205. El trabajo es de tiempo completo durante el verano y medio tiempo durante el año escolar. El/La candidato/a debe contestar diciendo la verdad sobre su experiencia y su preparación. El/La entrevistador/a debe decidir si va a darle el puesto a esta persona o no. Escuchen primero mientras su profesor/a entrevista a otro/a estudiante y después entrevisten a su pareja.

responsabilidades y requisitos

Tener buena presencia
Saber llevarse bien con otros empleados
Usar computadoras
Contestar el teléfono
Ser capaz de negociar conflictos
Tener experiencia de trabajo con el público
Ser organizado
Tener conocimiento de uno o dos idiomas extranjeros
Trabajar días feriados

beneficios

Tiempo completo:
10% de descuento en la cafetería
10% de descuento para familiares en las habitaciones
Uso de la piscina
Seguro médico
Un aguinaldo y un mes de vacaciones pagadas después de 12 meses de trabajo de tiempo completo

Medio tiempo:
Todo excepto el seguro médico, los aguinaldos y las vacaciones pagadas

Actividad 15: ¿Qué opinas? Di si estás de acuerdo o no con las siguientes ideas y por qué.

1. El gobierno debe esforzarse más por encontrar a la gente que evade el pago de impuestos.
2. Debe haber más cursos de capacitación para los desempleados.
3. Es justo que las empresas bajen los sueldos para no tener que despedir a sus empleados.
4. Si una empresa tiene que despedir a unos empleados, éstos deben ser los últimos que han contratado.
5. Las personas que forman parte de la economía sumergida suelen ser los extranjeros que están en el país ilegalmente.
6. Todo empleado de tiempo completo debe tener seguro médico y un mes de vacaciones pagadas cada año.

Actividad 16: Evasor de impuestos, ¿yo? Contesta las siguientes preguntas.

1. ¿Crees que la evasión de impuestos es un problema grave en los Estados Unidos?
2. ¿Has trabajado en algún restaurante? ¿Declaraste todas las propinas que recibiste cuando tenías ese trabajo?
3. ¿Alguna vez le has cortado el césped a alguien o has cuidado niños? ¿Declaraste tus ganancias en esas ocasiones?
4. Una persona se presenta a un puesto importante del gobierno, pero evadió el pago de impuestos cuando trabajaba en un restaurante, cortaba césped o cuidaba niños. ¿Consideras estos actos crímenes de su pasado o sólo indiscreciones sin importancia? Justifica tu respuesta.

Actividad 17: La oferta y la demanda **Parte A:** En grupos de cuatro, analicen sus posibilidades de empleo en el futuro. Para hacerlo, apunten la siguiente información para cada miembro del grupo:

- el puesto que quiere tener
- dónde prefiere tener ese trabajo
- cuánto dinero quiere ganar
- la oferta y la demanda de ese trabajo en el mundo, en los Estados Unidos, en diferentes regiones de los Estados Unidos o en ciudades específicas
- cómo la oferta y la demanda van a afectar el sueldo que va a poder ganar

Parte B: Basándose en las respuestas de la Parte A, decidan quién tiene las mejores posibilidades de conseguir el puesto que busca y quién creen que va a tener más problemas y por qué.

¿LO SABÍAN?

Muchos cambios económicos han ocurrido en los países latinoamericanos en los últimos diez años. Esto se debe en parte a una nueva generación de tecnócratas y políticos que han obtenido títulos de posgrado en universidades norteamericanas como Harvard y M.I.T. y han vuelto a sus países a poner en práctica los nuevos conocimientos obtenidos en el extranjero. Ellos piensan que para que estos países salgan de su recesión económica deben abrirse a la economía mundial. La conexión entre los Estados Unidos y las otras naciones del hemisferio puede cambiar para siempre las relaciones comerciales en el continente.

Mira estos anuncios que han aparecido en periódicos de diferentes países y que muestran esta interdependencia y di si has pensado trabajar en otro país. ¿Cómo crees que puedas usar el español en tu futuro empleo?

Cherche photographe pour travailler au Méxique et aux Etats-Unis. 5 ans d'expérience, parlant espagnol et anglais. Envoyez CV et dix de vos meilleures photos à l'attention de Mme. Nathalie Drouglazet, Intercommunications S.p.A., 74 Rue de la République, 75014 Paris.

Relaciones públicas. Se busca Licenciado en Ciencias de la Comunicación, con buena redacción y óptimo dominio del inglés para empresa internacional. Mandar curriculum a **Martínez y Asociados.** Bulnes 3233. Capital Federal 1425. Oficina de personal.

Cercasi venditore de computers con Laurea in Informatica. 3 anni di esperienza, milite esente, desideroso di viaggiare, necessaria conoscenza di francese e inglese. Contattare Dottor Simona Barello al numero: 011-65.68.378.

III. Expressing Choice and Negation

O . . . o, ni . . . ni, ni siquiera

To review rules on negating, see Chapter 7, page 166.

1. When you want to say *either. . . or,* use **(o) . . . o.** When you want to express *neither. . . nor,* use **(ni) . . . ni.**

Esta noche quiero ir **(o)** al cine **o** a un restaurante.	*I (either) want to go to the movies or to a restaurant tonight.*
No quiero ir **(ni)** al cine **ni** a un restaurante esta noche porque estoy cansado.	*I neither want to go to the movies nor to a restaurant tonight because I'm tired.*
Ni Carlos ni Perla me han llamado.*	*Neither Carlos nor Perla has called me.*

*Note: When the plural subject is placed before the verb, the verb is plural: **Ni él ni ella me llaman.** When the subject is placed after the verb, the verb is usually singular: **No me llama ni él ni ella.** The position of the subject does not alter the meaning of the sentence.

2. To express *not even,* use **ni (siquiera).**

Remember to use the double negative when **ni** follows the verb.

Ni (siquiera) mi novia me entiende.	*Not even my girlfriend understands me.*
No recibí **ni (siquiera)** un centavo por el trabajo.	*I didn't even receive a penny for the work.*

Actividad 18: Leer entre líneas En parejas, lean primero la siguiente conversación y después contesten las preguntas de la página 208 para reconstruir lo que creen que ocurrió. Hay muchas posibilidades; por eso, usen la imaginación al contestar, pero basen sus respuestas en la conversación. Intenten usar **ni . . . ni** y **o . . . o** al hablar.

Lola Por fin has llegado. ¿Sabes algo?
Verónica Nada. Y tú no te has movido, sigues al lado del teléfono.
Lola No sé qué hacer. Ni ha llamado ni ha dejado una nota . . . ¡Nada!
Verónica ¡Qué raro que no haya dado ninguna señal de vida!
Lola Han pasado tres días.
Verónica ¿Ha llamado a Víctor?
Lola Ni siquiera a él. No ha llamado ni a Víctor ni a nadie.
Verónica ¿Has llamado a la policía?
Lola No. Todavía no he hecho nada. O lloro pensando en alguna tragedia o me enfado pensando que está divirtiéndose por ahí y que no se ha preocupado ni por avisar.

Verónica ¿Qué vas a hacer cuando vuelva?
Lola O lo voy a abrazar . . . o lo voy a matar.

1. ¿Cuál de estas palabras describe mejor los sentimientos de Lola: desesperada, interesada o preocupada?
2. ¿De quién hablan las mujeres: un esposo, un amante, un hijo o un amigo? ¿Por qué creen eso?
3. ¿Qué creen que ha pasado recientemente en la vida de Verónica y Lola?
4. ¿Es Víctor una persona importante en la vida del hombre misterioso? ¿Cuál es la importancia de las palabras **ni siquiera** en la frase, **Ni siquiera a él.**? ¿Quién puede ser Víctor?
5. ¿Dónde está el hombre misterioso y qué está haciendo?
6. ¿Va a llamar el hombre? ¿Va a volver? Si vuelve, ¿qué va a pasar?

Actividad 19: Tu futuro En parejas, miren las siguientes listas y decidan qué lugares van a ser parte de su futuro y cuáles no. Sigan el modelo.

➤ Me gustaría vivir en o . . . o . . . , pero no quiero estar ni en el extranjero ni . . .

lugar para vivir

pueblo pequeño	campo	ciudad	afueras de una ciudad
sur	norte	medio oeste	noreste
Alaska	Hawai	Europa	Suramérica

lugar de trabajo

oficina	al aire libre	escuela	empresa pequeña
empresa grande	laboratorio	casa	negocio de mi familia

IV. Indicating Cause, Purpose, and Destination

Por and *para*

Remember to use prepositional pronouns after **por** and **para** when needed: **mí, ti, Ud., él/ella, nosotros/as, vosotros/as, Uds., ellos/as.**

1. To state the reason or motivation for an action, use **por**. In these cases **por** may be translated as *due to* or *because of*. Study the following examples:

La maestra va a darle un premio a Jacinto **por** participar tanto y estar tan bien preparado todos los días.	*The teacher is going to give Jacinto a prize for participating so much and being so well prepared every day. (The participation and preparation are the reasons he is receiving a prize.)*

Invité a Andrea a la fiesta **por** mi madre, pero a mí no me cae bien.	*I invited Andrea to the party for (because of) my mother, but I don't like her.*

2. Use **por** when expressing the following concepts: *on behalf of, instead of,* or *for the sake of.*

Acepto este premio **por** mi padre con mucha alegría. Es una pena que haya muerto antes de recibir este honor.	*I accept this award for (on behalf of) my father with great happiness. It is a shame that he died before receiving this honor.*
Tuve que trabajar **por** él.	*I had to work for (instead of) him.*
Debes hacerlo **por** tu propio bien.	*You should do it for your own sake.*

3. Use **por** to indicate movement *through* or *by* a place.

Caminó **por** el parque.	*She walked through the park.*
Pasé **por** tu casa.	*I went by your house.*

4. To indicate purpose, use **para.** This may sometimes be translated as *in order to.* When **para** is followed by an action, the verb needs to be in the infinitive form.

Jacinto estudia mucho **para participar** en clase.	*Jacinto studies a lot in order to participate in class.*
Mi abuelo estudió medicina sólo **para hacer** estudios científicos y no **para trabajar** en un hospital con pacientes.	*My grandfather studied medicine only (in order) to do scientific studies and not to work in a hospital with patients.*
Este programa de computación es **para hacer** gráficos tridimensionales.	*This computer program is for making tridimensional graphs.*
Estudia **para (ser)** ecologista.	*He's studying to be an ecologist.*

5. To denote physical or temporal destination, use **para**.

Compré esta chaqueta **para** mi madre.	*I bought this jacket for my mother. (physical destination)*
Salgo **para** Tegucigalpa el lunes.	*I'm leaving for Tegucigalpa on Monday. (physical destination)*
La redacción es **para** mañana, ¿no?	*The composition is for tomorrow, right? (temporal destination)*

After having studied these uses of **por** and **para,** compare the following sentences and analyze the reasons for using **por** or **para** in each case.

Salimos mañana **para** Venezuela. *We are leaving for Venezuela tomorrow.*	Pasamos tres semanas viajando **por** Venezuela. *We spent three weeks traveling through Venezuela.*
Lo asesinó **para** heredar su dinero. *He murdered him in order to inherit his money.*	Lo asesinó **por** dinero. *He murdered him for money.*
Lo hizo **para** conseguir su amor. *He did it in order to get her love.*	Lo hizo **por** amor. *He did it for love.*

Actividad 20: Intenciones Elige un itinerario de la primera columna y el lugar de paso lógico de la segunda para formar la ruta completa de cada viaje. Consulta un mapa si es necesario. Sigue el modelo.

➤ Washington → Miami Atlanta

Mañana salgo ***de*** *Washington* ***para*** *Miami y pienso pasar* ***por*** *Atlanta.*

inicio del viaje → destino final	**lugar de paso**
Lima → Machu Picchu	Taxco
Madrid → Barcelona	Córdoba
la ciudad de México → Acapulco	Zaragoza
La Paz → Sucre	Valparaíso
Buenos Aires → Salta	Antigua
Santiago → Viña del Mar	Cali
Medellín → Popayán	Cochabamba
Guatemala → Chichicastenango	Cuzco

Actividad 21: ¿Qué ocurre? Lee los siguientes pares de miniconversaciones e intenta explicar en qué se diferencia cada situación.

1. A. —¡Querido! ¡Tengo una sorpresa!
   —¡Un carro! ¿Lo trajiste para mí? Muchas gracias.
1. B. —¡Querido! ¡Tengo una sorpresa!
   —¡El carro! ¿Lo trajiste del taller por mí? Muchas gracias.

2. A. —¿Adónde vas con esos zapatos?
   —Los llevo para mi novio; tiene una fiesta y necesita estar elegante.
2. B. —¿Adónde vas con esos zapatos?
   —Los llevo por mi novio; él es muy alto y no quiero parecer tan baja.

Actividad 22: Motivos y propósitos Habla de los motivos y propósitos de cada una de las siguientes situaciones, formando oraciones con una frase de la primera columna y una de la segunda. Debes encontrar dos posibilidades para cada frase de la primera columna: una con **por** para indicar el motivo de la acción y otra con **para** para indicar el propósito.

personas y hechos

1. Romeo y Julieta se suicidaron
2. El presidente subió al poder
3. Ralph Nader empezó a investigar productos
4. Nike usa en sus anuncios muchos atletas
5. El gobierno norteamericano aprobó el Tratado de Libre Comercio *(NAFTA)*

motivos y propósitos

a. prometer cambios radicales
b. las oportunidades de trabajo que crea
c. vender sus productos
d. estar unidos en la muerte
e. el fraude en los anuncios
f. ser ellos ídolos de los jóvenes
g. cambiar la situación económica
h. proteger al consumidor
i. amor
j. aumentar las exportaciones a México y Canadá

Actividad 23: Los multiusos En parejas, miren las siguientes cosas y traten de dar por lo menos dos usos para cada una.

V. Describing Reciprocal Actions

Se/Nos/Os + Plural Verb Forms

1. One of the uses of reflexive pronouns is to describe actions that people do *to themselves.* Another use of the pronouns **se, nos,** and **os** is to describe actions people do *to each other* or *to one another.* These are called *reciprocal actions.* Compare the following sentences and drawings:

Se llaman por teléfono con frecuencia.	*They call each other frequently.*
Nos peleamos como perros y gatos.	*We fight like cats and dogs.*
Vosotros **os** lleváis muy bien.	*You get along very well.*

Él **se baña.**
He's bathing (himself).

Los trillizos de la familia Peñalver **se bañan.**
The Peñalver triplets are bathing one another.

Ambiguity also exists in English. In the sentence *They read the newspaper,* the word *read* could be a past or present tense form. Surrounding context or additional words usually clarifies meaning *They read the newspaper yesterday.*

2. Note the ambiguity in meaning of the following sentence.

Ellos **se miraron.** { *They looked at themselves.* / *They looked at each other.* }

The phrase **(el) uno a(l) otro** and its feminine and plural forms **(la) una a (la) otra/(los) unos a (los) otros/(las) unas a (las) otras,** are frequently used with reciprocal actions to avoid ambiguity or to add emphasis.

Los amantes **se miraron** tiernamente **(el) uno a(l) otro.**	*The lovers looked tenderly at each other.*
Las tres niñas se gritaron **(las) unas a (las) otras.**	*The three girls shouted at one another.*

3. Verbs that are often used with a specific preposition, use the same prepositions to clarify a reciprocal action.

Se despidieron (la) una **de** (la) otra.	*They said good-bye to each other.*
Se pelearon (el) uno **con** (el) otro.	*They fought with each other.*
Se rieron (los) unos **de** (los) otros.	*They laughed at one another.*

Actividad 24: La interacción En parejas, digan cómo se comportan Uds. con diferentes personas o cómo se comportan ciertas personas entre ellas. Formen oraciones usando una frase de la primera columna y una frase de la segunda.

mi padre/madre y yo	no dirigirse la palabra
mis padres	llevarse bien/mal (con)
mi hermano/a y yo	(no) entenderse
mis hermanos	amarse
mi perro/gato y yo	(no) pelearse (con)
mi abuelo/a y mi madre	besarse
mi compañero de cuarto y yo	escribirse

Actividad 25: El guión de la telenovela **Parte A:** Completa esta parte del guión de una telenovela, usando pronombres de complemento directo o indirecto y pronombres reflexivos.

Remember: Direct-object pronouns are **me, te, lo, la, nos, os, los, las** and indirect-object pronouns are **me, te, le, nos, os, les**.

Él ____ entrega una flor a ella y ella ____ huele *(smells)* profundamente y sonríe. Ella ____ toma la mano (a él). ____ miran uno a otro con mucha intensidad y (ellos) ____ besan. En ese momento entra otra mujer. Ella ____ mira (a ellos) con asombro, pero ellos no ____ ven hasta que ella ____ comienza a gritar a él. Él ____ pone una mano sobre la boca y ____ intenta calmar. (Ella) no ____ calla. Las dos mujeres no ____ dejan de mirar. La primera mujer ____ explica a la otra quién es. Todos ____ ríen aliviados. Al final, todos ellos ____ abrazan.

Parte B: Ahora en grupos de cuatro, representen el guión que acaban de completar. Uno de Uds. debe leerlo mientras los otros tres actúan.

Actividad 26: Una utopía **Parte A:** En grupos de cuatro, formen dos parejas (Pareja A y Pareja B). Todos Uds. trabajan para la empresa MicroTec. Lean solamente el papel para su pareja y prepárense para la discusión.

pareja A

Uds. son representantes del sindicato de MicroTec y deben crear una lista de beneficios laborales para los empleados. En los últimos años la empresa ha reducido los beneficios laborales y ahora Uds. los consideran miserables y un insulto a su trabajo.

pareja B

Uds. son representantes de la dirección de MicroTec y deben crear una lista de beneficios laborales para los empleados. Obviamente quieren empleados felices, pero también quieren ahorrarle dinero a su empresa. En los últimos años, Uds. han reducido los beneficios para no tener que despedir a ningún empleado.

Parte B: Ahora los representantes y la dirección deben discutir los beneficios laborales e intentar llegar a un acuerdo. Usen expresiones como: **Queremos . . . , Insistimos . . . , a menos que . . . , para (que) . . .**

Vocabulario activo

Conjunciones adverbiales

Ver página 194.

Palabras relacionadas con el trabajo

Ver página 203.

Expresiones útiles

darle igual (a alguien)	*to be all the same (to someone)*
un montón	*a lot*
ni (siquiera)	*not even*
(ni) . . . ni	*neither . . . nor*
No, en absoluto.	*No, not at all.*
(o) . . . o	*either . . . or*
(el) uno a(l) otro/ (la) una a (la) otra	*each other*
(los)/(las) unos/as a (los)/(las) otros/as	*one another (more than two)*

Vocabulario personal

CAPÍTULO 9

Es una obra de arte

▲ *Dos indígenas otavaleños hilan lana en Ecuador para sus famosos tejidos.*

COMMUNICATIVE GOALS

- expressing influence, emotions, and other feelings and reactions in the past
- reporting what someone said
- discussing art

ADDITIONAL GOALS

- shifting the focus in a sentence
- using transitional phrases

Entrevista a un experto en artesanías

lleva/n + *time period*	it takes + *time period*
¡Qué barbaridad!	Wow! (Literally, What a barbarity!)
se me/te/le/etc. fueron las ganas de + *infinitive*	I/you/he/she/etc. lost the urge + *infinitive*/ I didn't feel like + *verb* + *ing* anymore
un dineral	a great deal of money

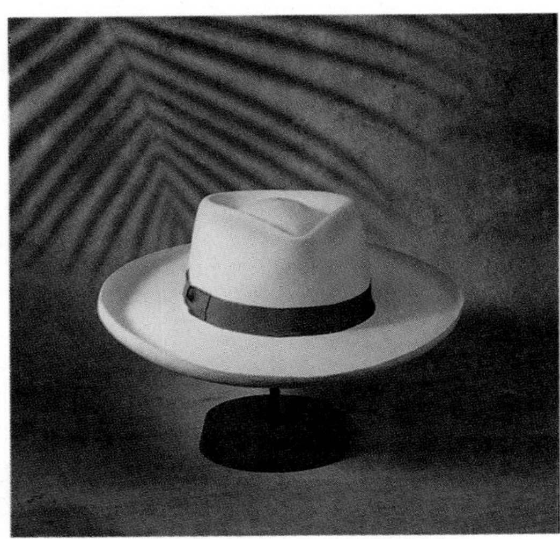

Actividad 1: El sombrero **Parte A:** La locutora de un programa de radio entrevista a un experto acerca de unos sombreros muy famosos. Antes de escuchar la entrevista, usa la imaginación y la lógica para intentar contestar las siguientes preguntas.

1. ¿Sabes de algún tipo de sombreros que sean famosos?
2. ¿Quiénes hacen estos sombreros?
3. ¿Dónde crees que los hacen?
4. ¿Cuánto tiempo lleva hacer un sombrero bueno? ¿Y uno muy bueno?
5. ¿Dónde se venden y cuánto cuestan?

Parte B: Ahora, para confirmar tus predicciones, escucha la entrevista. Busca también la respuesta a las siguientes preguntas.

1. ¿En qué momento del día se hacen estos sombreros y por qué?
2. ¿Quiénes reciben la mayor parte del dinero de la venta de los sombreros?

Actividad 2: La interpretación En la entrevista, el Sr. Gómez le comenta a la locutora del programa que el hijo y el nieto de un artesano no están interesados en continuar con esta tradición porque "Ud. ya sabe cómo son los jóvenes". ¿Qué quiere decir con esta frase?

¿LO SABÍAN?

Entre los artesanos de Hispanoamérica se destacan los otavaleños, un grupo indígena de Ecuador que produce mantas y telas. En 1966, los otavaleños abrieron su primera tienda propia y sólo doce años más tarde tenían setenta y cinco tiendas. Hoy en día, se dedican a la exportación de sus productos a Europa, Canadá y los Estados Unidos. Por ser tan industriosos y buenos comerciantes, se considera a los otavaleños como uno de los grupos indígenas más prósperos de Hispanoamérica.

I. Expressing Influence, Emotions, and Other Feelings and Reactions in the Past

The Imperfect Subjunctive

In previous chapters you learned many uses of the subjunctive: Influencing, suggesting, persuading, and advising: Chapter 5; Expressing feelings, emotions, and opinions: Chapter 6; Describing the unknown: Chapter 7; Expressing pending actions: Chapters 7 and 8.

In this chapter you will learn how to express all of the preceding uses, but in reference to the past. In the interview you heard, the Panama hat expert used the imperfect subjunctive when he discussed an artisan's past desire that his son and grandson should learn to make the hats: **"Había un artesano que quería que su hijo y su nieto aprendieran . . . "**

1. You can form the imperfect subjunctive by using the third person plural of the preterit, dropping the **-ron** ending, and adding the following subjunctive endings.

pagar→pagaron		poder→pudieron		pedir→pidieron	
paga**ra**	pagá**ramos**	pudie**ra**	pudié**ramos**	pidie**ra**	pidié**ramos**
paga**ras**	paga**rais**	pudie**ras**	pudie**rais**	pidie**ras**	pidie**rais**
paga**ra**	paga**ran**	pudie**ra**	pudie**ran**	pidie**ra**	pidie**ran**

Note: There is an optional form, frequently used in Spain and in some areas of Hispanic America, in which you may substitute -**se** for -**ra;** for example: **pagara = pagase; pidiéramos = pidiésemos.** To review formation of the preterit, see pages 312–314.

2. Once you have determined that a subjunctive form is needed, you must decide which tense to use:

present subjunctive	**compre, compres,** etc.
present perfect subjunctive	**haya comprado, hayas comprado,** etc.
imperfect subjunctive	**comprara, compraras,** etc.

Use the following guidelines to determine which subjunctive tense is needed:

a. As you studied in previous chapters, when the verb in the independent clause refers to the present or the future, use the present subjunctive in the dependent clause to refer to a future or present action or state.

Influencing: Chapter 5

La galería **va a querer** que yo **lleve** un cuadro nuevo cada mes. — *The gallery is going to want me to take a new painting each month.*

Indirect commands: Chapter 5

Dice que **traigas** tus obras. — *He's telling you to bring your work.*

Feelings: Chapter 6

Me alegro de que el Museo de Arte Contemporáneo **acepte** tus obras de arte. — *I'm glad that the Museum of Contemporary Art accepts your works of art.*

Something that doesn't exist: Chapter 7

No hay nadie que me **ayude** a hacer estos canastos. — *There is no one who will help me to make these baskets.*

Unknown: Chapter 7

Buscamos un diseño que **sea** moderno. — *We are looking for a design that is modern.*

Pending actions: Chapter 7

Cuando termine de pintar mi primer cuadro, quiero venderlo. — *When I finish painting my first painting, I want to sell it.*

Pending actions: Chapter 8

Antes de que vengan, voy a tener que reescribir el contrato. — *Before they come, I am going to have to rewrite the contract.*

b. As you studied in previous chapters, when the verb in the independent clause refers to the present and the dependent clause refers to a past action or state, use the present perfect subjunctive in the latter.

Doubt: Chapter 6

Es probable que el artesano **haya aprendido** su arte de sus antepasados. — *It's probable that the artisan has learned his art from his forefathers.*

Feelings: Chapter 6

No me sorprende que **hayan censurado** tu obra de arte. — *I'm not surprised that they have censored your work of art.*

c. When the verb in the independent clause is in a past tense, use the imperfect subjunctive in the dependent clause.

Influencing: Chapter 5

Ella me **aconsejó** que **comprara** el cuadro. — *She advised me to buy the painting.*

Doubt: Chapter 6

Nosotros **dudábamos** que el cuadro **fuera** auténtico. *We doubted that the painting was authentic.*

Unknown: Chapter 7

El comprador **quería** una obra que **combinara** con sus muebles. *The buyer wanted a work of art that would match his furniture.*

d. You can use the imperfect subjunctive in adverbial clauses when referring to a pending or not yet completed action in relation to a point of reference in the past.

Tuve que ponerle un precio **antes de que vieran** el cuadro. *I had to price it before they saw the painting. (When I priced it, their seeing the picture was still pending.)*

Estudió muchísimo **para que** la **admitieran** en esa escuela de Bellas Artes. *She studied a lot so that they would admit her to that Fine Arts school. (When she studied, her being accepted was still pending.)*

Actividad 3: El arte del pasado **Parte A:** Lee el párrafo en estas dos páginas sobre el arte en España y elige el verbo y la forma apropiados para completar cada espacio en blanco.

admirar
aprender
comenzar
hacer
pintar
parecer
representar
tener
utilizar

Antes de la primera guerra mundial (1914-1918), existía en España el llamado arte oficial. El rey contrataba pintores para su corte y les indicaba lo que quería que ellos ________________. En general, antes de que el artista ________________ su trabajo, se hacía un contrato en el cual se especificaba quiénes aparecerían en la pintura y qué estilo y materiales se esperaba que el pintor ________________. No había muchos pintores famosos que ________________ la oportunidad de expresar sus propias ideas, ya que el artista seguía el estilo de la corte. Dos excepciones fueron Diego Velázquez (1599-1660) y Francisco de Goya (1746-1828) que lograron expresarse y, a la vez, complacer a sus reyes al hacer lo que éstos querían que ellos ________________. Velázquez retrató no sólo a la familia real, sino también a los bufones *(buffoons)* de la corte. Goya se hizo famoso por el realismo de sus retratos de la familia real, en los cuales no hizo nada para que los miembros de la familia ________________ físicamente más atractivos de lo que en realidad eran.

Había también, por otro lado, un arte llamado religioso comisionado por la iglesia. Ésta contrataba a artistas para que ________________ escenas de la Biblia. Casi siempre estas escenas eran descriptivas y dramáticas y con ellas la iglesia buscaba que el pueblo ________________ el contenido de las Sagradas Escrituras.

Después de la segunda guerra mundial (1939–1945), el arte cambió; hubo una reacción contra lo oficialmente establecido y los artistas comenzaron a buscar que la gente ________________ su individualismo. Es así como aparecieron múltiples estilos de pintura que más tarde se trajeron al continente americano donde influyeron en los diversos estilos artísticos que luego se desarrollaron.

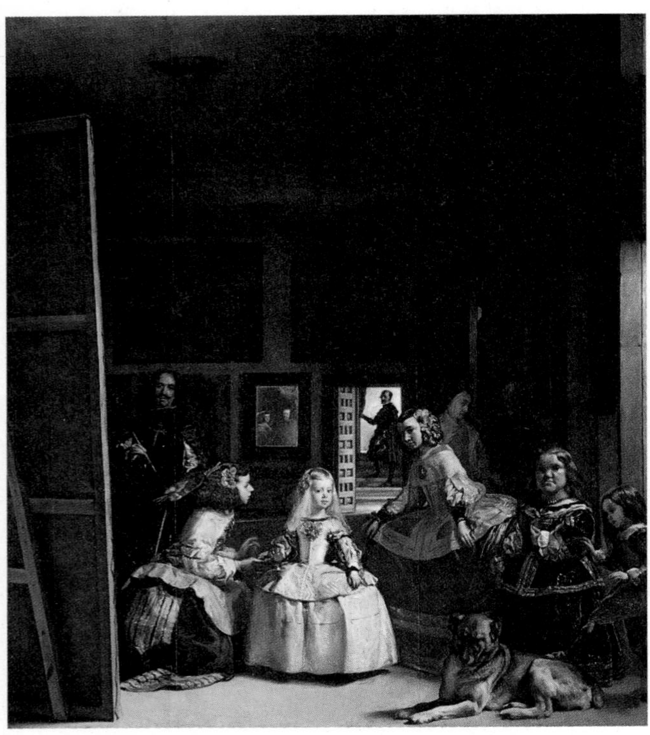

Parte B: En parejas, miren el cuadro de Velázquez llamado *Las meninas* y contesten estas preguntas.

1. ¿A cuántas personas pintó Velázquez en este cuadro?
2. ¿Pueden encontrar al artista en el cuadro? ¿Hacia dónde mira?
3. Sabiendo que Velázquez pintó a los reyes y a la familia real, ¿quién quería el pintor que fuera la persona principal del cuadro?
4. Hay dos personas en un espejo al fondo del cuadro. ¿Quiénes creen que sean?
5. ¿Pueden identificar a los bufones?
6. ¿Es una pintura estática o hay movimiento?
7. ¿Pueden deducir algo sobre la vida diaria del palacio real?

Actividad 4: Oído en un bar **Parte A:** Estás en un bar y escuchas las siguientes frases de gente que está a tu alrededor. Complétalas con la forma apropiada de los verbos correspondientes.

un bar = a bar (by American standards), a coffee shop that also sells alcohol

1. Me alegré de que IBM me ________________. (contratar)
2. Nos rogó que lo ________________ lo antes posible. (hacer)
3. Dudo que ella los ________________ ayer. (convencer)

4. Sentí mucho que tú no ____________ ir al picnic. (poder)
5. Les recomendé que ____________ a las doce. (venir)
6. Mañana, quiero que tú ____________ a los Ramírez a comer en el mejor restaurante. (invitar)

Parte B: Ahora, en parejas, usen la imaginación y creen un contexto para cada frase. El contexto debe contener la siguiente información:

- quién la dijo
- a quién se la dijo
- en referencia a . . .

Usen frases como: **Es posible/probable que la haya dicho . . . porque . . .**

Actividad 5: Me importaba mucho que . . . Di qué cosas de la lista que se presenta eran importantes para ti cuando tenías diez años. Usa expresiones como: **importarle, interesarle, querer, ser preciso, ser importante.**

Remember: if you have no change of subject, use the infinitive.

➤ tus amigos ser populares

Cuando tenía diez años, me interesaba que mis amigos fueran populares.

1. tener muchas cosas
2. tus amigos / respetarte
3. llevar ropa de moda
4. tus padres / estar / orgullosos de ti
5. cuidar el físico
6. fumar
7. tus maestros / no darte / mucha tarea
8. tener muchos amigos
9. ? ? ?

Actividad 6: Las exigencias de nuestros padres **Parte A:** Cuando Uds. estaban en la escuela secundaria, probablemente escuchaban muchas exigencias de sus padres. En parejas, túrnense para decir si éstas eran o no algunas de las exigencias de sus padres. Para formar oraciones, combinen una frase de la primera columna con una de la segunda. Sigan el modelo.

➤ —exigirte / volver a casa temprano

—¿Te exigían tus padres que volvieras a casa temprano?

—Sí, mis padres me exigían que volviera a casa temprano.

—No, mis padres no me exigían que volviera a casa temprano.

preferir	(no) poner la música a todo volumen
insistir en	sacar buenas notas en la escuela
esperar	(no) andar con malas compañías
exigirte	hacer la cama
recomendarte	(no) ver mucha televisión
pedirte	pelearte con tu hermana/o
(no) querer	(no) beber alcohol ni consumir drogas
	(no) hacerte tatuajes
	? ? ?

Parte B: En parejas, hablen de las exigencias que escuchan de sus padres ahora. ¿Son iguales o diferentes a las que escuchaban cuando estaban en la secundaria? Usen oraciones como: **Cuando era menor me exigían que . . . , pero ahora me exigen que . . .**

Actividad 7: ¿Hiciste algo? En grupos de tres, háganse preguntas usando la información que se presenta para averiguar si sus compañeros/as hicieron las siguientes cosas cuando eran adolescentes.

➤ hacer algo sin que / su mejor amigo / saberlo

—Cuando eras adolescente, ¿hiciste algo sin que tu mejor amigo lo supiera?

—Sí, una vez . . .

—No, nunca hice nada sin que mi mejor amigo lo supiera.

1. hacer algo para que / sus padres / prestarle / atención
2. hacer algo sin que / sus padres / saberlo
3. hacer algo para / ser / popular
4. hacer algo sin que / su profesor/a darse / cuenta

Actividad 8: Mejores condiciones El jefe de compras de una gran tienda de artesanías regionales dejó su puesto y por fortuna encontró otro mucho mejor donde tiene más responsabilidades y autoridad. Compara las exigencias de la supervisora anterior con las exigencias de su nuevo supervisor. Sigue el modelo.

➤ La supervisora le exigía que . . . , pero el nuevo supervisor le exige que . . .

supervisora anterior	**supervisor nuevo**
insistir en / informarle de cada compra	permitirle / hacer compras sin su autorización
no permitirle / resolver conflictos con otros empleados	dejarle / resolver conflictos con otros empleados
prohibirle / hacer llamadas personales	permitirle / hacer llamadas personales
no permitirle / asistir a convenciones	exigirle / asistir a dos convenciones al año
exigirle / obtener buenos descuentos	alegrarse de / obtener cualquier descuento

Actividad 9: Los mejores y los peores En parejas, terminen estas frases para hablar de los mejores y peores trabajos que han tenido y hacerle sugerencias a su compañero/a.

los trabajos terribles

El/La jefe/a siempre quería que nosotros . . .
Nos exigía que . . .
Me molestaba que mi jefe/a . . .
Siempre hacía/decía . . . para que . . .
Por eso te sugiero que . . .

los trabajos fantásticos

El/La jefe/a siempre quería que nosotros . . .
Nos exigía que . . .
Me encantaba que mi jefe/a . . .
Siempre hacía/decía . . . para que . . .
Por eso te sugiero que . . .

Actividad 10: Creencias del pasado Forma oraciones para expresar las creencias falsas que tenía la gente en el pasado y contrástalas con lo que se sabe ahora. Sigue el modelo.

➤ no creer / el insecticida DDT / causar / problemas para el ser humano

—En el pasado la gente (no) creía que el insecticida DDT causara problemas para el ser humano.

—Es verdad, pero ahora sabemos que . . .

1. no creer / el asbesto / ser / peligroso para el ser humano
2. estar segura / la tierra / ser / cuadrada
3. creer / el consumo de muchas proteínas / ser / bueno para la salud
4. no creer / la cocaína / ser / una droga
5. dudar / el hombre / poder / volar

Actividad 11: La hipótesis del cuadro **Parte A:** En grupos de tres, miren este cuadro y contesten las preguntas para formar una hipótesis sobre su contenido y su historia.

▼ Las alegrías *por Julio Romero de Torres.*

1. ¿Es una escena estática o hay movimiento? Den ejemplos para justificar su respuesta.
2. ¿En qué año más o menos creen Uds. que el artista haya pintado el cuadro?
3. ¿De qué país creen que haya sido la persona que pintó el cuadro?
4. ¿Creen que lo haya pintado un hombre o una mujer? ¿Por qué?
5. La persona que pintó el cuadro usaba modelos al pintar. Para encontrar sus modelos, ¿buscaba personas que fueran de la alta sociedad, de la clase media, de la clase baja o personas marginadas de la sociedad? Justifiquen su respuesta.
6. ¿Quién es la figura central del cuadro? ¿Cómo era? ¿Qué hacía en un día normal?
7. ¿Qué sentimientos quería el/la artista que viéramos en la cara de cada persona?
8. ¿Qué quería el/la artista que sintiéramos al ver esta escena: tristeza, orgullo, felicidad, melancolía? ¿Algo más? Justifiquen su repuesta.

Parte B: Ahora escuchen la información que les va a dar su profesor/a sobre el cuadro para ver qué adivinaron de la Parte A.

II. Reporting What Someone Said

A. Reported Speech

1. Telling or reporting in one's words what was said in a conversation is called reported speech. Look at the following exchange.

Mercedes Sosa is a famous Argentine singer of folk music.

Pedro **¿Vas a ir** al concierto de Mercedes Sosa?
Teresa Sí. **¿Y tú?**
Pedro **No, no voy a ir**. **Me invitaron** a una fiesta.

Now look at a report of what was said:

In reported speech, some common introductory phrases include: **dice que, explica que, dijo que, explicó que, añadió que, preguntó que, contestó que, respondió que.**

Pedro le preguntó a Teresa si **iba a ir** al concierto. Ella le respondió que sí y le preguntó a Pedro si él **iba a ir.** Pedro dijo que **no** porque lo **habían invitado** a una fiesta.

2. Study the tense combinations in the following examples showing how to report what was said.

Reporting Verb: Present → Verb remains the same

Asiste a clase todos los días. Dice que **asiste** a clase todos los días.
Va a ir a una academia. Explica que **va a ir** a una academia.
Ha pintado un cuadro. Dice que **ha pintado** un cuadro.
Dudo que ella **venga** a clase. Dice que **duda** que ella **venga** a clase.

Reporting verb: Preterit → Imperfect

—Bueno, ¿**van** ahora? Le preguntó si **iban** en ese instante.
—No, **vamos a ir** más tarde. Le contestó que **iban a ir** más tarde.
Ella **tomaba** clases de dibujo. Me dijo que ella **tomaba** clases de dibujo.

Reporting verb: Preterit → Past Perfect

—¿**Has hecho** la escultura?	Le preguntó si **había hecho** la escultura.
—Sí, la **terminé** anoche y me **salió** muy bien.	Le respondió que la **había terminado** anoche y añadió que le **había salido** muy bien.

Reporting verb: Preterit → Past Subjunctive

Sara quiere que él le **regale** una escultura.	Dijo que Sara quería que él le **regalara** una escultura.
Dudo que le **dé** una.	Explicó que dudaba que él le **diera** una.

Actividad 12: ¿Qué dijo? Transforma esta conversación de estilo directo al indirecto *(reported speech)* usando el pasado. Sigue el modelo.

➤ Mauricio le preguntó a Virginia qué iba a hacer el sábado.

Ella le contestó que . . .

Mauricio ¿Qué vas a hacer el sábado?
Virginia Tengo que ir a ver a una restauradora.
Mauricio ¿Qué pasó?
Virginia El cuadro de la sala se cayó y quiero que ella lo vea.
Mauricio ¿Le ha pasado algo?
Virginia Bueno, tiene un agujero *(hole)* pequeño y además está muy sucio. Voy a llevarlo el sábado por la mañana, pero después podemos hacer algo.

Actividad 13: El estudio de restauración Trabajas en un estudio de restauración y tu jefa, que está enferma, llamó por teléfono dando algunos mensajes para los empleados. Di qué dijo que hicieran estas personas.

➤ Javier / mandar / un fax a la galería de arte

La jefa dijo que Javier mandara un fax a la galería de arte.

1. Patricia / examinar / el cuadro de Virginia Ramírez
2. Paco / pasarle / un presupuesto *(estimate)* al Sr. Contreras
3. Santiago y Roberto / comprar / los materiales de trabajo necesarios
4. Maricarmen / restaurar / la estatua de la Sra. Gómez
5. Marcos / terminar / de arreglar el cuadro de Laura
6. todos / trabajar / mucho

Actividad 14: Las exigencias del ladrón En parejas, una persona es el señor Pérez, director de un museo, y la otra persona es un/a detective de la policía. Lean sólo el papel que les corresponde.

ladrón = thief

el Sr. Pérez

Alguien acaba de robar una escultura muy valiosa del museo donde trabajas y te llamó para explicarte qué exigía para devolverla. Ésta fue la conversación que tuviste con el ladrón.

Ladrón Pérez, si quiere ver la escultura intacta, debe poner dos millones de pesos en un maletín y llevarlo a la cabina telefónica que está en la esquina de Independencia y Libertad. Tiene que estar allí mañana a las trece horas.

Pérez Pero no voy a tener tiempo de juntar dos millones entre hoy y mañana.

Ladrón Tiene que hacer lo que le digo. Pídales a sus amigos, todos tienen mucho dinero.

Pérez ¿Está en buenas condiciones?

Ladrón Está bien. Todavía no la he roto. Es importante que la policía no lo acompañe. Debe ir solo. Nada de trampas o voy a destruir la escultura en mil pedazos.

Contesta las preguntas del detective e infórmale sobre las exigencias del ladrón. Usa el estilo indirecto.

➤ Me dijo que debía poner dos millones de pesos . . .

el/la detective

El director de un museo llama para informarte que alguien robó una escultura muy valiosa. Hazle preguntas.

1. recibir Ud. alguna comunicación del ladrón
2. cuándo / llamar
3. cuánto dinero / querer / Ud. / darle
4. dónde / querer / Ud. / dejarlo
5. cuándo / exigirle / Ud. / estar / allí
6. decirle / algo más

Tú empiezas diciendo: ¿Recibió Ud. alguna comunicación del ladrón? Quiero saber qué le dijo.

Actividad 15: ¿Alguna vez? En grupos de tres, háganse las siguientes preguntas para hablar de diferentes experiencias personales.

1. ¿Alguna vez te has vuelto a encontrar con un/a vecino/a de tu niñez? ¿Qué te preguntó? ¿Qué te contó de su vida?
2. Cuando eras niño/a, ¿tuviste alguna vez novio/a? ¿Qué le dijiste para comenzar el noviazgo?
3. ¿Alguna vez alguien te ha ofrecido en su casa una comida que te disgustaba mucho? ¿Qué le dijiste?
4. ¿Alguna vez has rechazado la invitación de alguien con una mentira? ¿Qué le dijiste?
5. ¿Alguna vez le has dicho a alguien una verdad muy difícil de aceptar? ¿Qué le dijiste?

B. *Pedir* and *preguntar*

When reporting what someone asked or requested, it is common to use the verbs **pedir** and **preguntar**. Read the following explanations to help you understand their use.

hacer preguntas = to ask questions

1. Use **preguntar** when reporting a question someone asked, asks, or will ask.

Él me **pregunta** si quiero ir a la exhibición. — *He's asking me if I want to go to the exhibition.*

Ella me **preguntó** cuánto costaba la entrada. — *She asked me how much the ticket cost.*

Voy a preguntarle si quiere venir conmigo. — *I'm going to ask her if she wants to come with me.*

preguntar → information
pedir → thing or action

2. Use **pedir** when either making or reporting a request someone made, makes or will make. In a request, you often ask someone else *for* something or *to do* something. In the latter case, **pedir** expresses influence and is followed by a dependent clause containing a verb in the subjunctive.

Le **pedí** a Marta su computadora. — *I asked Marta for her computer.*

Juan le **pidió** a Marta que le **prestara** su computadora. — *Juan asked Marta to lend him her computer.*

Te **pido** que no **hables** en voz alta. — *I'm asking you not to speak loudly.*

Voy a pedirle que me **traiga** el libro que le presté. — *I'm going to ask him to bring me the book that I lent him.*

Actividad 16: ¿Quién dijo qué? A continuación hay tres columnas: (1) nombres de personas famosas, (2) individuos a quienes las personas famosas les pidieron o preguntaron algo, (3) lo que pidieron o preguntaron. Utilizando **pedir** y **preguntar**, forma oraciones lógicas en estilo indirecto, usando una expresión de cada columna. Sigue el modelo.

➤ El Rey Felipe IV le pidió a Velázquez que le pintara un cuadro.

Felipe IV	Isabel la Católica	“Traígame un café colombiano, por favor”.
Hernán Cortés	Sancho Panza	“Recuéstese Ud. en mi sofá porque le voy a hacer algunas preguntas”.
Don Quijote	el mundo	“Tráeme mi lanza *(lance)*”.
Julieta	un mesero	“¿Tienen Uds. oro?”
La Madre Teresa	una huésped	“¿Me puede dar el dinero para el viaje?”
Cristóbal Colón	una empleada doméstica	“¿Dónde estás, mi amor?”
Rita Moreno	Romeo	“¿Quiere Ud. una habitación con o sin ducha?”
Juan Valdés	un paciente	“Vayan a ayudar a los pobres”.
Freud	Velázquez	“Quiero que me pinte un cuadro”.
Norman Bates	los aztecas	“Ponga mi Óscar al lado de mi Emmy que está delante de mi Tony que está a la derecha de mi Grammy”.

Actividad 17: La entrevista de español En parejas, Uds. tuvieron entrevistas con su profesor/a de español y están comparando qué les preguntó y qué les pidió que hicieran. Cada uno debe leer una de las listas de preguntas que se presentan a continuación y turnarse para decir qué ocurrió en su entrevista.

➤ ¿Te gusta la música? Cuéntame cómo fue el último concierto que viste.

—Primero me preguntó si me gustaba la música y después me pidió que le contara cómo había sido el último concierto que había visto.

Lista de preguntas A:

1. Mira esta foto. Cuenta una historia.
2. ¿Qué haces generalmente en tus vacaciones de verano? ¿Qué hiciste el verano pasado?
3. ¿Dónde vivías cuando eras niño/a? Descríbeme tu ciudad.
4. Dime cuál es tu pasatiempo favorito.

Lista de preguntas B:

1. Dime quién es tu pariente preferido. Cuéntame cómo es.
2. ¿Dónde y con quién viviste el año pasado?
3. ¿Quién era tu profesor favorito en la escuela secundaria? ¿Por qué te gustaba?
4. Mira este dibujo. Háblame de las personas. ¿Quiénes son? ¿Qué están haciendo?

III. Discussing Art

Apreciación del arte

el arte = art, but **las artes** = the arts

apreciar	to appreciate
la aspiración, aspirar a ser . . .	aspiration, to aspire to be
la burla, burlarse de . . .	mockery, to mock/joke (make fun of)
la censura, el censor, censurar	
la crítica, el/la crítico/a , criticar	critique, critic, to criticize
dedicarse a . . .	to devote oneself to
expresar	
la fuente de inspiración	source of inspiration
glorificar	to glorify
la habilidad innata	innate ability
la imagen	image
la interpretación, interpretar	
el mensaje	message
la obra maestra	masterpiece
el pasatiempo	hobby
patrocinar	to sponsor
representar	
la sátira	satire
el símbolo, simbolizar	
(no) tener sentido	(not) to make sense

Actividad 18: Categorías Asocia cada persona o institución que se presenta a continuación con un mínimo de tres palabras de la lista de vocabulario y explica por qué elegiste esas palabras.

1. un crítico
2. una artista
3. el gobierno
4. una actriz
5. un comediante
6. una universidad

Actividad 19: Los símbolos Las obras de arte están llenas de símbolos y mensajes. Lee los símbolos que se presentan a continuación y seleccionando un concepto de la columna de la derecha, di para qué se usan en el arte.

➤ El color blanco representa/simboliza . . .

símbolos	**conceptos**
el color blanco	la muerte
el color rojo	la esperanza
una calavera con huesos	la religión
una cruz	la paz
una paloma *(dove)*	la pureza
el color verde	la violencia, pasión

calavera con huesos

Actividad 20: ¿Dónde están? En grupos de tres, digan dónde están las siguientes obras maestras. Sigan el modelo.

➤ Estoy seguro/a de que . . . , la obra maestra de (nombre del artista) está en . . . / Sé que no . . . / (No) es posible que . . . / (No) creo que . . .

obra maestra	lugar
El David / Miguel Ángel	la Secretaría de Educación en la ciudad de México
La piedad / Miguel Ángel	la Galería de la Academia en Florencia
La vista de Toledo / El Greco	el Centro Reina Sofía en Madrid
La maja vestida / Goya	el Louvre en París
El Guernica / Picasso	el Museo Metropolitano de Nueva York
La Mona Lisa / da Vinci	el Vaticano
Cantando el corrido / Rivera	el Museo del Prado en Madrid

¿LO SABÍAN?

En 1923, un grupo de artistas mexicanos que había vivido bajo la dictadura de Porfirio Díaz y había pasado por un período de revolución cuando eran estudiantes de arte, formaron un sindicato de pintores y escultores. Entre ellos estaban los famosos muralistas David Alfaro Siqueiros, José Clemente Orozco y Diego Rivera. Debido a que este sindicato apoyaba el papel revolucionario del nuevo gobierno, éste les ofreció a los pintores diferentes paredes de la ciudad y de edificios públicos para que hicieran pinturas sobre ellas. Así comenzó el movimiento llamado muralismo, el primero de la historia que desarrolló temas sociopolíticos en la pintura.

▶ Cantando el corrido *por Diego Rivera.*

Actividad 21: El arte en California Mucha gente cree, erróneamente, que el arte de los artistas méxicoamericanos en este país ha recibido influencia del arte hispanoamericano en general. La mayor influencia que se encuentra en el arte méxicoamericano es la de los muralistas mexicanos. En parejas, comparen el siguiente mural de una artista chicana con el que se acaba de presentar en *¿Lo sabían?* Usen palabras de la lista de vocabulario para decir en qué se parecen y en qué se diferencian.

Parte del mural La ofrenda *por Yreina Cervantez.*

Actividad 22: ¿Qué opinas? **Parte A:** Lee las siguientes oraciones y marca tus impresiones.

	estoy de acuerdo	**no estoy de acuerdo**	**no sé**
1. Para apreciar el arte hay que tomar clases y estudiarlo.	_____	_____	_____
2. Todo artista tiene habilidad innata.	_____	_____	_____
3. El arte abstracto no tiene sentido y no es arte.	_____	_____	_____
4. Muchos de los mejores artistas han sufrido traumas que les sirvieron de inspiración.	_____	_____	_____
5. El estado debe patrocinar el arte.	_____	_____	_____

Parte B: En parejas, comparen sus respuestas y expliquen sus reacciones.

Actividad 23: ¿Qué es realmente arte? En parejas, comenten estas preguntas sobre el arte.

1. ¿Cuál es la diferencia entre arte y artesanía?
2. Cuando un niño hace un dibujo, ¿se considera arte?
3. ¿Cuál es la diferencia entre un grafiti y un mural? ¿Conoces a alguien que haya pintado grafiti? ¿Cómo era y dónde lo pintó?
4. Muchos artistas de tiras cómicas *(comic strips)* usan sátira o se burlan de algo, pero existen periódicos que censuran estas tiras cómicas y no las publican. ¿Cuándo y por qué crees que los periódicos hacen esto? ¿Quién es tu dibujante de tiras cómicas favorito y por qué?
5. Otro tipo de arte es el diseño gráfico. Las empresas gastan un dineral en crear sus logotipos *(logos)*. ¿Qué logotipos te gustan? ¿Simbolizan algo en especial?

Actividad 24: El arte en la ropa Camiseta, un par de jeans y unos zapatos de tenis es la vestimenta más común que llevan los jóvenes de hoy en día. En parejas, averigüen qué tipo de mensajes tienen las camisetas que Uds. generalmente llevan. Sigan el modelo.

➤ —¿Tienes una camiseta que tenga una imagen simbólica?

—Sí, tengo una con la paloma de la paz de Picasso.

—No, no tengo ninguna que tenga una imagen simbólica.

1. tener una imagen simbólica
2. tener un mensaje político o ecológico
3. glorificar la universidad, un equipo, etc.
4. criticar algo directamente
5. hacer sátira de algo
6. tener una obra de arte

Actividad 25: La comunicación El artista suele querer transmitir algo a los que ven su obra y, de hecho *(in fact)*, durante muchos siglos, se usaba el arte para educar al público. En parejas, miren el siguiente cuadro y digan qué historia quiere contar.

▲ Auto de fe *por Pedro Berruguete (España).*

Actividad 26: Críticos de arte Mira el siguiente cuadro y después, en grupos de tres, discutan las ideas que se presentan a continuación.

1. su reacción al mirar el cuadro
2. por qué tienen esa reacción
3. describan todos los detalles que hay en el cuadro: la luz, las sombras, las figuras, las líneas diagonales y las curvas, los colores escogidos
4. cuál creen que haya sido la fuente de inspiración de la artista
5. cuál es el mensaje de este cuadro

◄ Sueño y premonición *por María Izquierdo (México).*

¿LO SABÍAN?

Durante muchos siglos las artes estuvieron dominadas por los hombres. En general, ellos eran quienes las patrocinaban y quienes tenían fama mundial. Actualmente se reconocen las contribuciones de las artistas también. Entre las más conocidas se encuentran las mexicanas Frida Kahlo (1907–1954) y María Izquierdo (1902–1955), que lograron reconocimiento gracias a su conexión con Diego Rivera. Otras artistas conocidas en la actualidad son Lidy Prati (1921–) y Liliana Porter (1941–), ambas argentinas, la venezolana Marisol Escobar (1930–), la colombiana Ana Mercedes Hoyos (1942–) y la cubana Ana Mendieta (1948–). Intenta nombrar alguna artista norteamericana famosa del pasado o del presente. ¿Qué sabes sobre ella?

IV. Shifting the Focus in a Sentence

The Passive Voice

Most sentences you have dealt with up to this point have been in the active voice. That is to say that the subject (agent or doer of the action) does something to someone or something (the object of the action).

Botero esculpió *Mujer fumando un cigarrillo.*

Botero sculpted Woman smoking a cigarette.

Examine the following active sentences containing subject + verb + object.

Active Voice		
Subject (Agent)	**Action**	**Object**
Siqueiros *Siqueiros*	pintó *painted*	muchos murales. *many murals.*
La prensa *The press*	publicó *published*	los resultados de las elecciones. *the results of the elections.*
La ciudad *The city*	va a construir *is going to build*	una casa para ancianos. *a nursing home.*

1. The passive voice, which in Spanish is mainly found in writing, is used to place emphasis on the action instead of the doer of the action: *The movie was panned by the critics.* In Spanish, as in English, the passive construction is formed by reversing the word order and changing the forms of the verbs according to the following formula.

Passive Voice			
Object	**ser** + *past participle*	**por**	Agent
Muchos murales	**fueron** pintad**os**	por	Siqueiros.
Many murals	*were painted*	*by*	*Siqueiros.*
Los resultados	**han sido** publicad**os**	por	la prensa.
The results	*have been published*	*by*	*the press.*
Una casa de ancianos	**va a ser** construid**a**	por	la ciudad.
A nursing home	*is going to be built*	*by*	*the city.*

Note: The past participle agrees in gender and in number with the object of the action and the verb **ser** is most often used in the preterit or the future.

2. Compare the following active and passive sentences.

Active	Passive
El presidente proclamó la paz.	La paz **fue proclamada** (por el presidente).
Las compañías petroleras van a explotar la selva.	La selva **va a ser explotada** (por las compañías petroleras).
La galería vendió el cuadro en un millón de pesos.	El cuadro **fue vendido** en un millón de pesos (por la galería).

Note: It is possible to omit the agent (the phrase with **por**) in many passive sentences when it is obvious.

3. When there is no clear agent, the **se** + singular/plural verb construction is preferred. For more information, see Chapter 5, page 134.

Se toma mate en Bolivia. — *Mate is drunk in Bolivia.*

Se ven muchos **anuncios** de mate en la televisión. — *Many ads for mate are seen on television.*

Actividad 27: Ciertas o falsas Pon estas oraciones sobre el arte y la arqueología en la voz pasiva y después decide si son ciertas o falsas. Corrige las falsas.

1. Los romanos construyeron La Alhambra en Granada.
2. Velázquez pintó el cuadro *Las meninas*.
3. Los aztecas construyeron Machu Picchu.
4. Julio Iglesias cantó "Crazy".
5. Salvador Dalí pintó muchos murales en México.
6. María Izquierdo pintó *Sueño y premonición*.

Actividad 28: Acontecimientos importantes Forma oraciones con la voz pasiva usando palabras de las tres columnas. Si no estás seguro/a, adivina.

➤ El primer transplante de corazón fue realizado *(carried out)* por Christiaan Barnard.

El disco *Mi tierra*	componer	Pierre y Marie Curie
La vacuna contra la polio	crear	Pablo Picasso
Mujeres al borde de un ataque de nervios	desarrollar	Gloria Estefan
La quinta sinfonía	grabar	Pedro Almodóvar
El cuadro *Guernica*	dirigir	Alberto Einstein
La teoría de la relatividad	descubrir	Isabel Allende
La novela *Eva Luna*	pintar	Tomás Salk
El metal radio	escribir	Beethoven

V. Using Transitional Phrases

Expressions with *por*

Por is frequently used in transitional phrases that help to move a conversation or a narrative along. The following list contains common expressions with **por:**

por casualidad	by chance
por cierto	by the way
por ejemplo	for example
por eso/por esa razón	that's why, for that reason
por lo general	in general
por lo menos	at least
por un lado/por el otro **por una parte/por la otra**	on one hand/on the other
por otro lado/por otra parte	on the other hand
por (si) las dudas/por si acaso/ por si las moscas	just in case
por lo tanto/por consiguiente	therefore

Actividad 29: Los comentarios En parejas, digan qué piensan sobre cada una de las siguientes ideas usando por lo menos tres expresiones con **por** para cada situación.

➤ las artesanías no son arte

Por lo general eso es lo que piensa mucha gente y por eso no aprecia el trabajo de los artesanos. Pero por otro lado, . . .

1. el grafiti es arte
2. hay censura artística en este país
3. algún día van a desaparecer los libros

Actividad 30: La conversación sin fin En parejas, hablen de lo que hicieron el fin de semana pasado. Cada vez que hablen, deben emplear una expresión con **por.**

➤ —El fin de semana pasado fui a un concierto. **Por cierto,** me gustó mucho.

—Yo **por lo general** no voy a conciertos.

Actividad 31: ¿Censura o no? Muchos gobiernos patrocinan las artes, pero últimamente ha surgido un nuevo obstáculo para los artistas: la posibilidad de la censura. Por ejemplo, en los Estados Unidos, están los casos del fotógrafo Mapplethorpe, con sus fotos eróticas, y del artista Serrano, cuyas imágenes causaron repugnancia y ofendieron a mucha gente. Cuando en Madrid se exhibieron, en un bulevar, esculturas de mujeres gordas desnudas del colombiano Fernando Botero, la gente se ofendió. Las encontraban desproporcionadas *(out of proportion)* y, por lo tanto, sin valor artístico y opinaban que el estado no debería comprarlas. Como consecuencia, en un sector del público se ha despertado un interés por controlar el dinero que gasta el gobierno. Así como el arte provoca reacciones, también provoca controversia.

Divídanse en dos grupos para debatir la siguiente idea:

➤ Los gobiernos no deben patrocinar arte que la mayor parte de la población no acepta.

Cada grupo tiene cinco minutos para preparar su argumento a favor o en contra. Su profesor/a va a moderar el debate.

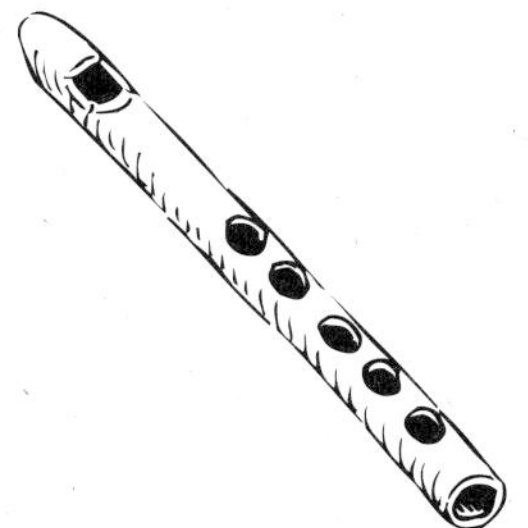

Quena: instrumento prohibido en Chile durante la dictadura de Pinochet.

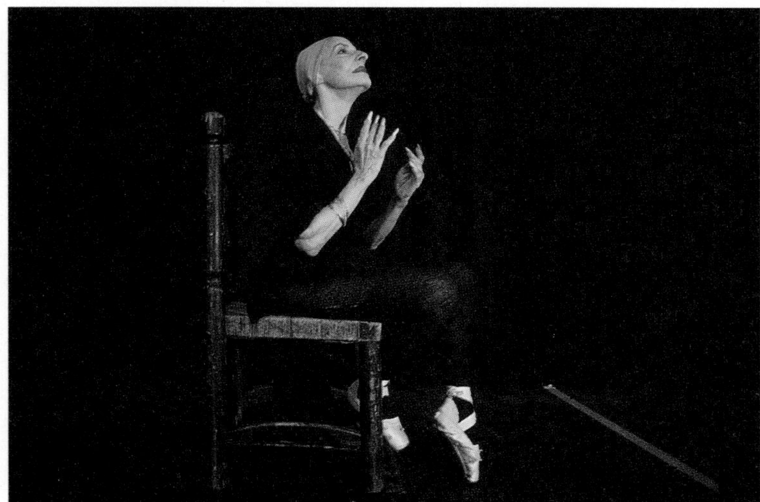

▲ *Alicia Alonso, bailarina y coreógrafa cubana. Se prohibió su entrada en los Estados Unidos durante casi todo el régimen de Castro.*

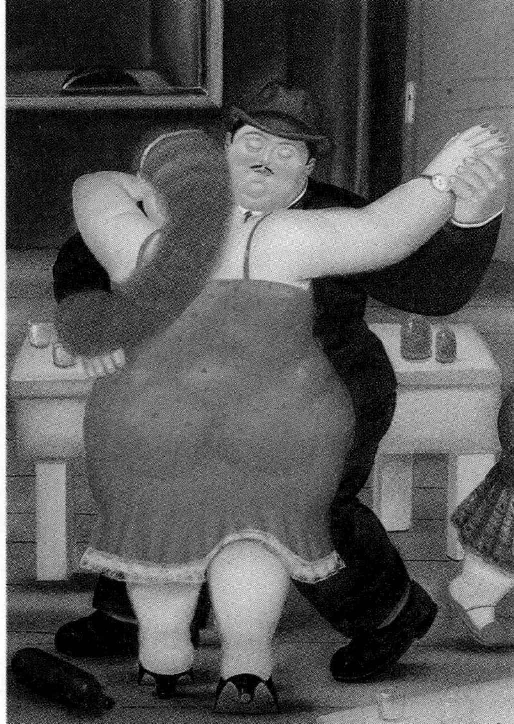

▶ Pareja bailando *por Fernando Botero (Colombia).* © Fernando Botero/ Licensed by VAGA, New York, NY. Courtesy The Marlborough Gallery, New York. Photo courtesy of Mary-Anne Martin/Fine Art, New York.

Vocabulario activo

Apreciación del arte

Ver página 229.

Expresiones con por

Ver página 236.

Expresiones útiles

un dineral	*a great deal of money*
lleva/n + *time period*	*it takes* + time period
¡Qué barbaridad!	*Wow! (Literally, What a barbarity!)*
se me/te/le/etc. fueron las ganas de + *infinitive*	*I/you/he/she/etc. lost the urge* + infinitive / *I didn't feel like* + verb + ing *anymore*

Vocabulario personal

CAPÍTULO 10

Todo queda en familia

▲ *Grupo de estudiantes sonríe para la cámara en Caracas, Venezuela.*

COMMUNICATIVE GOALS

- stating future actions
- expressing conditions, advice, and requests
- expressing supposition
- discussing societal issues
- reporting what someone said (Part Two)
- hypothesizing about the future and the present

La parentela cubana

sacar a alguien de un aprieto	to get someone out of a jam
un/a íntimo/a amigo/a	a very close friend
dar en el clavo	to hit the nail on the head

▶ *Familia cubana sale de paseo un domingo en La Habana, Cuba.*

Actividad 1: Una familia típica **Parte A:** En grupos de tres, intenten contestar estas preguntas sobre la cultura norteamericana.

1. Cuando en documentos oficiales Uds. tienen que nombrar a quién notificar en casos de emergencia, ¿a quién suelen nombrar?
2. Cuando Uds. hablan de su familia, ¿quiénes forman este grupo familiar?
3. A veces se oye hablar de la "familia nuclear" y de la "familia extendida". ¿Qué significan estas frases para Uds.?

Parte B: Antes de escuchar un monólogo divertido sobre una familia cubana, discutan en su grupo lo que saben sobre la familia hispana y comparen estas impresiones con las respuestas que Uds. dieron en la Parte A.

Parte C: Ahora escuchen el monólogo para averiguar qué es la familia y cuál es su papel en la sociedad según Esteban Fernández, un cubano que vive en Los Ángeles. Traten de entender únicamente las ideas más importantes.

peletería = shoe store (Cuba)

güinero = adjective to describe Cubans from the town of Güines

Actividad 2: Expansión Primero, lee las siguientes oraciones y después, mientras escuchas el monólogo otra vez, toma apuntes de cómo explica Esteban Fernández estos temas:

- Dos líneas no son suficientes para nombrar a los parientes inmediatos.
- La familia cubana no solamente es sagrada sino que es enorme.
- La enorme familia nos sacaba de aprietos y nos abría puertas.
- La parentela era tan grande que a veces no teníamos ni personalidad propia.
- Los cubanos no estamos solos.

¿LO SABÍAN?

Muchos de los exiliados cubanos que viven en los Estados Unidos se encuentran en Miami y, a pesar de haber estado en este país por muchos años, mantienen todavía vivas sus tradiciones y costumbres. Generalmente logran esto a través del contacto con gente que vivía en la misma ciudad o pueblo en Cuba. En Miami hay muchos grupos como los santiagueños, los habaneros, etc., que tienen sus clubes y organizan fiestas y reuniones constantemente y se comunican también a través de boletines *(newsletters)*. Di qué tradiciones o costumbres heredó tu familia de tus antepasados.

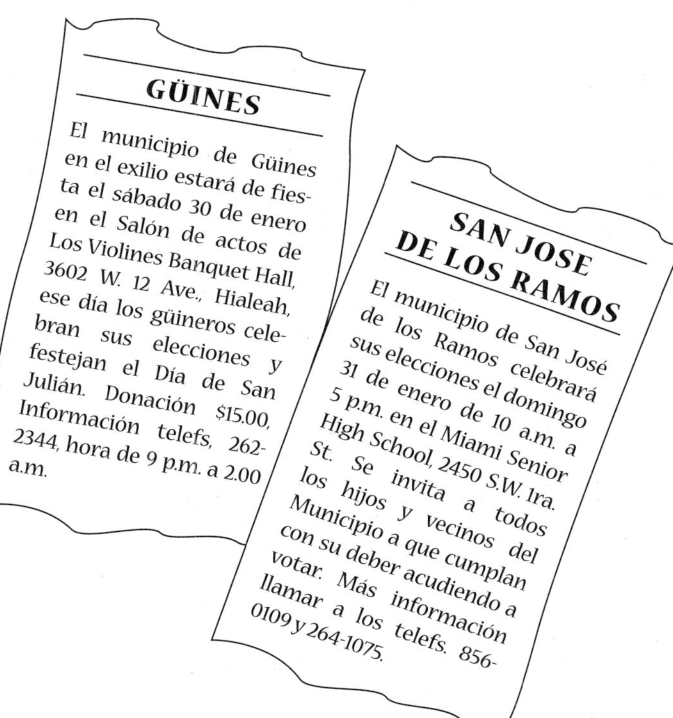

GÜINES

El municipio de Güines en el exilio estará de fiesta el sábado 30 de enero en el Salón de actos de Los Violines Banquet Hall, 3602 W. 12 Ave., Hialeah, ese día los güineros celebran sus elecciones y festejan el Día de San Julián. Donación $15.00, Información telefs, 262-2344, hora de 9 p.m. a 2.00 a.m.

SAN JOSE DE LOS RAMOS

El municipio de San José de los Ramos celebrará sus elecciones el domingo 31 de enero de 10 a.m. a 5 p.m. en el Miami Senior High School, 2450 S.W. 1ra. St. Se invita a todos los hijos y vecinos del Municipio a que cumplan con su deber acudiendo a votar. Más información llamar a los telefs. 856-0109 y 264-1075.

Actividad 3: Las conexiones Piensa en lo que hacen los cubanos de Miami para mantener viva su cultura y contesta estas preguntas sobre tu vida.

1. ¿Conoces inmigrantes que mantengan el contacto con gente de su país a través de clubes o boletines?
2. ¿Te mantienes en contacto con compañeros de la secundaria a través de un boletín? ¿Piensas volver para la reunión de ex alumnos de cinco, diez o veinte años?
3. ¿Qué valor tienen estas actividades? ¿Por qué (no) son importantes para ti?

I. Stating Future Actions

The Future Tense

In the taped monologue you heard Esteban Fernández say, **"Este verano viajaré a Miami . . . ",** in reference to an action that will take place in the future. To do this, he used the future tense. You are already familiar with the two most common ways to refer to future actions: the **ir a** + infinitive construction and the present tense.

1. The present tense is frequently used to refer to the near future, and a sense of certainty about the future action is implied. The **ir a** + infinitive construction can be used to talk about both the near and distant future.

Esta noche **comemos** en casa de Wilson y Marta. Vas, ¿no?	*Tonight we are eating at Wilson and Marta's. You're coming, right? (sense of certainty)*
Ellos **van a hacer** una fiesta el sábado.	*They are going to have a party on Saturday. (near future)*
El año que viene **voy a estudiar** en el extranjero.	*I'm going to study abroad next year. (distant future)*

2. Another way to refer to actions both in the near and distant future is by using the future tense. In everyday speech, this tense is not as common as the present or the **ir a** + infinitive construction in Spanish. The future tense is formed as follows:

Note that the endings are added to the infinitive form of the verb.

usar		vender		vivir	
usar**é**	usar**emos**	vender**é**	vender**emos**	vivir**é**	vivir**emos**
usar**ás**	usar**éis**	vender**ás**	vender**éis**	vivir**ás**	vivir**éis**
usar**á**	usar**án**	vender**á**	vender**án**	vivir**á**	vivir**án**

For additional information on formation of the future tense, see page 314.

Mi tío se murió el mes pasado, pero siempre lo **recordaré** con mucho cariño.	*My uncle died last month, but I will always remember him fondly.*
Con todo lo que está pasando hoy en día, no sé como **será** el mundo para mis nietos.	*With everything that is happening today, I don't know what the world will be like for my grandchildren.*
Él **querrá** que tú vengas.*	*He will want you to come.*

*Note: In sentences requiring the subjunctive, if the independent clause contains the future, use the present subjunctive in the dependent clause.

3. You can use the future tense to make promises.

—Quiero verte pronto en casa.	*I want to see you at home soon.*
—**Estaré** ahí a las ocho.	*I'll be there at eight.*

Actividad 4: Los planes En parejas, usen el futuro para mencionar cinco o seis planes que tienen para después de terminar sus estudios universitarios. A continuación hay algunas posibilidades.

irte de esta ciudad
casarte
viajar al extranjero
estudiar medicina
divertirte por un año
conseguir un trabajo serio
seguir estudios de posgrado
trabajar como voluntario/a
investigar enfermedades tropicales
vivir con tus padres para ahorrar dinero

Actividad 5: ¿Lo harán? En parejas, túrnense para preguntarse cuáles de estas actividades no harán nunca y cuáles harán si pueden. Expliquen sus respuestas.

➤ —¿Tendrás gatos?

—Sí, tendré gatos porque me encantan los animales.

—No, jamás tendré gatos porque les tengo alergia.

1. ganar un dineral
2. hacer un viaje al Oriente
3. vivir en la misma ciudad que sus padres
4. dedicarse a ayudar a los necesitados
5. adoptar un niño
6. hacer un doctorado
7. aspirar a ser famoso/a
8. presentarse como candidato/a para un puesto gubernamental
9. matricularse en otro curso de español
10. aprender a hacer alas delta

Actividad 6: El pasado y el futuro **Parte A:** Lee cómo era la vida en el año 1900 y luego di cómo será el mundo en el año 2075.

1. En el año 1900 las personas no viajaban mucho porque usaban caballos, barcos o trenes y cada viaje llevaba muchos días. En el año 2075 . . .
2. En el año 1900 se pagaba en las tiendas con monedas de oro, plata o dinero de papel. En el año 2075 . . .
3. En el año 1900 la gente cerraba las puertas con llave y para entrar tenía que tener la llave. En el año 2075 . . .
4. En el año 1900 las mujeres de muchos países no podían votar. En el año 2075 . . .
5. En el año 1900 existían tiendas donde se compraba comida, ropa, etc. En el año 2075 . . .

Parte B: Ahora usa la imaginación e imitando el estilo de la Parte A, describe los siguientes problemas o condiciones del año 1900 y después di qué pasará en el futuro.

1. la pobreza y el hambre
2. hacer las labores domésticas
3. el cáncer
4. trabajar 40 horas o más por semana
5. las guerras
6. las escuelas públicas

Actividad 7: La estructura familiar En grupos de tres, lean las siguientes descripciones sobre la estructura familiar actual en los Estados Unidos y digan cómo creen que será esta estructura dentro de veinte años.

1. la mujer trabaja en la casa más que el hombre
2. hay desigualdad entre el sueldo que ganan un hombre y una mujer
3. las parejas se casan más o menos a los 25 años
4. las familias tienen generalmente 2 hijos
5. hay bastante gente soltera con hijos
6. muchos jóvenes no pueden seguir sus estudios por falta de dinero
7. los adolescentes salen por la noche con permiso de los padres
8. el porcentaje de divorcios es alto
9. existen familias no tradicionales, pero son una minoría

Actividad 8: ¿Cómo serán? En parejas, describan cómo creen que será físicamente la otra persona cuando tenga setenta y cinco años. A continuación hay algunas ideas que pueden ayudarlos. Justifiquen su descripción.

tener pelo blanco, canoso o teñido
ser calvo/a
llevar peluca *(wig, toupee)*
ser activo/a o sedentario/a
tener buena o mala salud
ser gordo/a o delgado/a
llevar anteojos bifocales o trifocales
tener arrugas *(wrinkles)*
ser fuerte o débil
ser musculoso/a o fofo/a
estar senil

Actividad 9: Promesas Te vas a casar y quieres preparar una lista de cinco promesas para leerle a tu novio/a el día de la boda. Puedes usar las siguientes ideas:

serle fiel
decirle la verdad siempre
ayudarlo/la en todo
quererlo/la para toda la vida
apoyarlo/la
hacerlo/la feliz
respetarlo/la
escucharlo/la siempre
no gritarle
tener presente sus deseos
estar con él/ella en las buenas y en las malas

II. Expressing Conditions, Advice, and Requests

The Conditional Tense

1. To express what someone *would* do, not what he/she has done, in a given situation, use the conditional tense.

Sería interesante hacer un estudio sobre los hombres que ganan menos dinero que su esposa. ¿Cómo **describirían** ellos su papel en la familia? ¿Quién **tomaría** las decisiones sobre los gastos familiares?

It would be interesting to do a study about men who earn less money than their wives. How would they describe their role in the family? Who would make the decisions about how to spend the family money?

2. The conditional is formed as follows:

Note that the endings are added to the infinitive form of the verb.

usar		vender		vivir	
usaría	usaríamos	vendería	venderíamos	viviría	viviríamos
usarías	usaríais	venderías	venderíais	vivirías	viviríais
usaría	usarían	vendería	venderían	viviría	vivirían

For additional information about the formation of the conditional, see page 315.

3. The conditional is frequently used to give advice when prefaced by the phrases **yo que tú/él/ella/ellos . . .** and **(yo) en tu/su lugar**.

Yo que tú me casaría con ella. — *If I were you, I would marry her.*

(Yo) en tu lugar les **diría** la verdad. — *If I were in your place, I would tell them the truth.*

4. You can also use the conditional to make very polite requests. The following requests are listed from the most direct (commands), to the most polite (conditional).

Dime dónde está el correo.
¿Me dices dónde está el correo?
¿Puedes decirme dónde está el correo?
¿**Podrías** decirme dónde está el correo?

Haz esto.
Quiero que hagas esto.
¿Quieres hacer esto?
Me gustaría que hicieras esto.*
Querría que hicieras esto.*

*Note: In sentences requiring the subjunctive, if the independent clause contains the conditional, use the imperfect subjunctive in the dependent clause.

Actividad 10: Situaciones de la vida diaria **Parte A:** Lee las siguientes situaciones de la vida diaria y marca qué harías en cada una.

1. Estás en el banco y la mujer que está delante de ti sólo habla español y tiene problemas porque el cajero sólo habla inglés. ¿Qué harías?
   a. ayudarla y traducir para ella   b. no hacer nada
   c. preguntar si alguien habla español
2. Llegas a tu casa solo/a de noche y encuentras la puerta abierta. ¿Qué harías?
   a. entrar para investigar   b. buscar a un vecino
   c. llamar a la policía
3. Un vendedor te devuelve diez dólares de más en una tienda. ¿Qué harías?
   a. devolverle el dinero   b. darle las gracias e irte
   c. comprar algo más en esa tienda
4. Tu hermano te pide que mientas por él y que digas que estuvo en un partido de fútbol ayer por la noche. Tus padres te preguntan si sabes dónde estuvo tu hermano. ¿Qué harías?
   a. decirles la verdad   b. decirles que no sabes
   c. mentir y decir que estuvo en el partido
5. Viste a una señora poner un disco compacto en su bolso, pero no la vio nadie de la tienda. ¿Qué harías?
   a. avisarle a un/a vendedor/a   b. decirle algo a ella
   c. no decirle nada a nadie
6. Hay un incendio *(fire)* en una casa y hay niños gritando adentro, pero parece muy peligroso entrar. ¿Qué harías?
   a. buscar un teléfono y llamar a los bomberos
   b. entrar en la casa y sacar a los niños de allí
   c. buscar un vecino para que te ayude
7. Un amigo que bebió seis cervezas mientras miraba un partido de basquetbol en tu casa quiere manejar a su casa. ¿Qué harías?
   a. llevarlo a casa   b. dejarlo ir solo
   c. sugerirle que espere y que se quede en tu casa

Parte B: En parejas, miren las situaciones de la Parte A y marquen individualmente lo que creen que respondió su compañero/a. No pueden consultar con él/ella.

Parte C: Ahora hablen sobre las respuestas y las predicciones que hicieron.

➤ A: ¿Qué haría yo en la primera situación?

B: Yo creo que no la ayudarías porque eres muy tímido/a.

A: Soy tímido/a, pero también soy amable y hablo español bien.

Actividad 11: ¿Qué harías? Di qué harías en las siguientes situaciones y por qué.

1. Alguien te ha desafiado *(has challenged)* a saltar con una cuerda "bungee".
2. Has gastado más de $4.000 con la tarjeta de crédito y no tienes más crédito. En la cuenta bancaria tienes sólo $1.600 y quieres hacer un viaje a México con tus amigos durante las vacaciones.
3. Has chocado un auto estacionado y a tu auto no le ha pasado nada, pero el otro está un poco dañado. Calculas que el arreglo no costará más de $200. Nadie ha visto el choque y estás solo/a.

Actividad 12: Una emergencia Acabas de enterarte en el trabajo que tu padre tuvo un accidente y que está en el hospital. Por eso, fuiste a pedirle a una compañera varios favores, pero ella te dijo que no podía ayudarte. Decides entonces ir a pedirle los mismos favores a tu jefa, pero con ella necesitas ser más formal. Cambia las preguntas a la forma de Ud. y usa frases como: **¿Me podría . . . ?**, **Querría . . .**, **Me gustaría . . .**

1. "¿Me puedes ayudar?"
2. "¿Me dejas usar tu carro?"
3. "¿Puedes cancelar mis citas con los clientes?"
4. "¿Me puedes prestar cien dólares?"
5. "Quiero que llames a mi madre para decirle que iré enseguida al hospital".
6. "No quiero que le digas nada a nadie en la oficina".

Actividad 13: Yo que tú . . . En parejas, un estudiante mira las situaciones A y la otra persona mira las situaciones B. Cuéntense sus problemas y dense consejos usando las expresiones **yo que tú/él/ella/ellos** y **yo en tu/su lugar.**

A

1. Mi madre no quiere que acepte un trabajo en Bolivia, quiere que me quede aquí.
2. Mis padres van a ir a Europa y no saben si alquilar un carro o comprar un "Eurail pass".
3. Un amigo quiere que yo salga en el programa de Geraldo.

B

1. Un íntimo amigo me acusó de robarle su radio.
2. Alguien me dijo que mi hermana toma esteroides y yo sé que son muy perjudiciales para la salud.
3. A mi hermano le ofrecieron un trabajo en una fábrica pero es por la noche y no sabe qué hacer.

III. Expressing Supposition

The Future and Conditional Tenses

When you are sure, you make a statement of fact, but when you are not, you express conjecture. For example, you may wonder about how old someone may be, or if a person is late, you wonder where he/she may be.

1. To wonder or to express probability about the present, use the future tense.

—¿Qué **estarán haciendo** los niños?	*I wonder what the kids are doing.*
—(Probablemente) **harán** algo malo porque están tan callados.	*They must be doing something bad because they are so quiet.*
—¿Cuántos años **tendrá** Ramón?	*I wonder how old Ramón is.*
—(Probablemente) **tendrá** unos cincuenta.	*He's probably (about) fifty.*

2. To wonder or to express probability about the past, use the conditional tense.

—¿Cómo ocurrió el accidente?	*How did the accident happen?*
—De verdad no sé, pero (probablemente) **sería** por exceso de velocidad. Ella siempre maneja como una loca.	*I don't really know, but it was probably speeding. She always drives like a crazy woman.*
—¿A cuánto **iría?**	*I wonder how fast she was going.*
—(Probablemente) **iría** a 150 por lo menos.	*She must have been going at least 150.*

Actividad 14: Solos en casa Ha habido muchos crímenes últimamente y te has puesto un poco paranoico/a. En parejas, Uds. están solos en una casa por la noche y hacen conjeturas acerca de lo que pasa. Sigan el modelo.

➤ un ruido

A: ¿Oíste ese ruido?

B: Sí. ¿Qué será?

A: . . .

1. un perro empieza a ladrar
2. suena el teléfono y al contestar, la otra persona cuelga
3. están mirando la televisión y de repente se corta la transmisión
4. escuchan la sirena de la policía
5. alguien llama a la puerta
6. se va la luz en toda la casa

Actividad 15: ¿En qué año sería? Intenta decir el año exacto en que ocurrieron los siguientes acontecimientos. Si no estás seguro/a, mira las fechas aproximadas que se presentan y usa expresiones como: **sería a principio de los . . . / a fines de los . . .**

➤ llegar / Armstrong a la luna

a. principios de los 60 b. fines de los 60 c. principios de los 70

Era 1969 cuando Armstrong llegó a la luna. Sería a fines de los sesenta cuando Armstrong llegó a la luna.

1. México, Canadá y los Estados Unidos / firmar / el Tratado de Libre Comercio
   a. mediados de los 80 b. fines de los 80 c. principios de los 90
2. ser / las Olimpiadas en Barcelona
   a. principios de los 70 b. fines de los 80 c. principios de los 90
3. ser / la Copa Mundial de fútbol en los Estados Unidos
   a. mediados de los 70 b. mediados de los 80 c. mediados de los 90
4. Hernán Cortés / derrotar / a los aztecas
   a. mediados del siglo XIV b. mediados del siglo XV c. mediados del siglo XVI
5. Velázquez / morir
   a. mediados del siglo XIV b. principios del siglo XV c. mediados del siglo XVII
6. Arantxa Sánchez y Sergi Bruguera, españoles / ganar / el Abierto de Francia de tenis y Conchita Martínez, española / ganar / en Wimbledon
   a. principios de los 70 b. fines de los 80 c. mediados de los 90

Las españolas Arantxa Sánchez Vicario y Conchita Martínez celebran la victoria de una semifinal de tenis.

IV. Discussing Societal Issues

La sociedad

la planificación familiar

abortar	to have an abortion, to miscarry
el aborto	abortion, miscarriage
la casa de ancianos	nursing home
el control de natalidad	control of the birthrate
la convivencia, vivir juntos	living together, to live together
la generación anterior	previous generation
la guardería	day-care center
la niñera	nanny

los valores

la confianza, confiar	trust, to trust
la crianza, criar	raising/rearing, to raise/rear
ejercer autoridad	to exert authority
entrometerse (en la vida de alguien)	to intrude/to meddle (in someone's life)
la falta de comunicación	lack of communication
la fidelidad, la infidelidad	
inculcar	to instill/inculcate
independizarse (de)	to become independent (from)
los lazos familiares	family ties
malcriar	to spoil/pamper
moral, inmoral	
ser(le) fiel/infiel (a alguien)	to be faithful/unfaithful (to someone)

Actividad 16: Definiciones **Parte A:** En parejas, una persona define las siguientes palabras y la otra cubre la lista y adivina qué palabra es. Recuerden que no pueden usar la palabra en la definición. Usen frases como: **Es la acción de . . . , Es el lugar donde . . .**

1. criar
2. serle infiel a alguien
3. la guardería
4. la convivencia
5. independizarse
6. la confianza

Parte B: Ahora cambien de papel.

1. inculcar
2. la niñera
3. los lazos familiares
4. ejercer autoridad
5. inmoral
6. entrometerse

Actividad 17: El matrimonio en el futuro En una época, el matrimonio por amor y no por conveniencia se consideraba una idea muy radical. En parejas, discutan las siguientes preguntas sobre el matrimonio.

1. Cuando en generaciones anteriores el matrimonio era un arreglo, ¿qué tipo de conflictos tendrían los hombres y las mujeres?
2. ¿Qué tipo de problemas tendrán ahora que las parejas se casan por amor?
3. ¿Qué tipo de lazo creen que se establecerá entre dos personas en el futuro?

Actividad 18: La mujer mexicana **Parte A:** El siguiente párrafo es parte de un artículo que apareció en una revista mexicana. Léelo para enterarte de cómo será la mujer en el año 2025.

ASÍ SERÁ LA MUJER

La mujer del año 2025 será realista, optimista y se sentirá cómoda con su incorporación a todos los ámbitos de la vida social. Formará una familia distinta a la tradicional, basada en las nuevas relaciones de pareja: el hogar dejará de ser el "reposo del guerrero", y el hombre compartirá las labores domésticas. Las cualidades que más valorará en su compañero serán la ternura, la inteligencia y el sentido del humor. Rechazará el papel de *superwoman* y no deseará ser perfecta. En el trabajo accederá a puestos de mayor responsabilidad, pero no cambiará su calidad de vida por conseguir el éxito a cualquier precio.

Parte B: Ahora en parejas, deduzcan las respuestas a estas preguntas sobre la vida de la mujer mexicana de hoy basándose en lo que acaban de leer. Usen expresiones como: **Será independiente . . . , Hará . . .**

1. ¿Cómo creen que sea la mujer mexicana actual?
2. ¿Qué tipo de familia tiene por lo general?
3. El hogar se ve en la actualidad como el "reposo del guerrero". ¿Qué significa esta frase?
4. ¿Qué tareas hace el hombre en el hogar?
5. ¿Cuáles creen que sean las cualidades que más valora la mujer en un hombre?
6. ¿Qué papel le asigna la sociedad a la mujer?
7. Generalmente, ¿qué tipo de trabajo tiene la mujer fuera del hogar?

Actividad 19: La tele y la familia En grupos de tres, miren el siguiente chiste de Quino, caricaturista argentino, y comenten las ideas que lo acompañan.

1. la televisión y la falta de comunicación en la familia
2. la televisión como un miembro más de la familia
3. la televisión como niñera
4. la televisión inculca valores tanto positivos como negativos

Actividad 20: Los más jóvenes y los ancianos En grupos de tres, discutan estas preguntas sobre la educación infantil y el cuidado de los ancianos.

1. Imaginen que tienen un niño de un año. ¿Lo dejarían en una guardería todo el día? Den tres ventajas y tres desventajas.
2. ¿Quién debe ser responsable de la crianza de los niños?
3. ¿De qué forma creen que los padres malcrían a los niños? ¿Por qué creen que lo hacen?
4. ¿Qué papel desempeñan/desempeñaron sus abuelos en su familia?
5. Imagínense que sus padres son ancianos y necesitan atención. ¿Cuáles serían tres ventajas y tres desventajas de que ellos vivieran con Uds.?
6. ¿Los pondrían en una casa de ancianos? ¿Cuáles serían las ventajas y desventajas de hacerlo?

Actividad 21: ¿Costumbres semejantes? Parte A: En parejas, lean las siguientes preguntas y discutan sus respuestas basándose en sus ideas sobre la sociedad norteamericana.

1. ¿Es común que un hombre soltero o una mujer soltera de treinta años viva con sus padres?
2. ¿Con quién viven los ancianos? ¿Tienen Uds. algún pariente en una casa de ancianos?
3. ¿Hay presión para que los recién casados tengan hijos?
4. ¿Comparten por igual los padres la crianza de los niños?
5. ¿Quiénes cuidan a los niños durante el día?

6. ¿Cómo dividen las responsabilidades de la casa las parejas casadas?
7. ¿Tiene la mujer de hoy más independencia que antes? Expliquen.
8. En la actualidad, ¿ejerce el padre la misma autoridad que ejercían su padre o su abuelo?
9. Cuando se presenta una situación crítica en una familia, por ejemplo, un divorcio, ¿creen que los familiares se preocupan por el qué dirán *(what others may say)*?

Parte B: En parejas, lean las preguntas nuevamente y traten de imaginar lo que contestaría un hispano.

➤ Un hispano diría que (no) es común que un hombre de treinta años viva con sus padres.

¿LO SABÍAN?

A continuación hay una lista de respuestas que posiblemente daría un joven hispano a las preguntas de la actividad anterior.

- Es común y aceptable que un hombre o una mujer de treinta años viva con sus padres si todavía no se ha casado.
- Relativamente pocas personas tienen miembros de su familia en casas de ancianos.
- En general, la madre es la que más se ocupa de la crianza de los niños.
- La familia espera que los recién casados tengan hijos pronto.
- Dentro de la casa, generalmente la mujer sigue ocupándose de la mayoría de las labores domésticas. El padre, normalmente, es el que mantiene a la familia y todavía se lo ve como el protector del hogar.
- Los abuelos y otros familiares ayudan a cuidar a los niños cuando los padres lo necesitan y suelen vivir en la misma ciudad.
- La mujer de clase media ha comenzado a tener más independencia y trabaja más fuera del hogar.
- El padre tiene menos autoridad que su padre o su abuelo, pero no mucho menos.
- Los mayores se preocupan más que los jóvenes por el qué dirán.

▼ *Un abuelo y su nieta se divierten en un parque de La Habana, Cuba.*

Actividad 22: Una pareja hispano-norteamericana Después de discutir las preguntas de la Actividad 21 y de leer el *¿Lo sabían?*, en grupos de tres, hagan conjeturas sobre qué conflictos habría en un matrimonio entre una mujer norteamericana y un hispano.

V. Reporting What Someone Said (Part Two)

Reported Speech

In Chapter 9 you learned some ways to report what someone said. To report what someone said he/she will or would do, use the following formula:

Reporting verb: Present → Future
Reporting verb: Preterit → Conditional

Remember that in reported speech some common introductory phrases include: **dice que, dijo que, explicó que, añadió que, preguntó que, contestó que, respondió que.**

Vendré a la reunión de mañana.	**Dice** que **vendrá** a la reunión de mañana. *He says he'll come to tomorrow's meeting.*
	Dijo que **vendría** a la reunión de mañana. *He said he would come to tomorrow's meeting.*
¿Qué **harías** en mi lugar?	Me preguntó qué **haría** yo en su lugar. *She asked me what I would do in her place.*

Actividad 23: ¿Qué dice? En grupos de tres, todos Uds. están en un lugar donde hay mucho ruido y, por eso, necesitan que les repitan las cosas. Intenten mantener una conversación sobre los planes para esta semana. Sigan el modelo.

➤ A: ¿Qué piensas hacer mañana?

B: Voy a ir al cine.

C: ¿Cómo?

A: Dice que irá al cine.

Actividad 24: Las promesas de fin de año **Parte A:** A fin de año todos solemos hacer promesas para el año que comienza. Escribe alguna promesa que hiciste este año. Si no hiciste ninguna promesa, inventa una.

Parte B: Pregúntales por lo menos a cinco personas qué promesa hicieron este año y averigua si la cumplieron.

Parte C: Ahora, en parejas, cuéntenle a su compañero/a lo que dijeron las personas que entrevistaron.

➤ Diane prometió que llamaría a sus abuelos de vez en cuando, pero todavía no lo ha hecho.

VI. Hypothesizing About the Future and the Present

Si Clauses

In this chapter you will learn to discuss hypothetical situations about the future and the present.

1. When making a hypothetical statement about possible future situations, use the following formula:

Si Clause	Result Clause
si + *present indicative,*	present indicative* **ir a** + *infinitive* future tense command
Si llueve, *If it rains,* *(which it may or may not)*	no patino. *I am not rollerskating.* no voy a patinar. *I am not going to rollerskate.* no patinaré. *I will not rollerskate.* no patines. *don't rollerskate.*

The present subjunctive is *not* used in a **si** clause.

*Note: The combination **Si** + present indicative, present indicative can also be used to refer to habitual actions. In these cases, a time expression is frequently used to avoid ambiguity. Compare these sentences:

Les escribo **todos los viernes** si tengo tiempo. — *I write them every Friday if I have time. (habitual)*

Si tengo tiempo **el viernes**, les escribo. — *If I have time on Friday, I will write them. (has not happened yet)*

2. When stating hypothetical situations that are contrary to fact (if I were a rich man—which I am not), use the following formula:

***Si* Clause**	**Result Clause**
si + *imperfect subjunctive,*	*conditional*
Si tuviera el dinero, *If I had the money, (which I do not)*	te lo **daría**. *I would give it to you.*
Si vivieras en Santo Domingo, *If you lived in Santo Domingo, (which you do not)*	**irías** a la playa todos los días. *you would go to the beach every day.*
Mi hermana me dijo que **si** ella **fuera** presidenta, *My sister told me that if she were president, (which she is not)*	**acabaría** con la violencia de una vez por todas. *she would end violence once and for all.*

3. In all sentences with **si** clauses, either the result clause or the **si** clause can come first.

Si Uds. me ayudan, terminaremos pronto.	=	Terminaremos pronto si Uds. me ayudan.
Si estudiara más, sacaría mejores notas.	=	Sacaría mejores notas si estudiara más.

Actividad 25: Situaciones para niños Imagina que eres un/a niño/a y acabas de participar en un taller *(workshop)* sobre seguridad personal. Di qué harías en las siguientes situaciones.

1. Si una persona te preguntara en la calle cómo llegar a un lugar, . . .
2. Si un amigo o una amiga te ofreciera un cigarrillo, . . .
3. Si una persona te dijera que tu madre está en el hospital y que debes ir con ella, . . .
4. Si tú estuvieras solo o sola en casa y una persona llamara por teléfono y preguntara por uno de tus padres, . . .
5. Si un amigo o una amiga te preguntara si quisieras robar algo en una tienda, . . .

Actividad 26: ¿Alondra o búho? Parte A: Los cronobiólogos aseguran que existen personas orgánicamente más dispuestas al trabajo físico y mental diurno y otras que brillan al caer la noche. Contesta este cuestionario para averiguar a qué grupo perteneces.

1. De poder elegir con toda libertad y sin ninguna restricción laboral o de otro tipo, ¿a qué hora se levantaría?
   A- entre las 5 y las 6
   B- entre las 6 y las 7
   C- entre las 7.30 y las 10
   D- entre las 10 y las 11
   E- entre las 11 y las 12

2. Supongamos que Ud. se ha presentado a un nuevo trabajo y que tiene que realizar una prueba psicofísica que dura algunas horas y es mentalmente cansadora, ¿a qué hora le gustaría que le tomaran la prueba?
   A- entre las 8 y las 10
   B- entre las 11 y las 13
   C- entre las 15 y las 17
   D- entre las 19 y las 21

3. Si pudiera planear su noche con toda libertad y sin ninguna restricción laboral o de otro tipo, ¿a qué hora se acostaría?
   A- entre las 20 y las 21
   B- entre las 21 y las 22.15
   C- entre las 22.15 y las 0.30
   D- entre las 0.30 y las 1.45
   E- entre la 1.45 y la 3

4. Supongamos que se ha decidido a hacer ejercicio físico (un deporte, como el tenis, por ejemplo) y un amigo le sugiere hacerlo entre las 7 y las 8 de la mañana. En base a su predisposición natural, ¿cómo se encontraría Ud. si aceptara la invitación?
   A- estaría en muy buena forma
   B- estaría bastante en forma
   C- me sería difícil
   D- me sería muy difícil

5. Si tuviera que realizar dos horas de ejercicio físico pesado, ¿cuáles de estos horarios elegiría?
   A- de 8 a 10
   B- de 11 a 13
   C- de 15 a 17
   D- de 19 a 21

6. Si Ud. se fuera a dormir a las 23, ¿en qué nivel de cansancio se sentiría?
   A- nada cansado
   B- algo cansado
   C- bastante cansado
   D- muy cansado

7. ¿Se siente cansado durante la primera media hora luego de levantarse?
   A- muy cansado
   B- medianamente cansado
   C- sin cansancio pero no en forma plena
   D- en plena forma

8. ¿A qué hora del día se siente mejor?
   A- de 8 a 10
   B- de 11 a 13
   C- de 15 a 17
   D- de 19 a 21

9. Supongamos que otro amigo le sugiere hacer jogging entre las 22 y las 23, tres veces por semana. Si no tuviera otro compromiso y en base a su predisposición natural, ¿cómo se encontraría Ud. si aceptara la invitación?
   A- estaría en muy buena forma
   B- estaría bastante en forma
   C- me sería difícil
   D- me sería muy difícil

RESULTADO

Sume los puntos obtenidos de acuerdo con el siguiente puntaje:

Puntaje

Pregunta 1: A=1, B=2, C=3, D=4, E=5
Pregunta 2: A=1, B=2, C=3, D=4
Pregunta 3: A=1, B=2, C=3, D=4, E=5
Pregunta 4: A=1, B=2, C=3, D=4
Pregunta 5: A=1, B=2, C=3, D=4
Pregunta 6: A=4, B=3, C=2, D=1
Pregunta 7: A=4, B=3, C=2, D=1
Pregunta 8: A=1, B=2, C=3, D=4
Pregunta 9: A=4, B=3, C=2, D=1

Interpretación del resultado

9-15: Definidamente matutino
16-20: Moderadamente matutino
21-26: Ni búho ni alondra, intermedio
27-31: Moderadamente vespertino
32-38: Definitivamente vespertino

alondra = lark (known for its early morning song)

búho = owl

De poder elegir = Si pudiera elegir.

Parte B: Ahora comparte tu resultado con la clase.

Actividad 27: Acciones poco comunes **Parte A:** Entrevista a personas de la clase para averiguar si han hecho o harían las actividades de la siguiente lista. Debes hacerle sólo una pregunta a cada persona que entrevistas y escribir sólo un nombre para cada acción. Sigue el modelo.

➤ A: ¿Alguna vez has comido ancas de rana?

B: Sí, lo he hecho.	B: No, nunca lo he hecho.
A: ¿Cuándo?	A: ¿Lo harías si pudieras?
B: El verano pasado y me gustaron mucho.	B: No, nunca lo haría. / Creo que sí lo haría.

	lo ha hecho	nunca lo haría	lo haría si pudiera
1. correr en un maratón	________	________	________
2. escalar una montaña muy alta	________	________	________
3. asistir al partido final de una Copa Mundial de Fútbol	________	________	________
4. hacer un viaje por la selva amazónica	________	________	________
5. vivir por lo menos un año en un país de habla española	________	________	________
6. actuar en una película de Hollywood	________	________	________
7. trabajar en su casa y no en una oficina	________	________	________
8. ser reportero/a para un periódico de chismes	________	________	________

Parte B: Ahora en parejas, díganle a la otra persona los datos que obtuvieron.

➤ Beth dijo que si pudiera, comería ancas de rana.

Actividad 28: ¿Cómo serías? En parejas, túrnense para decir cómo sería su vida si Uds. fueran diferentes en ciertos aspectos.

➤ ser más alto

Si fuera más alto, todo el mundo me miraría.

1. ser más bajo/a o alto/a
2. ser más inteligente
3. tener más/menos dinero
4. ser más/menos deportista
5. ser famoso/a
6. estar casado/a o soltero/a
7. tener seis hijos
8. tener pelo de otro color

Actividad 29: La clonización En grupos de tres, discutan las siguientes preguntas sobre la clonización *(cloning)*.

1. ¿Qué significan los términos “control de natalidad” y “planificación familiar”?
2. Si tuviéramos clonización y mapas genéticos de embriones, ¿cómo cambiarían estas definiciones?
3. ¿Creen que la clonización es moral o inmoral? Justifiquen su respuesta.

4. ¿Creen que muchas mujeres se harían un aborto si supieran que el embrión que engendraron tenía un defecto genético? ¿Qué considerarían defecto genético?
5. ¿Cómo se sentiría un/a niño/a si supiera que es el producto de una clonización?
6. ¿Qué consecuencias tendría la clonización para la estructura familiar? ¿Cómo cambiaría el concepto de "hermanos" o el de "padres"?

Actividad 30: Un anuncio publicitario Mira el siguiente anuncio y contesta las preguntas que lo acompañan.

1. ¿Qué ofrece este anuncio?
2. ¿A quién está dirigido?
3. ¿Qué supone el anuncio que la persona está haciendo?
4. Si una empresa en los Estados Unidos quisiera ofrecerle algo a este consumidor, ¿aceptaría el consumidor este tipo de anuncio o lo interpretaría como ofensivo?
5. Si tuvieras que hacer un anuncio para ofrecerle este tipo de servicio a un hombre, ¿qué dirías en el anuncio?

Señora, haga ya sus compras sin quitarse su máscara verde de belleza.

Nuestros vendedores la atenderán como si no la vieran, pero con una cordialidad especial para lectores de La Nación.

343-8930 al 35

USTED ES DE LOS NUESTROS.

Actividad 31: Leer entre líneas **Parte A:** En grupos de cuatro, Uds. son empleados de una fábrica. Uno de Uds. tocó una tecla equivocada en la computadora y aparecieron en su pantalla los mensajes electrónicos entre Pura Morales, nueva presidenta del sindicato, y el dueño de la fábrica. Lean los mensajes y hagan predicciones sobre lo que ocurrió. Usen frases como: **Aquí dice que . . . , pero antes decía que . . .; Sería que ellos . . .; Esto implicaría que . . .; Sería posible que . . .**

A: Felipe Bello Fecha: 30/3
De: Pura Morales Tema: Reunión

Sr. Bello: Me gustaría hablar con Ud. el lunes, 3 de abril, a las 15:00. ¿Estaría bien y le convendría esa hora? La cita no es para hablar de trabajo.

A: Pura Morales Fecha: 31/3
De: Felipe Bello Tema: Reunión

Srta. Morales: No tengo ningún inconveniente. Ya es hora de que nos conozcamos personalmente.

A: Pura Morales Fecha: 4/4
De: Felipe Bello Tema: Nuestro secreto

Pura, no sabes cuanto me gustó conocerte. Eres una persona muy especial. ¡Hay pocas mujeres tan valientes! Confía en mí, no voy a decir nada a nadie de lo nuestro. Dime cuándo puedes reunirte conmigo.

A: Felipe Bello Fecha: 5/4
De: Pura Morales Tema: El secreto

Felipe, ¿qué te parece si vamos al restaurante Le Rendezvous este sábado? El dueño es un íntimo amigo mío y es de confianza. Él no le dirá nada a nadie. Seguro que el dueño nos puede dar una sala especial sólo para nosotros donde podamos escuchar tangos.

A: Pura Morales Fecha: 6/4
De: Felipe Bello Tema: Le Rendezvous

Pura, me es imposible. Este sábado me toca cuidar a los niños ya que no me gusta dejarlos con una niñera. Lo siento mucho, pero ¿qué tal el sábado que viene? Seguro que puedo decirle a mi mujer que voy a un partido de fútbol, y así no puede comunicarse conmigo.

A: Felipe Bello Fecha: 7/4
De: Pura Morales Tema: ¡A las ocho!

Felipe, obviamente no quiero entrometerme en tu vida familiar. El sábado que viene está perfecto. Estaré allí a las ocho.

A: Pura Morales Fecha: 18/4
De: Felipe Bello Tema: Una rosa roja

Pura, ¡qué día! Hace mucho tiempo que no me divertía tanto. Desde luego, entre nosotros no existe falta de comunicación. Cuando te vea el viernes traeré una rosa roja para que la lleves entre los dientes. ¡Hasta el viernes próximo en Le Rendezvous a las ocho!

Parte B: Para ver qué pasó de verdad, lean el artículo que salió en el boletín de la fábrica a principios de mayo y comparen sus deducciones con la información del boletín. (Ver página 308.)

Vocabulario activo

La sociedad

Ver página 250.

el qué dirán	*what others may say*

Vocabulario personal

Expresiones útiles

dar en el clavo	*to hit the nail on the head*
un/a íntimo/a amigo/a	*a very close friend*
sacar a alguien de un aprieto	*to get someone out of a jam*

CAPÍTULO 11

Drogas y violencia

▲ *Una estudiante muestra un cartel en una campaña antidrogas en San José, Costa Rica.*

COMMUNICATIVE GOALS

- hypothesizing about the future and the past
- expressing past influence, emotions, and other feelings and reactions
- discussing crime and violence
- expressing accidental or unintentional occurrences

ADDITIONAL GOAL

- using transitional words

¿Coca o cocaína?

a propósito	on purpose
(para) dentro de (diez) horas/días/años/etc.	in (ten) hours/days/years/etc.
pretender + *infinitive*	to try + *infinitive*

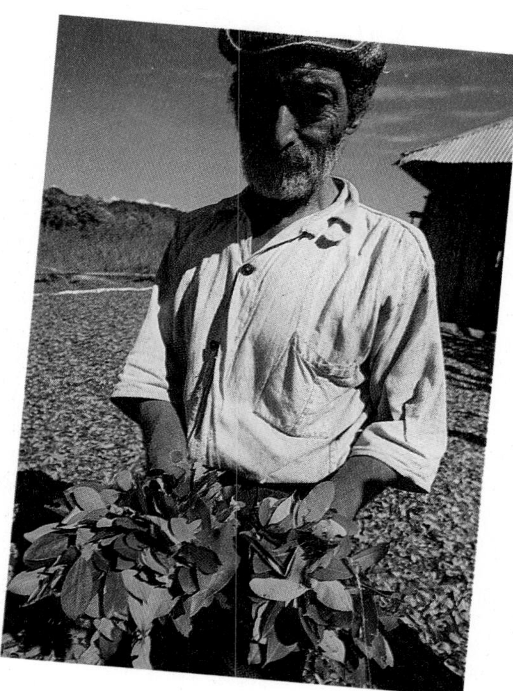

▶ *Hombre boliviano en una plantación de coca en Cochabamba, Bolivia.*

Actividad 1: ¿Es droga o no? Lee la siguiente definición sobre qué es una droga. Después, decide cuáles de las sustancias que se presentan son o no son drogas.

Droga: "Se dice de cualquier sustancia de origen vegetal, mineral o animal que tiene un efecto depresivo, estimulante o narcótico".

el café	la hoja de coca	el cigarrillo
el alcohol	LSD	la heroína
los somníferos	las pastillas para adelgazar	la marihuana
el té		la Coca-Cola

Actividad 2: ¿Cuál es su opinión? Mientras escuchas a un boliviano hablar sobre la diferencia entre la coca y la cocaína, determina cuál de las siguientes ideas representa su opinión.

1. _____ la cocaína es una droga, pero no debe ser ilegal
2. _____ la coca no es una droga y no debe ser ilegal
3. _____ la coca y la cocaína son drogas que deben ser ilegales

Actividad 3: ¿Qué es la coca? Ahora, lee las siguientes preguntas y después escucha al narrador otra vez para contestarlas.

1. ¿Cuál es la diferencia entre la coca y la cocaína?
2. Según el narrador, ¿cuáles son algunos de los grupos que consumen coca y por qué la consumen?
3. ¿Con qué bebida compara el mate de coca?
4. ¿En qué países se obtiene la coca?
5. ¿Qué ocurrió en la Expo de Sevilla en 1992?
6. ¿Qué hizo la Reina Sofía de España cuando llegó a La Paz?

¿LO SABÍAN?

La hoja de coca es utilizada por indígenas en Perú, Bolivia, el norte de Argentina, Ecuador, Colombia, Venezuela, Brasil y Chile de diferentes maneras:

- como unidad monetaria para intercambiar alimentos ya que los indígenas tienen poco acceso a la moneda
- se considera una planta sagrada y por lo tanto se utiliza en ceremonias religiosas (nacimientos, bautizos, casamientos, actos relacionados con la naturaleza, etc.)
- como medicamento para enfermedades de la piel, el aparato digestivo y el sistema circulatorio, se considera una medicina popular y de bajo costo.

En los Estados Unidos esta hoja fue utilizada por primera vez en 1884 en una bebida llamada Vino Francés de Coca inventado por el Dr. Pemberton en Atlanta. Años después él creó la Coca-Cola (con la hoja de coca y la nuez kola) que era una gaseosa y a la vez un medicamento para el dolor de cabeza.

Actividad 4: ¿Qué harían? En grupos de tres, discutan qué harían en las siguientes situaciones.

1. ¿Tomarían mate de coca si estuvieran en La Paz como turistas?
2. Si Uds. fueran el/la presidente de los Estados Unidos y estuvieran de visita en Bolivia, ¿tomarían mate de coca si se lo ofreciera el alcalde de una ciudad? Si aceptaran, ¿cómo lo interpretaría el pueblo norteamericano? ¿Y el pueblo boliviano?

I. Hypothesizing About the Future and the Past

A. The Future Perfect and the Conditional Perfect

In Chapter 10, you studied how to express supposition about the present and the past using the future and the conditional. In this chapter you will learn how to hypothesize about the future and the past.

1. In the interview you heard at the beginning of this chapter, the Bolivian says that he believes that **"para dentro de diez años el mundo ya habrá entendido la diferencia entre uno y otro"** to express what *will have happened* in ten years. When talking about what will have happened by a certain time in the future, use the future perfect, which is formed as follows:

Future of **haber**			
habré	habremos		
habrás	habréis	+	*past participle*
habrá	habrán		

To review the formation of past participles, see page 318.

—Dentro de un mes **habré dejado** de fumar.	*In a month I will have quit smoking.*
—¿**Habrás comenzado** a fumar nuevamente dentro de dos meses?	*Will you have started smoking again in two months?*

2. When talking about what *would have happened* in the past, use the conditional perfect, which is formed as follows:

Conditional of **haber**			
habría	habríamos		
habrías	habríais	+	*past participle*
habría	habrían		

To review the formation of past participles, see page 318.

—La muchacha les contó a sus padres que su hermano era cocainómano. ¿Qué **habrías hecho** en su lugar?	*The young woman told her parents that her brother was a cocaine addict. What would you have done in her place?*
—Yo le **habría hablado** a mi hermano primero.	*I would have talked to my brother first.*

▶ *Grupo de jóvenes fuman mientras charlan en una discoteca de Valencia, España.*

Actividad 5: El cigarrillo Hoy en día se habla mucho del cigarrillo y sus efectos. En parejas, hablen de cuál será la actitud hacia el cigarrillo dentro de cinco años. Sigan el modelo.

➤ el gobierno / prohibir / fumar en presencia de los niños

—¿Crees que dentro de cinco años el gobierno ya habrá prohibido fumar en presencia de los niños?

—Sí, el gobierno ya lo habrá prohibido. —No, el gobierno no lo habrá prohibido todavía.

1. el gobierno / prohibir / fumar en todos los bares
2. los médicos / inventar / un método para dejar de fumar en un día
3. un niño / demandar *(to sue)* / a sus padres por fumar en casa
4. las máquinas que venden cigarrillos / desaparecer
5. las compañías tabacaleras / hacer / un cigarrillo que no produzca humo *(smoke)*
6. el número de fumadores menores de 18 años / bajar / drásticamente
7. el gobierno / limitar / la cantidad de nicotina en los cigarrillos

Actividad 6: Tu futuro En parejas, entrevisten a su compañero/a para averiguar cómo habrán cambiado ciertos aspectos de su vida dentro de tres y diez años, y escriban la información en forma telegráfica en la página 267.

➤ —¿Cómo habrá cambiado tu vida amorosa dentro de tres años?

—Estaré casado/a . . .

vida	**3 años**	**10 años**
amorosa	________	________
familiar	________	________
profesional	________	________
turística	________	________

Actividad 7: La mejor excusa En parejas, elijan cuatro de las siguientes preguntas e inventen el contexto en que se dijeron y las excusas que se dieron en cada caso. Sigan el modelo.

➤ —¿Por qué no le prestaste el coche a tu hermano?

—Estábamos en el centro y él quería irse a casa *(contexto)*. Se lo habría prestado, pero él estaba borracho *(excusa)*.

1. ¿Por qué no le dijiste que estabas casada?
2. ¿Por qué no aceptaste la oferta?
3. ¿Por qué no lo invitaste a salir?
4. ¿Por qué no le pediste que te pasara a buscar?
5. ¿Por qué no te pusiste la blusa que te regalé?
6. ¿Por qué no hiciste la cena?
7. ¿Por qué no devolviste el video?
8. ¿Por qué no le abriste la puerta?

Actividad 8: Situaciones difíciles En grupos de tres, lean cada situación y luego discutan qué habrían hecho Uds. en el caso de cada persona.

1. Teresa estaba en una tienda de regalos y sin querer rompió un animalito de cristal muy caro, pero nadie vio lo que ocurrió. En la tienda había un cartel que decía: "Si lo rompe, es suyo". ¿Qué habrían hecho Uds. en el lugar de Teresa?

2. John estaba en una discoteca en un país extranjero y conoció a unos muchachos que lo invitaron a ir a un bar. En el carro uno de los muchachos encendió un porro *(lit a joint)* y se lo ofreció a John. ¿Qué habrían hecho Uds. en el lugar de John?

3. Mariano y Silvia siempre pelean a causa de sus amigos. El sábado organizaron una cena y un amigo de Silvia encendió un cigarrillo inmediatamente después de terminar de comer. Mariano odia el humo y no sabía qué hacer porque no quería causar tensión entre él y su esposa. ¿Qué habrían hecho Uds.?

4. Era un día lindísimo y la playa estaba llena de gente. Patricio se metió en el mar para refrescarse y una ola gigantesca lo revolcó en el agua. Cuando se recuperó, se dio cuenta de que había perdido el traje de baño. ¿Qué habrían hecho Uds.?

B. *Si* Clauses

In Chapter 10 you studied how to express hypothetical statements about the future and the present: **Si tengo tiempo, iré. Si tuviera tiempo, iría.** In this chapter you will learn how to hypothesize about the past.

Remember that either the result clause or the **si** clause can come first.

1. When you want to express hypothetical situations about the past, use the following formula. Notice that the *si* clause contains a contrary-to-fact statement.

***Si* Clause**	**Result Clause**
si + *pluperfect subjunctive*	*conditional perfect*
Si hubiera ido a la fiesta,	**habría visto** a Isabel Allende.
If I had gone to the party, (which I didn't)	*I would have seen Isabel Allende.*
Si **hubiéramos tenido** más dinero,	**habríamos ido** a más países.
If we had had more money, (which we didn't)	*we would have gone to more countries.*

The pluperfect subjunctive is formed as follows:

There is an optional form, frequently used in Spain and in some areas of Hispanic America, in which you may substitute **-se** for **-ra**; for example: **hubiera = hubiese.**

Imperfect subjunctive of **haber**			
hubiera	hubiéramos	+	*past participle*
hubieras	hubierais		
hubiera	hubieran		

To review the formation of past participles, see page 318.

2. The phrase **como si** is always followed by the imperfect subjunctive or the pluperfect subjunctive to make contrary-to-fact statements.

Habla **como si fuera** el rey de España. — *He talks as if he were the king of Spain (which he is not).*

Me mira **como si** yo **hubiera cometido** un crimen. — *She's looking at me as if I had committed a crime (which I had not).*

Comían como **si no hubieran comido** desde hacía un mes. — *They were eating as if they hadn't eaten in a month (which they had).*

Actividad 9: La seguridad en la universidad Imagina que ya terminaste la universidad. Di qué habrías hecho para mejorar la seguridad en tu universidad si hubieras podido.

➤ Si hubiera podido, yo . . .

1. aumentar el número de policías
2. crear un servicio de guardias que acompañara a la gente de noche
3. mejorar el sistema de alumbrado *(lighting)* de los parques de estacionamiento
4. instalar más teléfonos de emergencia
5. expulsar a los estudiantes problemáticos
6. financiar un sistema de transporte nocturno gratis
7. poner cámaras de video en las bibliotecas
8. ofrecerles a los estudiantes un curso sobre seguridad personal

Actividad 10: ¿Cómo habría sido tu vida? En parejas, cuéntense en qué habría sido diferente su vida si hubieran sido hijos únicos (o en el caso de ser hijos únicos, si hubieran tenido hermanos). Sigan el modelo.

➤ Si hubiera sido hijo/a único/a, habría tenido más juguetes.

Actividad 11: Un mundo diferente **Parte A:** En grupos de tres, terminen estas frases con una cláusula que explique qué tan diferente habría sido el mundo si hubieran ocurrido o no estas cosas.

1. Si en 1491 los aztecas hubieran descubierto Europa, . . .
2. Si Portugal, en vez de España, hubiera financiado los viajes de Colón, . . .
3. Si México hubiera ganado la guerra con los Estados Unidos en 1848, . . .
4. Si no hubieran construido el Canal de Panamá, . . .
5. Si no hubieran asesinado a JFK, . . .

Parte B: Ahora terminen estas frases de forma lógica para explicar de nuevo qué tan diferente habría sido el mundo si hubieran ocurrido o no estas cosas.

1. Ya habrían legalizado el consumo de alcohol para menores de veintiún años, si . . .
2. Le habrían dado cadena perpetua *(life sentence)* a Lee Harvey Oswald, si . . .
3. Ya les habrían dado marihuana a los enfermos de cáncer, si . . .
4. No habrían prohibido fumar en los aviones, si . . .
5. Habríamos tenido menos libertades, si . . .

Actividad 12: La tecnología en la historia **Parte A:** En parejas, miren estos chistes de la versión mexicana de la revista *MAD* y contesten las preguntas para hablar sobre lo que habría pasado si la tecnología hubiera invadido la historia.

Due to advances in technology, it is common to borrow words from other languages for newly created items. Use may vary from country to country and it takes time for a lexical item to become accepted as standard. Such is the case with *fax, walkman,* and *beeper.*

¿Y si Moisés hubiera tenido un fax?

¿Y si Vincent Van Gogh hubiera tenido un walkman?

¿Y si Alexander Graham Bell hubiera tenido espera de llamadas?

¿Y si los caballeros medievales hubieran tenido imanes para refrigerador?

¿Y si Nerón hubiera tenido una máquina de Cantaré?

¿Y si Paul Revere hubiera tenido un beeper?

Parte B: Ahora, inventen dos preguntas semejantes sobre la tecnología y la historia. Luego háganle sus preguntas al resto de la clase.

Actividad 13: Los remordimientos **Parte A:** Mucha gente se arrepiente de *(regret)* no haber hecho ciertas cosas en su vida o de haber hecho otras. Escribe sobre los remordimientos *(regrets)* de conciencia que podrían haber tenido tres personas famosas. No menciones el nombre de las personas.

➤ Richard Nixon: Si yo no hubiera mentido, no habría tenido que renunciar a la presidencia.

Parte B: Ahora, léele tu mejor oración a la clase para que tus compañeros adivinen quién podría haber tenido ese remordimiento.

Actividad 14: Como si . . . Anoche estuviste en una fiesta y oíste sólo partes de algunas conversaciones debido al volumen de la música. Escribe posibles finales para estas frases que oíste.

1. Odio a la gente que habla como si . . .
2. Hay gente que va muy elegante a la universidad como si . . .
3. Mi profesor de historia nos manda leer un montón de libros como si . . .
4. Ayer mi mejor amigo/a tenía una cara larga como si . . .
5. En el último partido, nuestro equipo jugó como si . . .

Actividad 15: Un anuncio comercial En parejas, inventen un anuncio comercial de treinta segundos para uno de los productos de la siguiente lista. El propósito del anuncio es aumentar las ventas entre la comunidad hispana. Usen la expresión **como si** por lo menos una vez en su anuncio.

un carro Saturn	un viaje por Nueva Inglaterra en autobuses Greyhound
un televisor Zenith	las bebidas de Snapple
los donuts de Dunkin Donuts	

II. Expressing Past Influence, Emotions, and Other Feelings and Reactions

The Pluperfect Subjunctive

1. You have already seen in this chapter how to use the pluperfect subjunctive to hypothesize about the past. Like other tenses of the subjunctive, the pluperfect can be used to describe the unknown, express emotions, doubt, influence, or desire. In all these cases, the pluperfect usually refers to an action that preceded another past action. Look at the following sentences.

Unknown: Chapter 7	La policía **buscaba** a alguien que **hubiera visto** a la narcotraficante.	*The police were looking for someone who had seen the drug dealer.*
Feelings: Chapter 6	**Me alegré** de que ella **hubiera dejado** el alcohol.	*I was happy that she had quit drinking.*
Influencing: Chapter 5	**Habría querido** que la policía **hubiera sido** más dura con los delincuentes.*	*I would have liked the police to have been tougher with the delinquents.*

*Note: This combination of **habría** + past participle + **que** + **hubiera** + past participle, is frequently used to express hindsight: **Habríamos preferido que él no hubiera venido el domingo.**

2. Compare the following sentences containing either the imperfect subjunctive or the pluperfect subjunctive.

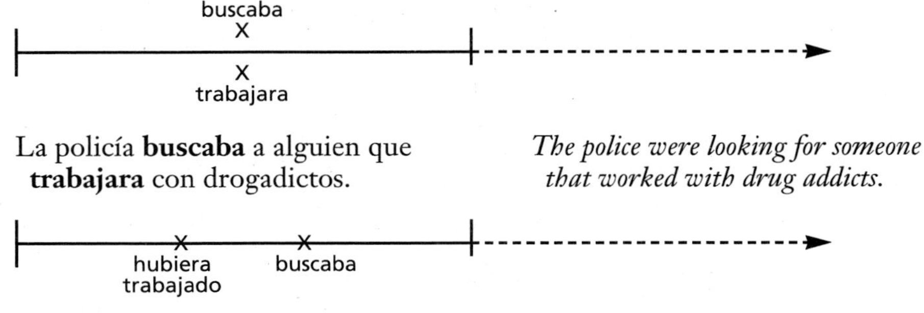

La policía **buscaba** a alguien que **trabajara** con drogadictos.	*The police were looking for someone that worked with drug addicts.*
La policía **buscaba** a alguien que **hubiera trabajado** con drogadictos.	*The police were looking for someone that had worked with drug addicts.*

Actividad 16: No estaba de acuerdo Completa estas situaciones para indicar los sentimientos anteriores con respecto a ciertas acciones. Usa el pluscuamperfecto del subjuntivo.

1. Marta me dijo que ella había visto un robo en la calle y que unos policías habían atrapado al delincuente y le habían pegado mucho, pero como Marta siempre cuenta historias, yo no creía que . . .
2. José, de catorce años de edad, llegó a casa después de una fiesta con un olor a alcohol muy fuerte, pero les juró a sus padres que él no había bebido. Ellos dudaban que . . .
3. La hija del Sr. Salinas era contable, tenía cuarenta años y estaba en la cárcel por haber cometido fraude en el trabajo, pero su padre tenía otras expectativas para ella. Él habría querido que . . .
4. Hace unos años quedé embarazada y fumé durante todo el embarazo. Mi médico habría preferido que . . .

Actividad 17: Mirar el pasado En grupos de tres, digan cómo habrían querido que hubieran sido ciertos aspectos de su infancia y adolescencia. Sigan el modelo.

➤ mis profesores / darme / materia más/menos difícil

Habría querido que mis profesores me hubieran dado materia más difícil, porque así (yo) habría estudiado más y . . .

1. mi escuela / ofrecer / más/menos actividades extracurriculares
2. mis padres / ser / más/menos estrictos
3. mis padres / tener / más/menos hijos
4. mi escuela / dar / explicaciones más/menos explícitas sobre la sexualidad
5. mi familia / residir / en una zona más urbana/rural
6. mis amigos / participar / más/menos en las actividades de la escuela

III. Discussing Crime and Violence

Crimen y castigo

Asesinar refers to all homicides and not just to those of important people.

personas	hechos y cosas	acciones
el/la asesino/a	el asesinato	asesinar
	el atraco *(holdup; mugging)*	atracar *(to holdup; to mug)*
	el castigo *punishment*	castigar
el/la carcelero/a *(jailer, warden)*	la cárcel *(jail, prison)*	encarcelar
el/la condenado/a *(the convict)*	la condena	condenar (a alguien) a X meses/años de prisión
el/la delincuente	la delincuencia	
el/la drogadicto/a	la droga	drogarse
	la legalización	legalizar
el/la narcotraficante	el narcotráfico	traficar en drogas
el/la pandillero/a *(gang member)*	la pandilla	
	la prohibición	prohibir
	el rescate *(ransom)*	rescatar *(to rescue)*
	el robo *(robbery)*	robar
el/la secuestrador/a *(kidnapper; hijacker)*	el secuestro	secuestrar
el/la sentenciado/a	la sentencia	sentenciar
	el soborno *(bribe)*	sobornar
el/la suicida	el suicidio	suicidarse
el/la terrorista	el terrorismo	
el/la violador/a *(rapist)*	la violación	violar (a alguien)

otras palabras relacionadas con el crimen

la adicción	addiction
la cadena perpetua	life sentence
el cartel (de Cali)	
consumir drogas	use drugs
el delito	misdemeanor, felony
detener	to arrest
el homicidio	
el ladrón/la ladrona	thief
la libertad condicional	parole
la pena de muerte/pena capital	death penalty
el/la preso/a	prisoner
el/la ratero/a	pickpocket
el toque de queda	curfew
la víctima, el/la damnificado/a	
la violencia	

Víctima is always feminine even when referring to men: Él fue **la única víctima.**

Actividad 18: ¿Cuánto sabes? Habla sobre las siguientes personas, instituciones o cosas usando palabras de la lista de vocabulario. Sigue el modelo.

➤ Jesse James fue un **ladrón** que participó en muchos **robos** durante el siglo XIX. **Robaba** bancos y trenes y finalmente fue **asesinado,** pero nunca estuvo en la **cárcel.**

1. Charles Manson
2. River Phoenix
3. Alcatraz
4. la silla eléctrica
5. Bonnie y Clyde
6. John Wilkes Booth
7. Kurt Cobain del grupo "Nirvana"
8. ? ? ?

Actividad 19: Definiciones **Parte A:** En parejas, una persona define las siguientes palabras y la otra persona cubre la lista y adivina qué palabra es. Recuerden que no pueden usar la palabra en la definición. Usen frases como: **Es la acción de . . . , Es un sustantivo/adjetivo que . . .**

1. la delincuencia
2. castigar
3. el pandillero
4. la sentencia
5. el toque de queda
6. el asesinato

Parte B: Ahora cambien de papel.

1. el terrorista
2. el narcotráfico
3. encarcelar
4. la pena de muerte
5. el ladrón
6. la libertad condicional

Actividad 20: Delitos mayores y menores **Parte A:** Numera del 1 al 11 los siguientes actos criminales, del que más te preocupa al que menos te preocupa en este país.

a. _____ las violaciones
b. _____ los robos de bancos
c. _____ la corrupción
d. _____ los robos de casas
e. _____ la delincuencia
f. _____ el narcotráfico
g. _____ el terrorismo
h. _____ el soborno en el gobierno
i. _____ la destrucción de la propiedad
j. _____ los asesinatos
k. _____ las pandillas

Parte B: Ahora, en grupos de tres, comparen el orden que escogió cada uno y expliquen por qué ciertos delitos les preocupan más/menos que a sus compañeros. Intenten decidir cuáles son los dos más importantes y los dos menos importantes.

➤ A mí me preocupa más/menos . . . porque . . .

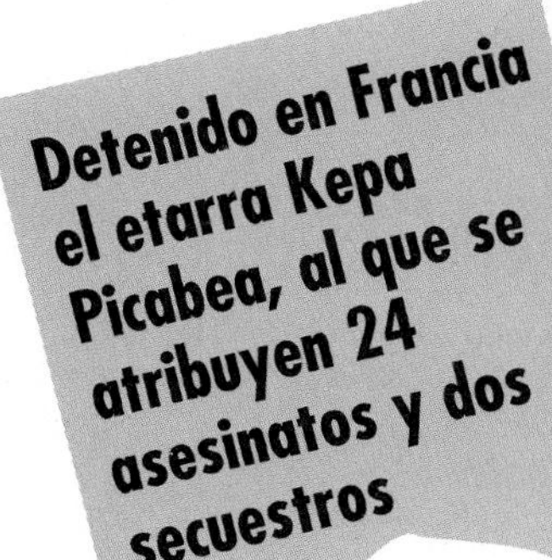

Detenido en Francia el etarra Kepa Picabea, al que se atribuyen 24 asesinatos y dos secuestros

▲ *Estación de policía destruída por una bomba colocada por el grupo Sendero Luminoso en Perú.*

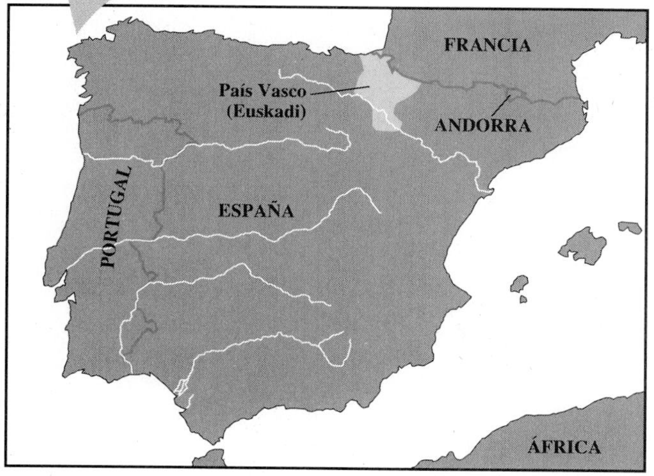

¿LO SABÍAN?

Existen en la actualidad dos organizaciones terroristas grandes en el mundo hispano: la ETA en España y el Sendero Luminoso en Perú. La primera busca la secesión del llamado país vasco, región que se encuentra en la parte norte del país, del resto de España. En general, la ETA ataca a los políticos o a las fuerzas policiales porque los ven como símbolos del gobierno central del cual quieren separarse. La segunda organización es un grupo de extrema izquierda que está en contra del gobierno peruano y busca llegar al poder e instalar un régimen marxista.

Actividad 21: La culpabilidad La siguiente es una estrofa del poema "Contra las injusticias del hombre al hablar de las mujeres" de Sor Juana Inés de la Cruz, una monja mexicana del siglo XVII. En la estrofa, la monja pregunta si son más culpables las prostitutas o los hombres que contratan sus servicios.

O ¿cuál es más de culpar,
aunque cualquiera mal haga,
la que peca por la paga
o el que paga por pecar?

Hoy en día se discute mucho el tema de la culpabilidad en lo que a la oferta y la demanda de las drogas ilegales se refiere: ¿Quién es más culpable por el alto nivel de consumo de drogas estupefacientes *(narcotic)*, los que las venden o los que las compran? En grupos de tres, discutan sus respuestas a esta pregunta.

Actividad 22: La demanda En los Estados Unidos hay un alto índice de consumo de drogas ilícitas. En grupos de tres, hablen de lo que podría hacer el gobierno para reducir la demanda en este país.

Actividad 23: La violencia En grupos de tres, discutan las siguientes preguntas relacionadas con la violencia.

1. ¿Cuáles son las cinco causas más importantes de la violencia en los Estados Unidos? ¿Cómo se podría solucionar este problema?
2. Algunos dicen que la televisión fomenta la violencia en la sociedad, pero para otros la programación es sólo un reflejo de una sociedad enfermiza. Den dos argumentos a favor de la primera idea y dos a favor de la segunda.
3. ¿Qué tipo de programas televisivos prefieren los niños de hoy? ¿En qué se diferencian estos programas de los que veían Uds. de niños? ¿Son más o menos violentos? ¿Más o menos educativos? Mencionen algunos ejemplos.
4. ¿Creen que los programas que muestran la reconstrucción de un asesinato son beneficiosos para la sociedad? ¿Es buena idea dejar que los niños vean ese tipo de programa? Si contestan que no, ¿cómo se podría lograr que no los vieran?

¿LO SABÍAN?

En varios países hispanos como Colombia, España y Argentina el gobierno les prohibe a los canales de televisión presentar programas de contenido pornográfico o con mucha violencia antes de las diez de la noche y exige que se le recuerde al televidente la finalización de este horario con anuncios como "Aquí termina el horario de protección al menor. La presencia de los niños frente al televisor queda bajo la exclusiva responsabilidad de los padres". Di si crees que sería bueno utilizar este sistema de control en los Estados Unidos.

Sexo y violencia en televisión

El Congreso de los Diputados aprobó el jueves 30 con carácter definitivo, la ley por la cual se incorpora al derecho español la directiva comunitaria de "televisión sin fronteras". En ella se atribuye al Ministerio de Obras Públicas el control e inspección de todas sus disposiciones, incluidas las emisiones pornográficas o de "violencia gratuita", que los espectadores no podrán recibir entre las seis de la mañana y las diez de la noche.

Actividad 24: Decidan ustedes Lee las situaciones que se presentan a continuación y di cuál es tu reacción.

1. Un criminal violó y mató a una niña de ocho años y fue condenado a cadena perpetua. Después de ocho años, salió en libertad condicional.
2. Un muchacho de quince años que mató a una anciana de setenta y cinco años y le robó su dinero, fue encarcelado, pero a los veintiún años lo soltaron por haber cometido el crimen cuando era menor de edad.

Actividad 25: Conflictos penales Lee el siguiente artículo sobre las cárceles argentinas y luego, en grupos de tres, discutan las preguntas que lo acompañan.

1. De acuerdo con el artículo, ¿cuál es el propósito de condenar a un violador a una pena de quince a veinte años? ¿Qué cree el escritor que habrá pasado al terminar su sentencia?
2. ¿Qué solución ofrece el sistema penal para las personas damnificadas?
3. Según el autor, ¿de qué época proviene el sistema penal?
4. ¿Qué opina el autor sobre la cárcel?
5. ¿Creen Uds. que las cárceles de los Estados Unidos sean eficaces? ¿Por qué?
6. Si tuvieran que organizar diferentes tipos de actividades en una cárcel, ¿qué harían?

Conflictos penales en la soga

por Eugenio Zaffaroni

Es muy probable que en nuestra cultura no tengamos actualmente capacidad para resolver los conflictos penales, y por lo tanto el camino por el que ha optado el sistema es colgarlos y dejarlos secar. A un violador, por ejemplo, se lo detiene y se le da una pena de quince o veinte años. ¿Qué se cree, que se lo va a resocializar? En realidad, el análisis que se hace es que cuando ese hombre salga de la cárcel ya se le habrá bajado la potencia sexual y sus hijos probablemente vayan al servicio militar. El problema no habrá sido resuelto, se lo habrá dejado en suspenso.

Pero no se trata de buscar alternativas solamente a la cárcel sino a todo el sistema penal, que es obsoleto y no da respuestas a los conflictos sociales. Proviene de la Edad Media, de los siglos XI o XII, y no resuelve realmente los problemas de los acusados ni de los damnificados. Si yo le alquilo una casa a alguien y esta persona no me paga, puedo embargar al garante[1] y lograr que me den lo que me deben. Pero si alguien me roba mientras viajo en colectivo[2], la policía lo detiene cinco días después y este señor ya se gastó mi plata. Después vienen los jueces, y si hago algún tipo de reclamo me dicen que me vaya a mi casa, que no tengo nada que ver con el tema y que a ese hombre lo tienen que resocializar. A mí nadie me soluciona mi problema.

En cuanto a la resocialización, es un falso discurso, una decisión que se toma verticalmente y en la cual no creo en absoluto. La cárcel es una jaula[3] que deteriora tanto al preso como a quien lo cuida. El sistema carcelario condiciona comportamientos claramente regresivos: a un adulto se lo lleva a una vida de adolescente o niño, se le quita responsabilidad, hay un acostumbramiento a la jerga[4] carcelaria, ya no tiene que mantenerse ni hacerse cargo de nada, y por supuesto se le coarta[5] la libertad.

---

[1] retener algo de una persona que da una garantía
[2] autobús
[3] lugar para encerrar animales
[4] lenguaje especial
[5] limita

Actividad 26: ¿Una solución final? Un cuarto de la población de los Estados Unidos está a favor de la pena de muerte. En parejas, hagan una lista de cinco razones a favor y cinco en contra de la pena de muerte.

IV. Expressing Accidental or Unintentional Occurrences

Unintentional *se*

1. To express accidental or unintentional occurrences use the following construction with **se** and an indirect-object pronoun:

Note that the singular and plural nouns function as subjects of the verbs in this construction even though they are placed afterwards.

se me se te se le	+ *singular verb* + *singular noun*	+ (a + *noun / pronoun*)
se nos se os se les	+ *plural verb* + *plural noun*	

A phrase introduced by **a** can be used to provide clarity or emphasis of the indirect object pronoun (**me, te, le, nos, os, les**). It can be placed at the beginning or end of a sentence.

Se le perd**ieron** las **llaves** (a María). *María lost the keys.*

(A María) se le perdieron las llaves.

2. Compare the following sentences, one involving an intentional occurrence and the other an unintentional one:

Intentional Occurrence	**Unintentional Occurrence**
El otro día me enfadé con mi novio y **quemé su foto** para no tener ningún recuerdo de él. *The other day I got mad at my boyfriend, and I burned his picture so as not to have any reminder of him.*	El otro día prendí una vela cerca de la foto de mi novio y me fui; cuando volví **se me había quemado la foto.** *The other day I lit a candle near my boyfriend's picture and I left. When I returned, the picture had burned.*

3. The following list presents verbs commonly used with this construction.

acabar/terminar	**Se me acabó** el dinero. No tengo ni un centavo.
caer	**Se le han caído** dos platos al suelo (a Jorge).

Remember: **descomponer** (some countries in Hispanic America) = **averiar** (Spain).

descomponer	**Se me descompuso** el televisor y me costó 250 pesos arreglarlo.
olvidar	Siempre **se le olvidan** las llaves del carro (a ella).
perder	¡Qué lástima que **se te haya perdido** tu perrito!
quedar	**Se me quedó** el carro en la mitad de la autopista.
quemar	¡Qué mala suerte! **Se nos quemó** la cena.
romper	**Se les va a caer** el estéreo y **se les va a romper**.

Note: You have now studied the different combinations of reflexive, indirect and direct pronouns. The following chart shows the order of appearance of these pronouns. Though some combinations are unlikely or rare, you may combine any two pronouns from different columns as long as you use them in the order they are presented in the boxes. For example, one word from box #1 and one from #4 (**se lo**) or one from #2 and one from #4 (**te los**). **Se lo compré a Mario. Te los regalo.**

1	2	3	4
se	te/os	me/nos	les/les/la/las/lo/los

Actividad 27: La noche de bodas Dos parejas que se casaron ayer tuvieron bastante mala suerte en su noche de bodas. En parejas, una persona mira la información del matrimonio A y la otra la información del matrimonio B. Después, cuéntense qué le ocurrió a cada pareja y luego decidan cuál creen que tuvo peor suerte y por qué.

A: Aldo Portillo y Clara Gómez
(a ella) caer / un pedazo de pastel de boda / en el vestido
(a él) romper / la cremallera de los pantalones
(a él) perder / el anillo de matrimonio
(a ellos) quedar / los pasaportes en la casa

B: Santiago Vélez y Sara Sosa
(a él) romper / una botella de champaña
(a ellos) olvidar / los pasajes de avión en la casa
(a ellos) acabar / la gasolina camino al aeropuerto
(a ella) perder / la maleta

Actividad 28: Excusas por llegar tarde Mañana cinco policías van a llegar una hora tarde al trabajo para protestar contra las sentencias tan leves que les dan a los criminales. Escribe las cinco excusas que van a dar por llegar tarde, usando la construcción con **se**. Empieza las oraciones con frases como: **Una policía va a decir que . . . , Un policía se va a disculpar diciendo que . . .**

V. Using Transitional Words

A. *Pero, sino,* and *sino que*

Pero, sino, and **sino que** are conjunctions, that is, they join different parts of a sentence.

1. Pero means *but* (when *but* means *however*) and can be used after affirmative or negative clauses.

Note the use of comma before **pero.**

Iba a ir a clase, **pero** estaba muy cansado.	*I was going to go to class, but/however I was very tired.*
No iba a ir a clase, **pero** tenía un examen.	*I wasn't going to go to class, but/however I had an exam.*

2. Sino and **sino que** also mean *but* (when *but* means *but rather* or *but instead*). These words can only be preceded by a negative clause. **Sino** is followed by a word or a phrase which does not contain a conjugated verb, and **sino que** introduces a clause which contains a conjugated verb.

No fui a clase **sino** a la cafetería.	*I didn't go to class but (rather) to the cafeteria.*
No quería estudiar **sino** dormir.	*He didn't want to study but (rather) to sleep.*
No estaba estudiando **sino** durmiendo.	*He wasn't studying but (rather) sleeping.*
No fui a clase **sino que** me **quedé** en la cafetería.	*I didn't go to class but (instead) I stayed in the cafeteria.*
No manejaban **sino que caminaban** al trabajo.	*They didn't use to drive but (instead) walked to work.*

Actividad 29: Consejos a un amigo **Parte A:** Tienes que darle consejos a un/a amigo/a que está por irse de viaje al extranjero. Termina las ideas usando **pero, sino** o **sino que.**

1. No debes llevar joyas de oro ________________ joyas de fantasía.
2. No debes llevar bolsa ________________ debes llevar una riñonera *(pouch).*
3. Puedes tener dinero en efectivo, ________________ es mejor usar cheques de viajero.
4. Nunca debes dejar la cámara fotográfica en el asiento de un auto estacionado ________________ tenerla contigo en todo momento.

5. En el aeropuerto no sólo debes tener las maletas siempre a la vista ________________ también debes llevarlas contigo a la cabina telefónica si vas a hacer una llamada.
6. No debes cambiar dinero en la calle ________________ en un banco o casa de cambio.
7. Puedes llevar el pasaporte contigo, ________________ también es buena idea tener una fotocopia del pasaporte en el hotel.

Parte B: En grupos de tres, discutan si han estado en algunas de las situaciones que se mencionan en la Parte A, en el extranjero o en los Estados Unidos. Digan si les han robado algo alguna vez. Describan qué ocurrió.

B. *Aunque, como,* and *donde*

Aunque, como, and **donde** function as transitional words and are used in the following manners:

To review other uses of the subjunctive to express pending actions, see Chapter 7, page 175.

1. Aunque *(even if, even though, although)* is followed by the indicative when expressing present habitual or completed actions and by the subjunctive when expressing pending actions.

Habitual/Completed Action: Indicative	Pending Action: Subjunctive
Los que protestan siempre van a la cárcel, **aunque** el pueblo los **apoya.** *The ones who protest always go to jail even though the people support them.*	Irán a la cárcel **aunque** el pueblo los **apoye**. *They will go to jail even if the public supports them.*
Nunca probó drogas **aunque** se las **ofrecieron.** *She never tried drugs although she was offered them.*	Nunca probaría drogas **aunque** se las **ofrecieran.** *She would never try drugs even if they were offered to her.*

Don't confuse **cómo** and **dónde,** which are question words, with **como** and **donde,** which are transitional words.

2. Como *(as, how, any way)* and **donde** *(where, anywhere)* use the indicative when referring to a specific manner or place, and the subjunctive when referring to an unknown manner or place.

Specific: Indicative	Unknown: Subjunctive
Lo escribí **como quise.** *I wrote it how I wanted.* Se vistió **como prefería.** *She went dressed as she preferred.*	Bueno, escríbelo **como quieras.** *OK, write it any way you want.* Dile que se vista **como prefiera.** *Tell her to go dressed any way she prefers.*
Siempre me quedo en hoteles **donde hay** piscina. *I always stay in hotels where there are pools.*	Me quedaré en un hotel **donde haya** una piscina enorme. *I will stay in a hotel where there is an enormous pool.*

pupusas = a Salvadoran round flat dough, which is generally stuffed with cheese or pork

Busqué el restaurante **donde servían** pupusas.
I looked for the restaurant where they served pupusas.

Busqué un restaurante **donde sirvieran** pupusas.
I looked for a restaurant where they served pupusas.

Actividad 30: Combinaciones Combina cada idea de la columna A con una de la columna B para formar oraciones lógicas.

A	B
Nunca te dejaré aunque	enseñarte / la semana pasada
Seguiremos viajando aunque	estar / muy cansados
Ayer trasnochamos aunque	pasar / su adolescencia
Ella volvió al lugar donde	dejarme / de querer
Busco un apartamento donde	preferir
Puedes venir vestido a mi fiesta como	poder vivir / cómodamente
Prepara el mate de coca como yo	quedarse / sin dinero

Actividad 31: El crimen Termina las siguientes ideas sobre el crimen.

1. El hombre que violó a esa mujer salió en libertad condicional aunque . . .
2. Quisiéramos vivir en un lugar donde . . .
3. Muchos criminales cometen crímenes horribles aunque . . .
4. Es necesario implementar el toque de queda donde . . .
5. Muchos asesinos parecen personas normales aunque . . .
6. A veces el castigo para un criminal no es como . . .

Actividad 32: ¿Legalización o no? **Parte A:** Actualmente se habla mucho sobre la legalización de las drogas en varios países del mundo, inclusive en los Estados Unidos. Lee las siguientes ideas sobre la legalización de las drogas e indica si crees que muestran una posición a favor (AF) o en contra (EC). Luego comparte tus ideas con el resto de la clase.

1. _____ Una de las formas de destruir el narcotráfico es la legalización, pero esto no significa legalizar a los capos del narcotráfico.
2. _____ Los narcotraficantes obtienen unas ganancias increíbles debido a la prohibición de la droga. Hay que acabar con esto.
3. _____ Sería muy peligroso legalizar la marihuana en Colombia. Esto podría crear la imagen de una narcodemocracia.
4. _____ Es factible que la legalización de la droga traiga como resultado un aumento del consumo.
5. _____ La legalización no es una buena solución pues la droga siempre va a estar prohibida para alguien, como por ejemplo, los menores de edad.
6. _____ Para terminar con la droga hay que acabar con los narcotraficantes de Cali y México.
7. _____ La muerte de Pablo Escobar, el narcotraficante de drogas más poderoso de Colombia, no afectó el mercado.

8. _____ Legalizar las drogas en Colombia sería como perdonar y olvidar todos los crímenes cometidos por el narcoterrorismo.
9. _____ Los países productores no producirían tanta droga si no hubiera una demanda tan intensa de parte de los países consumidores. Hay que reducir la demanda.

Parte B: Ahora, formen dos grupos: uno a favor de la legalización de la droga en los Estados Unidos y el otro en contra. Tomen unos minutos para preparar sus argumentos usando ideas de la Parte A como punto de partida. Luego, hagan un debate sobre la legalización de la droga.

Vocabulario activo

Crimen y castigo

Ver página 273.

Expresiones útiles

a propósito	*on purpose*
(para) dentro de (diez) horas/días/años/etc.	*in (ten) hours/days/years/etc.*
pretender + *infinitive*	*to try* + infinitive

Verbos que se usan con la construcción *se* + complemento indirecto

acabar/terminar	*to finish*
caer	*to fall*
descomponer	*to break down*
olvidar	*to forget*
perder	*to lose*
quedar	*to remain behind*
quemar	*to burn*
romper	*to break*

Vocabulario personal

CAPÍTULO 12

Variedad hispana en los Estados Unidos

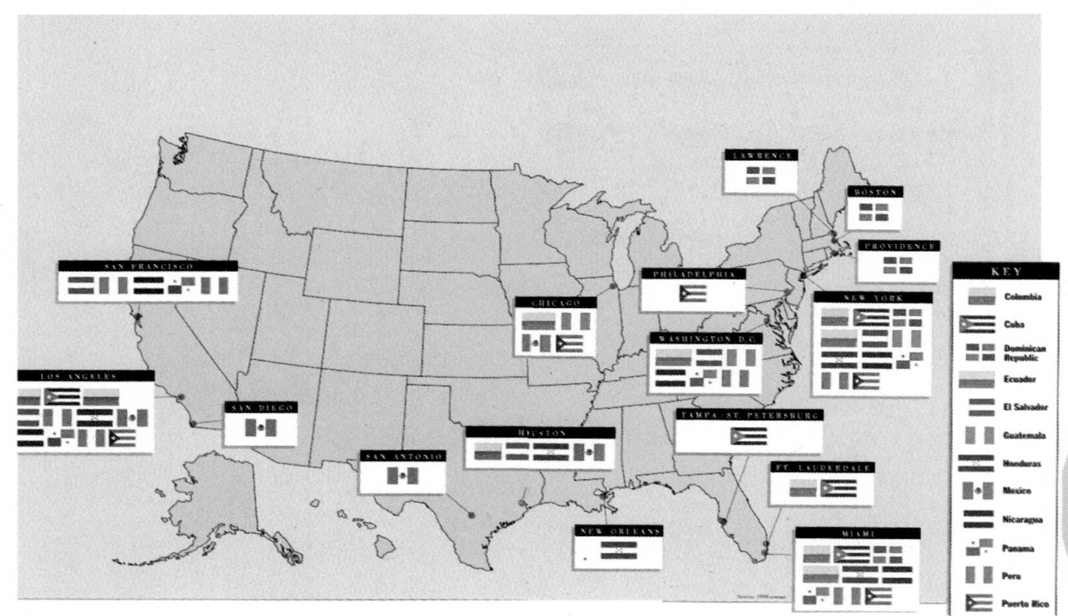

COMMUNICATIVE GOALS

- discussing immigration
- narrating and describing in the past, present, and future (a review)

ADDITIONAL GOAL

- using the infinitive

Un poema

trabajar de sol a sol	to work from sunrise to sunset
los mojados	wetbacks (derogatory slang)
un hacelotodo	jack-of-all-trades

Actividad 1: Proyecciones Mira el siguiente mapa sobre la población de los Estados Unidos y discute las preguntas que lo acompañan.

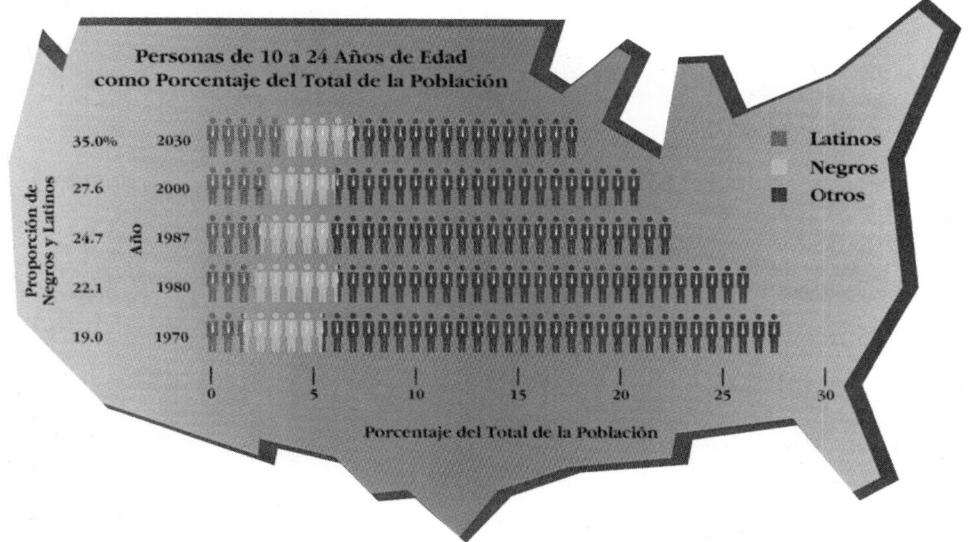

1. ¿Crece o disminuye el porcentaje de personas de 10 a 24 años en los Estados Unidos entre 1970 y el 2030?
2. Entre la gente de 10 a 24 años, ¿cuál era el porcentaje de la población negra y latina en 1970? ¿Y cuál será el porcentaje en el 2030?
3. ¿Disminuyen o crecen los siguientes sectores de la población en los Estados Unidos entre 1970 y el 2030?
   a. los negros y latinos juntos entre 10 y 24 años
   b. los negros entre 10 y 24 años
   c. los latinos entre 10 y 24 años

Actividad 2: Un poema La locutora de un programa de radio en Los Ángeles, California, va a leer un poema. Escúchala y marca las mejores palabras para describir el tono de este poema.

_____ irónico	_____ imparcial	_____ optimista
_____ pesimista	_____ triste	_____ repetitivo
_____ alegre	_____ exagerado	

Actividad 3: Los hacelotodo Antes de escuchar el poema otra vez, lee las siguientes preguntas. Luego escucha el poema para buscar la información apropiada.

1. sobre quiénes habla el poeta, de dónde son y dónde viven
2. cinco actividades hechas por estas personas
3. qué piensa el poeta sobre estas actividades
4. cuatro cosas que les han ocurrido a estas personas
5. cómo se sienten estas personas
6. cómo los ve el poeta

Actividad 4: Tu opinión **Parte A:** Después de escuchar el poema, di si estás de acuerdo con la imagen de los hispanos en los Estados Unidos que presenta el poeta. Justifica tu opinión.

Parte B: En parejas, una persona es el/la locutor/a del programa de radio donde se leyó el poema y la otra persona debe llamar para decir si le gustó el poema y por qué. Ambos deben justificar lo que dicen.

Parte C: En grupos de tres, escriban un poema, desde un punto de vista totalmente opuesto al del poema que escucharon, para mandar a una emisora de radio en Los Ángeles. Pueden usar un estilo semejante al del poema que escucharon.

¿LO SABÍAN?

La radio y la televisión hispanas en este país a veces intentan desempeñar un papel educativo. Es así como se pueden ver anuncios donde se les enseña a los padres a hacerles crítica constructiva a sus hijos cuando éstos sacan malas notas en la escuela. Algunas emisoras de radio transmiten anuncios educativos sobre el valor de terminar la escuela secundaria y los peligros del abuso del alcohol, las drogas y las enfermedades contagiosas como el SIDA. La radio KLAX de Los Ángeles tiene locutores que se consideran "hermanos de la comunidad" y que les hablan, por ejemplo, a los pandilleros para que terminen con la violencia y mejoren su vida. Di qué anuncios educativos se pueden ver en la televisión de tu ciudad.

El no dejó de inyectarse drogas... por eso lo dejé.
No sé si compartió con otros las agujas. Solo sé que se inyectaba, y eso es peligroso. Creo que yo no le importaba tanto como para dejar las drogas. El sabía que los dos podíamos adquirir el SIDA, y le rogué que no lo hiciera. Hasta le pedí que buscara consejo y tratamiento contra las drogas. Yo hice todo lo posible, pero él no me hizo caso. Por eso . . . lo dejé.
AMERICA RESPONDE AL SIDA
1-800-344-SIDA
1-800-344-7432

I. Discussing Immigration

La inmigración

los antepasados
la ascendencia
el asilo político
asimilarse
el bilingüismo, bilingüe
la ciudadanía, el/la ciudadano/a
el coyote
el/la descendiente
el/la emigrante, emigrar (de)
el exilio, el/la exiliado/a, vivir en el exilio
la frontera, fronterizo
el/la indocumentado/a
el/la inmigrante, inmigrar (a)
legal, ilegal
la migra
la nostalgia, tener nostalgia
el/la refugiado/a político/a
la residencia, el/la residente
la tarjeta verde

Actividad 5: Explícalo Las palabras de la lista de vocabulario no están traducidas porque muchas son cognados y las otras se pueden adivinar con un poco de imaginación. Intenta explicar estas palabras que aparecen en el vocabulario anterior.

la nostalgia
el/la residente
la tarjeta verde
el/la indocumentado/a
el asilo político
el coyote
el/la ciudadano/a
la migra
el bilingüismo

Actividad 6: Inmigración y emigración En parejas, hagan una lista de cinco motivos por los cuales hay más inmigración a los Estados Unidos y menos emigración de los Estados Unidos a otros países. Estén preparados para explicar los motivos.

Actividad 7: La nostalgia Ésta es la idea que expresó una inmigrante mexicana en los Estados Unidos. En parejas, discutan si alguna vez han sentido nostalgia de algo, y digan de qué y por qué.

"Cuando vine a este país comencé a extrañar *(miss)* todas las cosas de mi país, inclusive a los mariachis que en México los odiaba".

Actividad 8: Un cuestionario Vas a dar una opinión **anónima** sobre puntos importantes concernientes a los hispanos en este país. Escribe en una hoja los números del 1 al 12 y mientras lees cada oración del cuestionario, asígnale una letra (a, b, c, d). Luego entrégale la hoja a tu profesor/a y sigue sus instrucciones.

a. estoy de acuerdo
b. no estoy completamente de acuerdo
c. no estoy de acuerdo
d. no estoy nada de acuerdo

1. Muchos inmigrantes intentan pasar por refugiados políticos cuando lo que en realidad buscan es dinero.
2. Los inmigrantes son muy trabajadores.
3. Debemos mandar a todos los inmigrantes ilegales a su país de origen.
4. Sólo los ciudadanos estadounidenses deben recibir servicios médicos, excepto en casos de emergencia.
5. La pobreza de México es la causa del alto índice de inmigrantes de ese país a los Estados Unidos.
6. La gente que emplea a los trabajadores indocumentados tiene la culpa de que haya tantos inmigrantes ilegales.
7. Los inmigrantes ilegales pagan más dólares en impuestos de lo que gastan en servicios públicos.
8. El gobierno acepta cuotas mayores de inmigrantes europeos que de personas de países tercermundistas.
9. La inmigración ilegal existe porque hay una relación de oferta y demanda: los Estados Unidos necesitan la mano de obra barata y los inmigrantes ilegales necesitan trabajo.
10. Los inmigrantes indocumentados contribuyen al progreso de la economía del país.
11. Si pudieran, muchos inmigrantes no saldrían de su país de origen; sólo lo hacen por necesidad económica o política.
12. El gobierno debe hacer más para vigilar las fronteras del país.

Actividad 9: Una amiga norteamericana Lee la siguiente anécdota y luego di cómo te sentirías si estuvieras en el lugar de esta muchacha norteamericana.

Tengo una amiga norteamericana a la que le ocurre algo muy curioso. En su país mucha gente le pregunta de dónde es y cuando ella dice que es de Crystal City, una ciudad de Texas, le vuelven a preguntar de qué parte de México es. Porque ella tiene la piel oscura y ciertos rasgos que tienen muchos mexicanos, la gente piensa que ella es mexicana sin lugar a dudas. Pero hace cuatro generaciones que su familia vive en los Estados Unidos y no habla ni una palabra de español. Ella no es inmigrante. Es tan americana como cualquiera y es muy incómodo que todo el tiempo le estén haciendo esta pregunta porque indirectamente le están diciendo: “Con ese color de piel, tú no puedes ser de los Estados Unidos”.

II. Using the Infinitive

Review and Other Uses of the Infinitive

During this course you have used the infinitive in a variety of situations. The following rules will help you review the different uses.

1. When using two or more verbs directly in succession as a verbal unit with the same subject, conjugate the first and use an infinitive for the second (third, fourth).

Los inmigrantes sólo **quieren dar**les una vida mejor a sus hijos.	*Immigrants only want to give their children a better life.*
Ella **desea tener** un buen trabajo, **dar** de comer a sus hijos y **vivir** en paz.	*She wants to have a good job, feed her children, and live in peace.*

If each verb is in a different clause introducing a different action, conjugate each verb.

Todos los días él **se levanta** temprano, **va** al trabajo y **regresa** a casa tarde.	*Every day he gets up early, goes to work, and returns home late.*

Exceptions to the conjugated verb + infinitive rule include verbs followed by present participles that denote actions in progress or repetitive actions:

Los inmigrantes **continúan trabajando** por necesidad en los puestos menos deseables de este país.

2. Follow **tener que** and **hay que** directly with an infinitive.

Tengo que sacar un número de seguro social.	*I have to get a social security number.*
Hay que obtener un permiso de residencia.	*It's necessary to get a residence permit.*

3. Impersonal expressions (**es posible, es necesario**, etc.) are followed by an infinitive when **que** + a subject are not present.

Es importante tener un buen seguro médico.	*It's important to have a good health insurance plan.*

But: **Es importante que (tú) tengas** un buen seguro médico.

Spanish: preposition + infinitive **(después de sacar)**
English: preposition + gerund *(after getting)*

4. Always use an infinitive directly after a preposition.

Los inmigrantes, tanto legales como ilegales, suelen pagar impuestos **después de sacar** la tarjeta del seguro social.	*Immigrants, both legal and illegal, normally pay taxes after getting a social security card.*
No puedes entrar a este país **sin tener** visa.	*You can't enter this country without having a visa.*

5. Use an infinitive after **al.**

Al llegar, encontraron un lugar para vivir.	*Upon arriving, they found a place to live.*

6. When a verb is the subject of the sentence, use an infinitive.

Emigrar es a veces necesario.	*Emigrating is a necessity at times.*

The infinitive also functions as the subject after verbs that follow the pattern of **gustar.**

A los niños **no les gusta cambiar** de escuela con frecuencia pues luego **les cuesta hacer** nuevos amigos.	*Children do not like to change schools frequently because then it's difficult for them to make new friends.*

Actividad 10: Ideas sobre la inmigración Completa estas ideas sobre la inmigración usando el infinitivo.

1. Si quieres cruzar la frontera con México es imprescindible . . .
2. . . . en un país extranjero es una experiencia muy valiosa.
3. El refugiado político sufre mucho al . . .
4. Un indocumentado no puede . . .
5. Un coyote gana mucho dinero por . . .
6. . . . a la nueva cultura lleva tiempo, pero esta integración es de suma importancia.
7. Toda la familia ayudó a ese pariente, un nuevo residente, a . . .
8. . . . trabajo cuando no se habla el idioma del país, no es nada fácil.

Actividad 11: Bienvenidos al programa Uds. son locutores de la emisora de radio KLAX en Los Ángeles y tienen que escribir una serie de mensajes cortos para educar a la comunidad. Pueden estar dirigidos a los jóvenes que dejan los estudios, que venden drogas o se drogan, que pertenecen a pandillas y que no escuchan a sus padres; también pueden estar dirigidos a los padres que están muy preocupados y no saben qué hacer con sus hijos. Usen el infinitivo cuando sea posible.

➤ **Utilizar** agujas usadas para **drogarse** es una de las principales maneras **de contraer** el SIDA. **Deben dejar de drogarse,** o por lo menos, **usar** siempre una jeringa nueva. **Drogarse** es un pasaje de ida solamente.

III. Narrating and Describing in the Past, Present, and Future (A Review)

In this chapter you will review how to narrate and describe in the past, present, and future. Before reviewing each, read the following chart, which is a synopsis of the life of a man and his family. First, read the columns vertically. Then go back and compare the horizontal columns to each other.

Past	Present	Future
Cuando era joven, Juan vivía en Puerto Rico.	Ahora Juan vive en Nueva York con su familia.	Juan va a comprar una casa en Puerto Rico y vivirá allí durante los veranos.
Tenía 17 años cuando terminó sus estudios de secundaria.	Tiene 40 años y trabaja en el Hospital Mount Sinai.	Tendrá 65 años cuando se jubile.
Sus padres querían que él fuera a los Estados Unidos a estudiar medicina.	Tiene una hija y quiere que ella pase los veranos con sus abuelos en Puerto Rico para que aprenda bien el español.	Él y su esposa querrán que su hija asista a Harvard también.
Como había sacado buenas notas en la escuela, lo aceptaron en Harvard.	Como ella saca buenas notas en la escuela, no tiene que estudiar durante el verano.	Seguramente ella sacará buenas notas y será doctora como sus padres.
Mientras estaba estudiando en Harvard, conoció a su esposa, Marta.	Mientras su esposo está en el hospital, Marta, que también es doctora, trabaja con niños que padecen de SIDA.	Mientras ella esté estudiando la carrera universitaria, trabajará como voluntaria en un hospital.
Siempre decía que si se hubiera quedado en Puerto Rico nunca la habría conocido.	Si Marta tuviera más tiempo, iría a las escuelas para hablar sobre la prevención del SIDA.	En caso de que pueda, querrá trabajar con niños que padezcan de SIDA, igual que su madre.

Now you will review how to discuss past, present, and future actions and states. If you feel you need more in-depth explanations, you should consult the pages given in the annotations in the margin.

A. Discussing the Past

To review narration and description in the past, see pages 66–75 and 89–98. Note that throughout the chapter, topic titles and page references are given in the margin to tell you where you can review the topic.

1. Look at how the preterit and imperfect are used to talk about the past as you read this brief summary of Cuban immigration to the United States.

Preterit	Imperfect
	• **Setting the scene** Durante la década de los 50, **había** mucha corrupción en el gobierno de Batista en Cuba.
• **Completed action** **Hubo** una revolución en 1959 y después Fidel Castro **subió** al poder.	• **Age** Castro **tenía** sólo 32 años.
• **End of action** La revolución le **puso fin** al gobierno de Batista.	• **Action or state in progress** Pero muchas personas le **tenían** miedo al nuevo régimen comunista.
• **Beginning of action** En 1959 **empezó** el gran éxodo de cubanos hacia los Estados Unidos y en 1966 **comenzó** la salida de una segunda ola de refugiados.	• **Habitual or repeated action** Cada día **llegaba** más y más gente a las costas y aeropuertos de los Estados Unidos, la cual **buscaba** asilo político.

• **Action in progress interrupted**
Muchos **murieron** cuando **intentaban/estaban intentando*** salir de Cuba en embarcaciones pequeñas.

Preterit	Imperfect
• **Action over specific period of time** Algunos de los marielitos (los inmigrantes que llegaron en 1980), **permanecieron cuatro años** en bases militares o cárceles de los Estados Unidos antes de ser deportados. Otros todavía están en este país.	• **Simultaneous ongoing actions** Mientras **llegaban** los marielitos en 1980, mucha gente **protestaba** en contra de su entrada a los Estados Unidos.
	• **Ongoing emotion or mental state** En los Estados Unidos, muchos cubanos **tenían nostalgia** por su isla y por su vida anterior al gobierno de Castro.

*Note: The past progressive can also be used to denote actions in progress.

Past action preceded by other past actions, see page 77.

2. To denote a past action that preceded another past action, use the pluperfect.

En 1980 Fidel Castro **dejó emigrar** a miles de cubanos desde el puerto de Mariel, pero antes **había abierto** las cárceles para deshacerse de personas no gratas.

Narrating in the past, see page 200.

3. To ask the question *Have you ever?* and to refer to past events with relevance to the present, use the present perfect.

—¿**Has leído** algún artículo sobre la situación cubana actual?
—Últimamente no **he encontrado** nada sobre Cuba en el periódico.

Imperfect subjunctive, see page 217.

4. To describe something that may or may not have existed, use the imperfect subjunctive in dependent adjective clauses.

Los cubanos que salieron de Cuba querían ir a **un lugar donde pudieran** empezar una vida nueva.

Past pending actions, see pages 175, 194, 217.

5. To refer to a pending or not yet completed past action in relation to a point of reference in the past, use the imperfect subjunctive in dependent adverbial clauses.

Muchos refugiados políticos querían quedarse en los Estados Unidos **hasta que cambiara** el gobierno en su país.
Vivían humildemente **para que** sus hijos **tuvieran** un futuro mejor.

Present perfect, imperfect and pluperfect subjunctive, see pages 145, 217, 271.

6. To talk about somebody else's past actions, use the present perfect subjunctive, the imperfect subjunctive, or the pluperfect subjunctive in a dependent clause after expressions of influence, emotion, and other feelings and reactions.

Es una pena que tantas familias **se hayan separado** por razones políticas.
Mucha gente quería que Kennedy **interviniera** militarmente en contra de Castro.

Cuando era pequeño me sorprendía que mis padres **hubieran dejado** a mis abuelos en Cuba, pero ahora lo entiendo.

Hypothesizing about the past, see page 268.

7. To hypothesize about a past occurrence use **si** + pluperfect subjunctive, conditional perfect.

Si yo **hubiera sido** un exiliado político, no **habría podido** volver a mi país.

Actividad 12: Los inmigrantes hispanos Habla de la llegada de los tres grupos hispanos principales (mexicoamericanos, cubanos, puertorriqueños) a los Estados Unidos usando los siguientes datos. Incorpora el nombre del grupo apropiado en tus oraciones.

➤ en 1959 / empezar a salir de la isla / después de subir al poder Fidel Castro

En 1959 los cubanos empezaron a salir de la isla después de subir al poder Fidel Castro.

1. vivir / en la zona que se extiende de Texas a California antes de los primeros inmigrantes anglosajones
2. llegar / como refugiados políticos
3. en 1917 / recibir / el estatus de ciudadanos estadounidenses
4. en 1848 / firmar / el Tratado de Guadalupe Hidalgo con los Estados Unidos
5. para 1980 / ya / habitar / en Chicago, Los Ángeles, Miami, Filadelfia y el norte de Nueva Jersey
6. establecerse / principalmente en Miami
7. después de la Segunda Guerra Mundial / comenzar / la movilización a Nueva York
8. uno de los grupos de inmigrantes / ser / el de los marielitos
9. no querer / que sus hijos / vivir / bajo un régimen comunista

Actividad 13: Otros inmigrantes Di por qué llegaron los siguientes grupos a los Estados Unidos y más o menos cuándo lo hicieron.

1. los judíos
2. los irlandeses
3. los africanos
4. los vietnamitas, camboyanos y laosianos

Actividad 14: Tus antepasados En grupos de tres, discutan las siguientes preguntas para hablar de sus antepasados. Si tienen alguna anécdota, cuéntensela a sus compañeros/as.

1. ¿De dónde vinieron sus antepasados? Si alguno de Uds. es indígena de este país, puede hablar de cómo era la vida de sus antepasados y los cambios que ocurrieron por la llegada de inmigrantes.
2. ¿Cuántas generaciones de su familia han nacido en este país?
3. ¿Sufrieron sus antepasados algún tipo de discriminación? Expliquen por qué sí o no.
4. Cuando eran niños/as, ¿se hablaba en su casa un idioma que no fuera inglés? ¿Y cuando sus padres eran niños? ¿Y cuando sus abuelos eran niños?
5. ¿Qué querían los inmigrantes de su familia que hicieran sus hijos en este país?

Actividad 15: Un anuncio comercial **Parte A:** Mira el siguiente anuncio comercial y busca pistas *(clues)* que indiquen que está dirigido específicamente a hispanos inmigrantes en los Estados Unidos.

¡Qué chiquito es el mundo! Mira que encontrarme a Rubén aquí en Estados Unidos después de tanto tiempo.

Yo estaba almorzando con una compañera del trabajo en el McDonald's de aquí a la vuelta y lo vi entrar.

"Rubén", le grité.

"¡Ernesto!", y nos dimos tremendo abrazo.

"¿Qué haces aquí?", pregunté

"Lo mismo que tú, a punto de comerme un Big Mac", me contestó vacilándome como lo hacía antes.

Me contó que se casó con Lupe, su novia de toda la vida, que tienen dos niñas preciosas y que lo acaban de transferir aquí a Estados Unidos.

Y así se nos pasó el tiempo.

Si no hubiera sido porque teníamos que regresar a trabajar, nos hubiéramos quedado el resto de la tarde platicando en McDonald's.

¡Qué agradable reencontrarnos!

Lo que quieres, aquí está.

vacilar = to kid (around)

Parte B: Contesta las siguientes preguntas.

1. ¿Por qué crees que McDonald's haya hecho un anuncio comercial dirigido a inmigrantes? Justifica tu respuesta.
2. ¿Sería buena idea traducir este anuncio al inglés y ponerlo en una revista como *Time* o *Sports Illustrated*? Justifica tu respuesta.
3. En el anuncio Ernesto dice: "¡Qué chiquito es el mundo!" ¿Estás de acuerdo con esta frase?

4. Mientras estabas en otra ciudad u otro país ¿alguna vez te has encontrado con *(have you run into)* alguien a quien conocías ? ¿Qué pasó?
5. ¿Alguna vez, estando de vacaciones, te has encontrado a alguien que no conocías, pero que era de tu estado o tu ciudad? ¿Sentiste alguna afinidad con esa persona? ¿En qué sentido?
6. Si cuando eras niño/a se hubieran tenido que trasladar *(transfer)* tus padres a otro país, ¿dónde te habría gustado vivir? ¿Por qué?

Actividad 16: Inmigrantes ilustres Los siguientes inmigrantes han aportado mucho a la cultura norteamericana. En grupos de tres, digan de dónde son y qué han hecho las siguientes personas.

1. Martina Navratilova
2. Alberto Einstein
3. Henry Kissinger
4. la Dra. Ruth Westheimer
5. Mikhail Baryshnikov
6. Werhner Von Braun
7. Ted Koppel
8. Andrew Carnegie

Actividad 17: Contribuciones hispanas a los EE.UU. En parejas, lea cada uno la información sobre uno de los siguientes hispanos famosos para luego contársela a la otra persona, usando verbos en el pasado.

Roberto Clemente (1934–1972)

- nacer / en Puerto Rico
- mientras / jugar / con los Pittsburg Pirates / dar / 3000 batazos *(hits)*
- ayudar / a su equipo a ganar dos Series Mundiales
- llegar a ser / cuatro veces bateador campeón de la Liga Nacional
- los puertorriqueños / considerarlo / héroe nacional
- ser / muy generoso
- mientras / viajar / a Managua, Nicaragua para ayudar a víctimas de un terremoto / morir / en un accidente de avión en 1972
- ser / elegido al "Hall of Fame de Béisbol" en 1973

Jaime Escalante (1930–)

- nacer / en Bolivia
- enseñar / matemáticas y física en La Paz 11 años
- en 1964 / mudarse / a Los Ángeles
- California / no reconocer / su experiencia laboral
- trabajar / como cocinero y / ser / técnico electrónico mientras / estudiar / matemáticas en la universidad
- en 1964 / graduarse / con título de matemáticas
- trabajar / en la escuela secundaria Garfield en el este de Los Ángeles
- lograr / que muchos estudiantes / aprobar / el examen de cálculo de AP
- su historia / ser / la fuente de inspiración para la película *Con ganas de triunfar (Stand and Deliver)*

El actor Edward James Olmos con Jaime Escalante mismo durante un alto en la filmación de la película Con ganas de triunfar.

Actividad 18: Mujeres mexicoamericanas Lee las siguientes biografías que están escritas en el presente histórico y cámbialas al pasado.

Dolores Huerta

Nace en Nuevo México en 1930 y al dejar la casa de sus padres, se muda con su madre, dos hermanos y su abuelo a Stockton, California, donde tiene parientes. Puesto que su madre llega a tener un restaurante, puede vivir con cierta comodidad. Después de fracasar en su primer matrimonio, durante el cual nacen dos hijas, obtiene un título universitario. Después de la Segunda Guerra Mundial participa en un grupo que se dedica a inscribir a la gente para votar y organiza clases de ciudadanía; finalmente termina trabajando como la mano derecha de César Chávez en la organización y administración del sindicato de trabajadores agrícolas United Farm Workers. Llega a tener un total de once hijos.

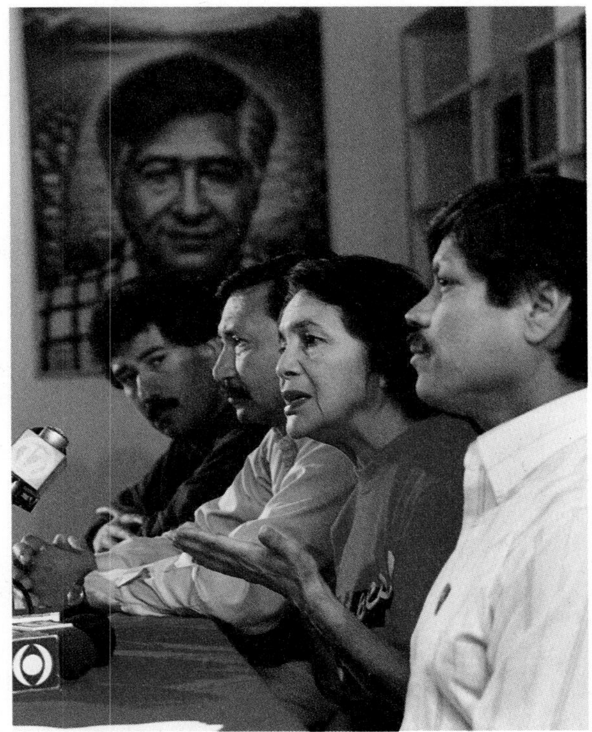

▲ *Dolores Huerta en una conferencia de prensa en Keene, California.*

Ellen Ochoa

Nace en 1958 en Los Ángeles y con el tiempo sus padres se divorcian y vive con su madre y cuatro hermanos. Durante su infancia, su madre les habla con frecuencia de la importancia de estudiar para triunfar. Sus materias favoritas en la escuela secundaria son matemáticas y ciencia, pero en la universidad cambia de carrera cinco veces; de música a negocios a periodismo a ciencias de la computación y a física. Se gradúa en la Universidad de Stanford con un doctorado en ingeniería electrónica. En 1990, llega a ser la primera astronauta hispana.

◀ *Ellen Ochoa toca la flauta para distraerse en un vuelo del taxi espacial Discovery.*

B. Discussing the Present

Narrating in the present, see pages 17 and 40.

1. To talk about present habitual actions or present events or states, use the present indicative.

Nunca **tengo** tiempo para hacer todo lo que **quiero.**

Hoy en día muchos hispanos **ocupan** puestos importantes en el gobierno.

Hace calor y **estoy** cansada.

Actions in progress, see page 45.

2. To discuss actions in progress at the moment of speaking, you may use either the present indicative or the present progressive.

Ellos **estudian/están estudiando** en la biblioteca ahora.

Describing the unknown, see page 170.

3. To describe something that may or may not exist, use the present subjunctive in the dependent clause.

Quiero ir a un lugar donde no **existan** los prejuicios.

Present subjunctive, see page 141.

4. To talk about somebody else's present actions, use the present subjunctive in a dependent clause after expressions of emotion, doubt, and other feelings and reactions.

Resulta sorprendente que el 90 por ciento de los trabajadores agrícolas de California **sea** hispano.

Present subjunctive, see pages 119 and 124.

Commands, see pages 125 and 127.

5. To express influence about somebody else's actions, use a command or the present subjunctive after an expression of influence.

Ayúdame.

Dile que me **ayude.**

Quiero que me **ayudes.**

Hypothesizing about the present, see page 255.

6. To hypothesize about contrary-to-fact situations, use **si** + imperfect subjunctive, conditional.

Si fuera político *(which I am not)*, **haría** todo lo posible para obtener el voto hispano.

Actividad 19: ¿Cuánto sabes? Haz el siguiente test para ver cuánto sabes sobre la población hispana de los Estados Unidos.

1. En el año 2010, se calcula que la población negra va a representar el 12,5% de la población estadounidense y que la hispana va a ser el:
   a. 8,5% b. 12,9% c. 14,4%
2. En los próximos años se proyectan menos nacimientos y menos inmigración hispana que durante la década de los 80 cuando la población hispana creció un:
   a. 30% b. 42% c. 53%

3. El porcentaje de hispanos que vive en áreas suburbanas es del:
   a. 17% b. 34% c. 43%
4. El porcentaje de hispanos que no habla español como lengua materna en los Estados Unidos es del:
   a. 20% b. 30% c. 40%
5. En la población norteamericana, hay 2,6 personas por familia. En la familia hispana hay:
   a. 2,8 b. 3,4 c. 4,5
6. El norteamericano (no hispano) mira un promedio de 3,2 horas de televisión al día. El hispano mira un promedio de:
   a. 1,7 b. 2,5 c. 3,6
7. El sueldo promedio en los Estados Unidos es de $30.500; el del hispano es:
   a. $18.500 b. $23.300 c. $26.500
8. El 25% de la población estadounidense es católica. El porcentaje de hispanos católicos es del:
   a. 55% b. 70% c. 80%
9. En los Estados Unidos la edad promedio es de 34 años; entre los hispanos es de:
   a. 25 b. 30 c. 38

Actividad 20: El poder adquisitivo Se calcula que en el año 2000 el poder adquisitivo de los hispanos en los Estados Unidos será de 477 mil millones de dólares y, por supuesto, las grandes empresas no pueden darle la espalda a este mercado. En grupos de tres, Uds. trabajan en una empresa de mercadeo y deben hacerles recomendaciones a compañías de Fortune 100 teniendo en cuenta lo que aprendieron en la actividad anterior. Piensen en los siguientes factores.

mil millones = one billion

- a qué sector de la población hispana le ofrecerían productos
- qué tipos de productos ofrecerían
- qué medios de comunicación usarían
- a qué lugares de la comunidad irían para regalarle muestras *(samples)* gratis a la gente

¿LO SABÍAN?

Las empresas de este país tienden a dirigir la promoción de sus productos a los hispanos por medio de las cadenas de televisión en español y de cientos de periódicos y revistas. Algunas de estas últimas como *Réplica* se publican en español y otras como *Hispanics* están publicadas en inglés, aunque a veces incluyen anuncios en español. Las compañías norteamericanas que más invierten en anuncios para los hispanos son Pepsi Cola, Coca-Cola, Metropolitan Life y Adolph Coors. Algunas empresas han encontrado otro lugar para anunciar y atraer a la comunidad hispana: la iglesia. Debido a que ésta ocupa un lugar central en la vida de un gran número de los hispanos que se encuentran especialmente en Texas y California, unas treinta empresas promocionan eventos de la iglesia mediante la donación de productos, cheques regalo *(gift certificates)* y cupones como propaganda para sus productos. Di si crees que la iglesia debe ser un lugar de promoción de productos comerciales.

Actividad 21: Un anuncio de Coca-Cola Lee el siguiente guión de un anuncio comercial que ha hecho Coca-Cola para la televisión. Después, contesta las preguntas que le siguen.

—¡Oye! ¡Qué padre! Un jueguito de fútbol ¿no?
—Muchacho, ¿cómo que "padre"? Se dice "chévere".
—Ya comenzaron de nuevo.
—¿Qué pasa? . . . Mira, "gaseosa".
—Que ya se dice "soda".
—No, "refresco".
—No, no, no, no, no, ya . . . una Coca-Cola.
—Ándale, ya nos entendemos.
—Salud.
—Salud.
—¡Oye! Mira, flaco, nos va a dejar la guagua.
—¿La "guagua"?
—Es el "camión".
—No, es el "bus".
—No, el "camión".
—No, es el "bus".
—"Guagua."

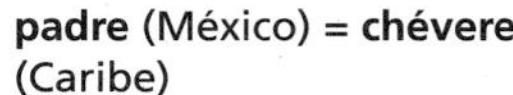

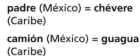

padre (México) = **chévere** (Caribe)

camión (México) = **guagua** (Caribe)

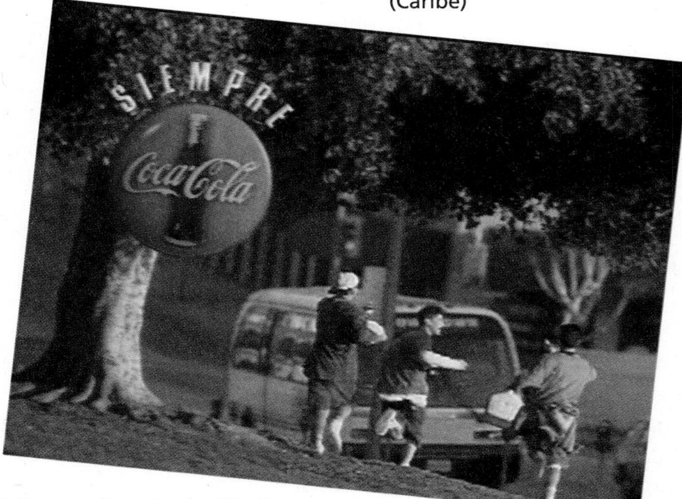

1. ¿Cuáles son las dos expresiones que son sinónimos de **¡qué bien!**? Hay tres expresiones diferentes que usan los muchachos para referirse al tipo de bebida que es la Coca-Cola, ¿cuáles son? ¿Qué palabras usan para decir autobús?
2. ¿A quién está dirigido este anuncio comercial?
3. ¿Usaría la empresa Coca-Cola este anuncio comercial en España? ¿En Chile? ¿En Venezuela? ¿Por qué sí o no?

¿LO SABÍAN?

La población consumidora hispana en los Estados Unidos consta de unos veinte subgrupos que incluyen doce millones de mexicanos, dos millones y medio de puertorriqueños, dos millones de centro y suramericanos y un millón de cubanos. Cada subgrupo se caracteriza por tener su propia cultura y diferencias lingüísticas, lo cual presenta un dilema al promocionar un producto. Algunos anuncios presentados en el oeste son dirigidos a la comunidad mexicana, mientras que los anuncios presentados en la Florida se dirigen principalmente a los cubanos. Por supuesto, muchas veces resulta más eficaz crear anuncios comerciales más generales para toda la comunidad hispana y usar un acento relativamente estándar y fácil de entender para todos.

Actividad 22: Elementos para comerciales Teniendo en cuenta lo que sabes de los hispanos en los Estados Unidos, marca para qué grupo o grupos se utilizarían los siguientes elementos al hacer un anuncio comercial. Justifica tus respuestas.

a. puertorriqueños b. mexicanos c. cubanos

1. _____ música de fondo: salsa
2. _____ abogados para conseguir una tarjeta verde
3. _____ música de fondo: mariachis cantando rancheras
4. _____ colores predominantes: verde, blanco y rojo
5. _____ protagonistas negros y blancos
6. _____ colores rojo, blanco y azul
7. _____ un jugador de fútbol
8. _____ un jugador de béisbol
9. _____ un hombre fumando un puro *(cigar)*
10. _____ alguien rellenando una tortilla con pollo
11. _____ un político del partido republicano

Actividad 23: El show de Cristina Uno de los programas más populares en la televisión hispana de los Estados Unidos es "El show de Cristina", un programa semejante al de Oprah Winfrey. El tema del programa de hoy es "Padres hispanos, hijos rebeldes". Este es un tema de interés en la comunidad hispana ya que muchos padres tienen conflictos cuando sus hijos comienzan a relacionarse con niños y adolescentes de otras culturas de este país y a rebelarse contra ellos. Las siguientes son algunas de las cosas que dicen los padres y los hijos:

comentarios de los padres	**comentarios de los hijos**
"Mi niña es una rebelde. Nunca llega a casa a la hora que le digo".	"Mamá no habla inglés".
"Ahora anda con unos pandilleros".	"Odio el español".
	"Me controlan constantemente".

En parejas, Uds. son psicólogos invitados al programa de Cristina. Piensen en las citas anteriores al preparar por lo menos tres consejos para darles a padres e hijos hispanos.

➤ Es importante que Uds. aprendan a escucharse el uno al otro.

Actividad 24: La discriminación Contesta las siguientes preguntas sobre la discriminación.

Remember: **discriminar a alguien.**

1. ¿Qué significa discriminar? ¿Por qué discrimina la gente?
2. ¿Alguna vez has sido víctima de discriminación?
3. ¿Quiénes discriminan a quiénes?
4. ¿A quién se discrimina en este país?
5. ¿A qué grupos discriminaba la gente en el pasado?
6. ¿Existe discriminación en tu universidad? En los Estados Unidos, se habla de *reverse discrimination.* ¿Qué significa? ¿Crees que existe?

Actividad 25: ¿Qué falta aquí? En parejas, lean el siguiente anuncio y discutan las preguntas que lo acompañan.

¿QUÉ FALTA AQUÍ?

Observa detenidamente este grupo de personas. Todas ellas tienen algo. Algunas tienen herramientas, otras portan una maleta, conducen un vehículo o llevan cualquier utensilio. Todas ellas podrían considerarse normales, gente corriente.

Sin embargo, hay una excepción. Ese buen hombre, el segundo por la derecha, en la tercera fila, parece no tener nada.

En efecto, no tiene nada. Es un refugiado. Y, como en principio habrás podido notar, es una persona como todas las demás. Porque los refugiados son gente corriente. Como tú y como yo. Gente normal con una pequeña diferencia: todo lo que tenían ha sido destruido o confiscado, arrebatado tal vez a cambio de sus vidas.

No tienen nada.

Y nunca más lo tendrán si no les ayudamos.

Por supuesto, no podemos devolverles aquello que les fue arrebatado. Pero sí podemos ofrecerles nuestra solidaridad. Por eso no te pedimos dinero, aunque la más mínima contribución siempre es una gran ayuda. Ahora lo que más necesitan es sentirse recibidos con cordialidad.

Tal vez una sonrisa no parezca gran cosa. Pero para un refugiado puede significarlo todo.

El ACNUR es una organización con fines exclusivamente humanitarios, financiada únicamente por contribuciones voluntarias. En la actualidad se ocupa de más de 19 millones de refugiados en todo el mundo.

ACNUR
Alto Comisionado para los Refugiados
Apartado 69045
Caracas 1062a
Venezuela

ACNUR
Naciones Unidas
Alto Comisionado para los refugiados

Cambio 16

1. ¿De quiénes habla el anuncio y cómo los describe?
2. ¿A quién está dirigido?
3. ¿Cuál es el propósito del anuncio y quién lo patrocina?
4. Los cubanos que vinieron a los Estados Unidos durante el régimen de Castro eran refugiados políticos. ¿Conocen Uds. a hispanos de otros países que también hayan sido aceptados como refugiados políticos? ¿Cuál era la causa?

Una familia de refugiados salvadoreños se cubre la cara para no ser identificados por las autoridades de Inmigración en Cincinnati, Estados Unidos.

¿LO SABÍAN?

Durante los años 70 y 80 muchos de los habitantes de El Salvador, Guatemala y Nicaragua huyeron de su patria porque su vida corría peligro, cruzaron México e intentaron entrar en los Estados Unidos. A excepción de los nicaragüenses, que fueron bien recibidos pues el gobierno nicaragüense no era reconocido por los Estados Unidos, se prohibió la entrada a los inmigrantes de los otros países, y el gobierno norteamericano decidió no aceptarlos como refugiados políticos. Fue así como muchas iglesias se organizaron y fundaron el movimiento "Santuario" para ayudarles a cruzar la frontera y darles casa, comida y apoyo tanto económico como espiritual. Algunos de los líderes norteamericanos del movimiento fueron encarcelados por su participación. Di si crees que un grupo religioso que quebranta la ley debe ser procesado *(prosecuted)* por participar en lo que considera actividades humanitarias.

C. Discussing the Future

Future actions, see pages 11 and 242.

1. To refer to a future action, you can use the following:

a. the present indicative — Esta noche **hay** una reunión de inmigrantes guatemaltecos.

b. **ir a** + infinitive — Los hispanos **van a formar** el grupo minoritario más grande de los Estados Unidos.

c. the future tense — En el futuro los hispanos **ocuparán** más puestos en el gobierno.

Present subjunctive, see pages 119 and 141.

2. To express influence or to talk about somebody else's future actions, use the present subjunctive in dependent clauses after expressions of influence, emotion, and other feelings and reactions.

Las grandes compañías querrán que los hispanos **compren** sus productos.

Para educar a la gente, es importante que **hagan** más anuncios sobre los efectos del cigarrillo.

Pending actions, see pages 175 and 194.

3. To describe actions that are pending or have not yet taken place, use the present subjunctive in dependent adverbial clauses.

Pienso ir a México a hacerle una visita a mi familia cuando **tenga** vacaciones.

Hypothesizing about the future, see page 265.

4. To say something will have happened by a certain time in the future, use the future perfect.

Para el año 2010 la población hispana de los Estados Unidos **habrá alcanzado** el 12,9 por ciento.

Hypothesizing about the future, see page 255.

5. To hypothesize about the future use **si** + present indicative, future or **ir a** + infinitive.

Si los Estados Unidos **incrementan** sus exportaciones a Hispanoamérica, **crearán** más empleos.

Actividad 26: Un poco de imaginación Una familia migratoria va a viajar por los Estados Unidos para trabajar en la agricultura. En parejas, identifiquen por lo menos tres problemas que creen que puedan tener los niños de esa familia, los cuales tienen siete y once años.

Actividad 27: English Only En 1983, el entonces senador Hayakawa de California (R) creó el movimiento de *U.S. English* para lograr, entre otros, los siguientes objetivos:

- adoptar una enmienda *(amendment)* constitucional para que el inglés fuera el idioma oficial de este país
- limitar los fondos gubernamentales para la educación bilingüe

Dividan la clase en dos grupos para debatir si el inglés debe convertirse en el idioma oficial de este país. Cada grupo tiene que preparar un argumento a favor o en contra. Lean las siguientes citas para apoyar sus ideas. Su profesor/a va a moderar el debate.

"No hay suficientes lugares para estudiar inglés".
"Si se hablan muchos idiomas, ¿cómo es posible conducir los asuntos oficiales?"
"Los niños sufren un shock muy fuerte cuando entran en la escuela y no entienden a los maestros ni a sus compañeros".
"El inglés sigue siendo el idioma predominante aunque se hablen otros idiomas".

"Quiero que mis empleados hablen sólo inglés para saber de qué hablan".
"La educación bilingüe es necesaria para que nuestros niños sean competitivos en un mercado global. Privarlos de esa ventaja afectaría el futuro económico de este país".
"Las clases bilingües han creado dos sistemas educativos paralelos: uno en inglés y otro bilingüe. Esto lleva a que ciertos estudiantes se gradúen con deficiencias en inglés".
"El 94 por ciento de la población de los Estados Unidos habla inglés. Estamos gastando millones de dólares en clases bilingües".
"Los inmigrantes pueden tener una vida mejor si aprenden inglés".
"Hablar una variedad de idiomas contribuye a la riqueza cultural de un país".

Actividad 28: El futuro ¡Felicitaciones por haber terminado este curso de español de nivel intermedio! Algunos de Uds. van a dejar el estudio del idioma después de este curso, otros irán a un país de habla española el año que viene para poner en práctica lo que han aprendido y algunos más van a continuar sus estudios del idioma en la universidad. En el futuro, todos Uds. van a usar el español de una forma u otra, sea en un viaje a un país hispano, al mirar una película en español o posiblemente al usarlo en el trabajo. En grupos de tres, discutan cómo creen que pueden usar el español en el futuro.

International Tax Manager

You are a CPA with 3-5 years' experience in planning the International Tax Function of a multinational corporation. In addition to in-depth knowledge of Subchapter C, 482 and Subchapter N of the IRC, your knowledge of Foreign Tax Laws will benefit you in this fast-paced environment. Specifically, you will be responsible for planning and compliance for EMC's foreign operations. You will assist in tax evaluations of international acquisitions and reorganization, taxation of foreign currency transactions and FSC maintenance and planning, as well as foreign tax credit planning to ensure utilization. BA/BS in Accounting, MST or LLM required. Some travel required. **Job Code: GS**

SR. WIC NUTRITIONIST

F/T to oversee nutrition services, assess, counsel & certify WIC participants. Bachelors Degree in nutrition w/min. 2 yrs. exper. in community setting, Masters pref'd., WIC exper. pref'd. Excel counseling skills req'd. Spanish language a plus. Resume & cover letter by 8/26/94 to Personnel Dir. Community Action, Inc., 25 Locust St., Haverhill, MA 01832. Affirmative Action, Equal Oppty. Employer.

EDITOR

Music Magazine Editor. We're looking for a talented editor with strong organizational skills who can manage a start-up. Experience in the music/entertainment field required; expertise in Latin music and Spanish language proficiency highly desirable. Competitive salary and excellent benefits pkg. Send resume, cover letter and clips

BILINGUAL TECHNICAL TRAINERS – PORTUGUESE AND/OR SPANISH

Will deliver technical seminars to international customers and personnel. In addition to the requirements for technical trainers outlined above, successful candidates will be fluent in written and spoken Portuguese and/or Spanish. Some travel required.

CABLETRON SYSTEMS Inc.
The Complete Networking Solution™.

RECEPTIONIST/SECRETARY

BI-LINGUAL (SPAN/ENG.) Two (2) positions available in small law office. Must have H.S. Diploma, type 60 wpm, & have word processing skills. Good benefits. Salary dependent on experience. Send resume to Ross, Martel & Silverman, 59 Temple Place, Suite 605, Boston, MA. 02111.

BILINGUAL RESEARCH

Market research firm is looking for bilinqual speakers to conduct consumer study in Spanish. Evening hours. Short-term project. Please send resume:

Vocabulario activo

La inmigración

el bilingüismo, bilingüe
el/la emigrante, emigrar (de)
el exilio, vivir en el exilio, el/la exiliado/a
el/la inmigrante, inmigrar (a)
legal, ilegal
la nostalgia, tener nostalgia
el/la refugiado/a político/a
la residencia, el/la residente

los antepasados	*ancestors*
la ascendencia	*ancestry*
el asilo político	*political asylum*
asimilarse	*to assimilate*
la ciudadanía	*citizenship*
el/la ciudadano/a	*citizen*
el coyote	*person who helps another to cross the border with Mexico illegally (slang)*
el/la descendiente	*descendant*
la frontera, fronterizo	*the border, adj. meaning on or near the border*
el/la indocumentado/a	*undocumented*
la migra	*Immigration and Naturalization Services (slang)*
la tarjeta verde	*green card*

Expresiones útiles

un hacelotodo	*jack-of-all-trades*
los mojados	*wetbacks (derogatory slang)*
trabajar de sol a sol	*to work from sunrise to sunset*

Vocabulario personal

Buena comida y ¿un tango sensual?

Como todos los años, los trabajadores de la fábrica tuvieron una fiesta en el restaurante Le Rendezvous después de Semana Santa. Esta reunión fue algo extraordinario. La nueva presidenta del sindicato ha sido fiel a su palabra: dijo que mejoraría las relaciones entre la dirección y los empleados y prometió que no lo haría de una manera convencional. Este viernes cumplió con su palabra cuando bailó un tango sensacional con Felipe Bello.

El tango fue una representación cómica e irónica de las relaciones entre la gerencia y el sindicato. Él llevaba un saco con sus iniciales y ella una camiseta blanca con el símbolo del sindicato. Él ejercía el control mientras ella bailaba con una rosa entre los dientes. Los dos se burlaban del control que tiene un jefe y de cómo puede abusar de los empleados. Pero poco a poco cambió el baile y al final, él tenía la rosa entre los dientes y era ella quien ejercía el control.

La esposa del Sr. Bello no dejaba de reírse y al terminar el baile se levantó y le preguntó a su esposo qué significaba el final cuando él estaba tendido en el suelo con el pie de la mujer sobre su estómago y la rosa en una mano. Él le dijo que la presidenta había negociado un aumento de sueldo a partir del primero de mayo. El anuncio inesperado fue recibido con grandes aplausos del público eufórico.

Reference Section

Appendix A: Formation of Tenses

Appendix A contains rules for verb conjugations in all tenses and moods. Since you may already be familiar with much of the information in this appendix, you should read through the explanations and focus on what is new to you or what you feel you may need to review in more detail. Highlighting portions of the explanations might help you study more efficiently. Inexpensive reference books that may help you find specific verb conjugations are *201 Spanish Verbs* and *501 Spanish Verbs*, published by Barron's Educational Series.

- While studying these rules, remember that most compound verbs are conjugated like the base verb they contain: **con*seguir*, ob*tener*, re*volver***, etc.
- Reflexive verbs can be used in all tenses and moods. To review placement of reflexive pronouns and other object pronouns, see page 323.
- To review accentuation rules, see page 321.

The Present Indicative Tense—El presente del indicativo

1. Regular Forms

A. To form the present indicative of regular verbs, drop the **-ar, -er,** or **-ir** ending of the infinitive and add the appropriate endings to the stem.

dibuj**ar**		corr**er**		viv**ir**	
dibuj**o**	dibuj**amos**	corr**o**	corr**emos**	viv**o**	viv**imos**
dibuj**as**	dibuj**áis**	corr**es**	corr**éis**	viv**es**	viv**ís**
dibuj**a**	dibuj**an**	corr**e**	corr**en**	viv**e**	viv**en**

B. Certain verbs are regular but need spelling changes in the **yo** form to preserve the pronunciation. Remember these spelling conventions to help you:

Hard "g" sound: **ga gue gui go gu**
extin**guir**: extin**go**, extingues, extingue, etc.

Soft "g" sound: **ja ge gi jo ju**
diri**gir**: diri**jo**, diriges, dirige, etc.
esco**ger**: esco**jo**, escoges, escoge, etc.

"z": **za ce ci zo zu**
ven**cer**: ven**zo**, vences, vence, etc.

2. Irregular Forms

A. The following verbs have irregular **yo** forms. All other forms are regular.

caber → quepo; caer → caigo; dar → doy; haber → he;
hacer → hago; poner → pongo; saber → sé; salir → salgo;
traer → traigo; valer → valgo; ver → veo

Most verbs that end in **-cer** and **-ucir** have irregular **yo** forms.

cono**cer**: cono**z**co, conoces, conoce, etc.
trad**ucir**: tradu**z**co, traduces, traduce, etc.

B. Verbs that end in **-uir** have the following irregular conjugation:

constr**uir**: construyo, construyes, construye, construimos, construís, construyen

C. Verbs ending in **-uar** (but not **-guar**) and some verbs ending in **-iar** (**confiar, criar, enviar**) require an accent to reflect pronunciation.

contin**uar**: continúo, continúas, continúa, continuamos, continuáis, continúan.
But: averi**guar**: averiguo, averiguas, etc.
conf**iar**: confío, confías, confía, confiamos, confiáis, confían

D. If the second-to-last syllable of the infinitive contains a diphthong (an unaccented **i** or **u** with any other vowel), certain verb forms require accents. Note: Since the letter **h** is silent, the combination **ohi** produces a diphthong.

r**eu**nir: r**eú**no, r**eú**nes, r**eú**ne, reunimos, reunís, r**eú**nen
pr**ohi**bir: pr**ohí**bo, pr**ohí**bes, pr**ohí**be, prohibimos, prohibís, pr**ohí**ben

E. The following verbs are irregular and should be memorized.

estar: estoy, estás, está, estamos, estáis, están
ir: voy, vas, va, vamos, vais, van
oír: oigo, oyes, oye, oímos, oís, oyen
oler: huelo, hueles, huele, olemos, oléis, huelen
reír: río, ríes, ríe, reímos, reís, ríen
ser: soy, eres, es, somos, sois, son
Note: *There is/are* = **hay.**

3. Stem-Changing Verbs

Stem-changing verbs have a change in spelling and pronunciation in the stem in all forms except the **nosotros** and **vosotros** forms, which retain the vowel of the infinitive. The change occurs in the *stressed* syllable of the conjugated verb which is also the last syllable of the stem. There are four categories: **e > ie, o > ue, e > i,** and **u > ue.** All stem-changing verbs are noted in vocabulary lists and in dictionaries by indicating the change in parentheses: **volver (ue).**

perder (e > ie)		probar (o > ue)	
p**ie**rdo	perdemos	pr**ue**bo	probamos
p**ie**rdes	perdéis	pr**ue**bas	probáis
p**ie**rde	p**ie**rden	pr**ue**ba	pr**ue**ban

pedir (e > i)		jugar (u > ue)	
pido	pedimos	juego	jugamos
pides	pedís	juegas	jugáis
pide	piden	juega	juegan

Stem-changing verbs that also have irregular **yo** forms include the following: **decir → digo; tener → tengo; venir → vengo.**

The Present Participle—El gerundio

1. The present participle is formed by dropping the **-ar** of regular and stem-changing verbs and adding **-ando** and by dropping the **-er** and **-ir** of regular verbs and the **-er** of stem changers and adding **-iendo** (for **-ir** stem changers, see point 2 below).

   cerr**ar** → cerr + ando → cerr**ando**
   viv**ir** → viv + iendo → viv**iendo**
   corr**er** → corr + iendo → corr**iendo**

2. The **-ir** stem changers have a change in the stem: **dormir (ue, u), vestirse (i, i), sentir (ie, i).** In dictionary listings, the first vowel or vowel combination refers to the change in the stressed vowel in the present indicative tense; the second refers to changes made when forming the present participle (see also the discussions of the preterit and present subjunctive).

   dormir → d**u**rmiendo; vestirse → v**i**stiéndose*; sentir → s**i**ntiendo

3. Verbs with stems ending in a vowel + **-er** or **-ir** (except a silent **-u-**, as in **seguir**) take a **-y-** instead of the **-i-** in the ending.

   constr**uir** → constr**uyendo**

   Common verbs that fit this pattern include the following: **leer → leyendo; creer → cre*y*endo; oír → *o*yendo; destruir → destru*y*endo; caer → ca*y*endo.**

The Preterit—El pretérito

1. **Regular Forms**

A. To form the preterit of regular **-ar, -er,** and **-ir** verbs and **-ar** and **-er** stem changers (but not **-ir** stem changers), drop the **-ar, -er,** or **-ir** ending of the infinitive and add the appropriate endings to the stem.

* To review placement of object pronouns with present participles, see page 323. To review accents, see page 321.

cerrar		vender		vivir	
cerr**é**	cerr**amos**	vend**í**	vend**imos**	viv**í**	viv**imos**
cerr**aste**	cerr**asteis**	vend**iste**	vend**isteis**	viv**iste**	viv**isteis**
cerr**ó**	cerr**aron**	vend**ió**	vend**ieron**	viv**ió**	viv**ieron**

Notice that the **-ar** and **-ir** endings for **nosotros** are identical in the present and the preterit.

B. Certain verbs are regular but need spelling changes in the **yo** form to preserve the pronunciation. Remember these spelling conventions to help you:

Hard "g" sound: **ga gue gui go gu**
pa**gar**: pa**gué**, pa**ga**ste, pagó, etc.

Hard "c" sound: **ca que qui co cu**
bus**car**: bus**qué**, bus**ca**ste, buscó, etc.

"z": **za ce ci zo zu**
empe**zar**: empe**cé**, empezaste, empezó, etc.

2. Irregular Forms

A. The following verbs have irregular forms in the preterit.

dar: di, diste, dio, dimos, disteis, dieron
ir: fui, fuiste, fue, fuimos, fuisteis, fueron
ser: fui, fuiste, fue, fuimos, fuisteis, fueron

estar: estuve, estuviste, estuvo, estuvimos, estuvisteis, estuvieron
tener: tuve, tuviste, tuvo, tuvimos, tuvisteis, tuvieron

poder: pude, pudiste, pudo, pudimos, pudisteis, pudieron
poner: puse, pusiste, puso, pusimos, pusisteis, pusieron
saber: supe, supiste, supo, supimos, supisteis, supieron

hacer: hice, hiciste, hizo, hicimos, hicisteis, hicieron
venir: vine, viniste, vino, vinimos, vinisteis, vinieron

B. The verbs **decir, traer,** and verbs ending in **-ducir** take a **-j-** in the preterit. Notice that they drop the **-i-** in the third person plural and are followed by **-eron.**

decir: dije, dijiste, dijo, dijimos, dijisteis, di**jeron**
traer: traje, trajiste, trajo, trajimos, trajisteis, tra**jeron**
producir: produje, produjiste, produjo, produjimos, produjisteis, produ**jeron**

C. Verbs with stems ending in a vowel + **-er** or **-ir** (except the silent **-u-**, as in **seguir**) take a **-y-** in the third person singular and plural instead of the **-i-.**

construir: construí, construiste, constru**y**ó, construimos, construisteis, constru**y**eron

leer: leí, leíste, le**y**ó, leímos, leísteis, le**y**eron
oír: oí, oíste, o**y**ó, oímos, oísteis, o**y**eron

Note: *There was/were* = **hubo.**

3. **-Ir Stem-Changing Verbs**

Stem-changing verbs ending in **-ir** only have a stem change in the third person singular and plural. In dictionary listings, these changes are the second change listed: **morir (ue, u).**

dormir (ue, **u**): dormí, dormiste, d**u**rmió, dormimos, dormisteis, d**u**rmieron
mentir (ie, **i**): mentí, mentiste, m**i**ntió, mentimos, mentisteis, m**i**ntieron
vestirse (i, **i**): me vestí, te vestiste, se v**i**stió, nos vestimos, os vestisteis, se v**i**stieron

The Imperfect—El imperfecto

1. **Regular Verbs**

To form the imperfect of regular verbs, drop the **-ar, -er,** or **-ir** ending of the infinitive and add the appropriate endings to the stem. Notice that all **-ar** verbs end in **-aba** and **-er** and **-ir** verbs end in **-ía.**

cerr**ar**:* cerr**aba**, cerr**abas**, cerr**aba**, cerr**ábamos**, cerr**abais**, cerr**aban**
conoc**er:** conoc**ía**, conoc**ías**, conoc**ía**, conoc**íamos**, conoc**íais**, conoc**ían**
servir:* serv**ía**, serv**ías**, serv**ía**, serv**íamos**, serv**íais**, serv**ían**

* Note: Stem-changing verbs do not change in the imperfect.

2. **Irregular Verbs**

Common irregular verbs are:
ir: iba, ibas, iba, íbamos, ibais, iban
ser: era, eras, era, éramos, erais, eran
ver: veía, veías, veía, veíamos, veíais, veían

Note: *There was/were* = **había.**

The Future—El futuro

1. **Regular Verbs**

To form the future of regular verbs, add **-é, -ás, -á, -emos, -éis, -án** to the entire infinitive.

hablar		comer		ir	
hablar**é**	hablar**emos**	comer**é**	comer**emos**	ir**é**	ir**emos**
hablar**ás**	hablar**éis**	comer**ás**	comer**éis**	ir**ás**	ir**éis**
hablar**á**	hablar**án**	comer**á**	comer**án**	ir**á**	ir**án**

Note: There is no accent in the **nosotros** form.

2. Irregular Verbs

Some verbs have irregular stems in the future, but all use the same endings: add **-é, -ás, -á, -emos, -éis, -án** to the irregular, future stem.

Infinitive	Future stem	Infinitive	Future stem
caber	cabr-	querer	querr-
decir	dir-	saber	sabr-
haber	habr-	salir	saldr-
hacer	har-	tener	tendr-
poder	podr-	valer	valdr-
poner	pondr-	venir	vendr-

Note: *There will be* = **habrá.**

The Conditional—El condicional

1. Regular Verbs

To form the conditional of regular verbs: add **-ía, -ías, -ía, -íamos, -íais, -ían** to the entire infinitive.

hablar		comer		ir	
hablaría	hablar**íamos**	comería	comer**íamos**	iría	iríamos
hablar**ías**	hablar**íais**	comer**ías**	comer**íais**	ir**ías**	ir**íais**
hablaría	hablar**ían**	comería	comer**ían**	iría	ir**ían**

2. Irregular Verbs

Irregular conditional forms use the same irregular stems as for the future (see the explanation for the future tense) but with the following endings added to the irregular stems: **-ía, -ías, -ía, -íamos, -íais, -ían.**

Note: *There would be* = **habría.**

The Present Subjunctive—El presente del subjuntivo

1. Regular Forms

A. The present subjunctive of most verbs is formed by following these steps:

- Take the present indicative **yo** form: **hablo, leo, salgo**
- Drop the **-o: habl-, le-, salg-**
- Add endings starting with **-e-** for **-ar** verbs:

  habl**e**, habl**es**, habl**e**, habl**emos**, habl**éis**, habl**en**

  Add endings starting with **-a-** for **-er** and **-ir** verbs:

  le**a**, le**as**, le**a**, le**amos**, le**áis**, le**an**
  salg**a**, salg**as**, salg**a**, salg**amos**, salg**áis**, salg**an**

B. Certain verbs are regular but need spelling changes to preserve the pronunciation. Remember these spelling conventions to help you:

Hard "g" sound: **ga gue gui go gu**
pa**gar**: pa**gue**, pa**gues**, pa**gue**, etc.

Soft "g" sound: **ja ge gi jo ju**
ele**gir**: eli**ja**, eli**jas**, eli**ja**, etc.

Hard "c" sound: **ca que qui co cu**
sa**car**: sa**que**, sa**ques**, sa**que**, etc.

"z": **za** ce **ci zo zu**
ca**zar**: ca**ce**, ca**ces**, ca**ce**, etc.

2. Irregular Forms

Common irregular forms include the following:
dar: dé, des, dé, demos, deis, den
estar: esté, estés, esté, estemos, estéis, estén
haber: haya, hayas, haya, hayamos, hayáis, hayan
ir: vaya, vayas, vaya, vayamos, vayáis, vayan
saber: sepa, sepas, sepa, sepamos, sepáis, sepan
ser: sea, seas, sea, seamos, seáis, sean

Note: *There is/are* = haya *There will be* = haya.

3. Stem-Changing Verbs

A. Stem-changing verbs ending in **-ar** or **-er** have the same stem changes as in the present indicative tense.

almor**zar**: alm**ue**rce, alm**ue**rces, alm**ue**rce, almorcemos, almorcéis, alm**ue**rcen
quer**er**: qu**ie**ra, qu**ie**ras, qu**ie**ra, queramos, queráis, qu**ie**ran

B. Stem-changing verbs ending in **-ir** have the same stem changes as in the present indicative except for the **nosotros** and **vosotros** forms, which require a separate stem change. In dictionary listings, this is the second change indicated: **dormir (ue, u).**

mentir (ie, **i**): mienta, mientas, mienta, m**i**ntamos, m**i**ntáis, mientan
morir (ue, **u**): muera, mueras, muera, m**u**ramos, m**u**ráis, mueran
pedir (i, **i**): pida, pidas, pida, p**i**damos, p**i**dáis, pidan

Commands—El imperativo

1. Negative Commands

All negative commands use the corresponding present subjunctive forms.

———	¡No comamos eso!
¡No comas eso!	¡No comáis eso!
¡No coma Ud. eso!	¡No coman Uds. eso!

2. Affirmative Commands

A. Use the third person forms of the present subjunctive to construct affirmative formal commands (**Ud.** and **Uds.**).

hable (Ud.) salga (Ud.) vaya (Ud.)
hablen (Uds.) salgan (Uds.) vayan (Uds.)

Note: If the pronoun **Ud.** or **Uds.** is used, it must be placed after the verb.

B. To form regular familiar affirmative **tú** commands, use the third person singular of the verb in the present tense.

habla (tú) come (tú) duerme (tú)

Irregular familiar affirmative **tú** commands include the following:

Infinitive	**Tú** Command	Infinitive	**Tú** Command
decir	di	salir	sal
hacer	haz	ser	sé
ir	ve	tener	ten
poner	pon	venir	ven

C. Affirmative **nosotros** commands *(let's + verb)* use the corresponding present subjunctive forms.

comamos salgamos vayamos

D. The affirmative **vosotros** commands are formed by replacing the **-r** of the infinitive with a **-d.** If a reflexive pronoun is added, the **-d** is deleted.

habla**d** come**d** sali**d** lenvataos*

Note: It is common simply to use the infinitive form as an affirmative **vosotros** command in colloquial speech.

The Imperfect Subjunctive—El imperfecto del subjuntivo

A. The imperfect subjunctive is formed by following these steps:

- Take the third person plural of the preterit: **decir = dijeron**
- Drop **-ron** to create an imperfect subjunctive stem: **dije-**
- Add either of the following sets of endings:

-ra	-ramos	-se	-semos
-ras	-rais	-ses	-seis
-ra	-ran	-se	-sen

Note: The **-ra** endings are used by more speakers of Spanish. The **-se** endings are common in Spain and in some areas of Hispanic America.

* To review placement of object pronouns with commands, see page 323.

Infinitive	**3rd person pl. pret.**	**Imp. sub. stem**	**Imp. sub.**
venir →	vinieron →	vinie →	viniera/viniese

-ra Forms		**-se** Forms	
viniera vinieras viniera	viniéramos vinierais vinieran	viniese vinieses viniese	viniésemos vinieseis viniesen

Note: The **nosotros** form always takes an accent.

B. All imperfect subjunctive verbs follow this pattern. There are no irregular verbs in the imperfect subjunctive, since all are based on the third person plural of the preterit. Review the preterit tense, especially the third person plural, to ensure proper formation of the imperfect subjunctive.

Note: *There was/were* = **hubiera/hubiese.**

The Past Participle—El participio pasivo

The past participle is a verbal form that can be used either as part of a verb phrase or as an adjective modifying a noun. When used as part of a verb phrase, the past participle has only one form, which ends in **-o.** When used as an adjective modifying a noun, the past participle agrees with the noun in gender and number.

1. Regular Forms

A. The past participle of **-ar** verbs is formed by adding **-ado** to the stem. The past participle of **-er** and **-ir** verbs is formed by adding **-ido** to the stem.

compr**ar** → compr**ado** vend**er** → vend**ido** decid**ir** → decid**ido**

The past participle of **ser** is **sido** and of **ir** is **ido.**

2. Irregular Forms

Common irregular past participles include the following:

Infinitive	Past Participle	Infinitive	Past Participle
abrir	abierto	morir	muerto
cubrir	cubierto	poner	puesto
decir	dicho	resolver	resuelto
describir	descrito	romper	roto
escribir	escrito	ver	visto
hacer	hecho	volver	vuelto

Note: Compound verbs are usually conjugated like the verb they contain: **de*volver* → de*vuelto*, re*hacer* → re*hecho*, re*poner* → re*puesto*.**

3. Some past participle forms differ if used as part of a verb phrase (e.g., **he bendecido**) or as an adjective **(está bendito).** The following is a list of common verbs that have two different forms.

Infinitive	**Past Participle in a Verb Phrase**	**Past Participle as an Adjective**
bendecir	bendecido	bendito/a
confundir	confundido	confuso/a
despertar	despertado	despierto/a
freír	freído	frito/a
imprimir	imprimido	impreso/a
maldecir	maldecido	maldito/a* (*wicked*)
soltar	soltado	suelto/a
suspender	suspendido	suspenso/a

*Note: The phrase **mal dicho/a** means *wrongly said.*

The Perfect Tenses—Los tiempos perfectos

The perfect tenses are formed by using a form of the verb **haber** + past participle. See the explanation of the formation of past participles if needed.

1. The Present Perfect—El presente perfecto

he	hemos	+ past participle
has	habéis	
ha	han	

2. The Present Perfect Subjunctive—El presente perfecto del subjuntivo

haya	hayamos	+ past participle
hayas	hayáis	
haya	hayan	

3. The Pluperfect—El pluscuamperfecto

había	habíamos	+ past participle
habías	habíais	
había	habían	

4. The Pluperfect Subjunctive—El pluscuamperfecto del subjuntivo

hubiera	hubiéramos	+ past participle
hubieras	hubierais	
hubiera	hubieran	

Note: There is an optional form, frequently used in Spain and in some areas of Hispanic America, in which you may substitute **-se** for **-ra**; for example, **hubiera = hubiese.**

5. The Future Perfect—El futuro perfecto

habré	habremos	
habrás	habréis	+ past participle
habrá	habrán	

6. The Conditional Perfect—El condicional perfecto

habría	habríamos	
habrías	habríais	+ past participle
habría	habrían	

Appendix B: Accentuation and Syllabication

Stress—Acentuación

1. If a word ends in **-n, -s,** or a *vowel,* the stress falls on the *next-to-last syllable.*
   lava**pla**tos exa**men** **ho**la aparta**men**to

2. If a word ends in any **consonant** other than **-n** or **-s,** the stress falls on the *last syllable.*
   espa**ñol** us**ted** regu**lar** prohi**bir**

3. Any exception to rules 1 and 2 has a written accent mark on the stressed vowel.
   televisi**ó**n tel**é**fono **á**lbum cent**í**metro

   Note: **Nación,** *but* **naciones.**

4. Question and exclamation words, —**cómo, dónde, cuál, qué,** etc.— always have accents.

5. Certain words change their meaning when written with an accent although the pronunciation remains the same.

cómo	how	**como**	like
dé	give (*command*)	**de**	of, from
él	he/him	**el**	the
más	more	**mas**	but
mí	me	**mi**	my
sé	I know	**se**	*3rd person pronoun*
sí	yes	**si**	if
sólo	only (*adv.*)	**solo**	alone
té	tea	**te**	you
tú	you	**tu**	your

6. Demonstrative pronouns usually have a written accent to distinguish them from demonstrative adjectives (except for **esto, eso,** and **aquello,** which as neuter pronouns never have an accent).
   éste este niño éstas estas blusas

Diphthongs—Diptongos

1. A diphthong is the combination of a weak vowel (**i, u**) and a strong vowel (**a, e, o**) or the combination of two weak vowels in the same syllable. When two vowels are combined, the strong vowel or the second of the weak vowels takes a slightly greater stress in the syllable:
   v**ue**lvo ***au***tomático t**ie**ne concienc***ia*** ci***u***dad

2. When the stress of the word falls on the weak vowel of a strong-weak combination, the weak vowel takes a written accent mark to break the

diphthong. No diphthong occurs because the vowels belong to different syllables.
pa-ís **dí-a** **tí-o** en-**ví-o** **Ra-úl**

Note: **Ma-rio,** *but* **Ma-*rí*-a.**

Syllabication—Silabeo

1. A single consonant between vowels always goes with the second vowel. Remember that **ch, ll,** and **rr** are considered a single consonant in Spanish.

   A-**mé**-**ri**-ca to-**ma**-**te** ca-**je**-**ro** But: pe-**rro**

2. When there are two or more consonants between vowels, the second vowel takes as many consonants as can be found at the beginning of a Spanish word (English and Spanish allow the same consonant groups at the beginning of a word, except for **s** + consonant). The other consonants remain with the first vowel.
   Pa-**blo** (*bl*-starts words, as in *blank*)
   e**s**-**pe**-ran-za (**s** + consonant does not start words in Spanish)
   e**x**-**pl**o-rar (**xlp** does not begin words)
   tra**ns**-**por**-tar (**nsp** does not begin words)

3. A diphthong is never separated unless the stress of the word falls on the weak vowel of a strong-weak vowel combination.
   a-m**ue**-blar **ciu**-dad ju-l**io** But: **dí-a**

Appendix C: Position of Object Pronouns

Prior to studying reflexive verbs and the position of object pronouns, you may want to familiarize yourself with the following terms.

1. **Infinitives—Infinitivos**

   - In the following sentence, *to work* is an infinitive.
     I have *to work* tomorrow.
   - The infinitive is the verb form listed in Spanish dictionaries.
   - Infinitives in Spanish always end in **-ar, -er,** or **-ir.**
   - In the following sentence, **trabajar** is an infinitive.
     Tengo que **trabajar** mañana.

2. **Present Participles—Gerundios**

   - In the following sentence, *studying* is a present participle. In English, present participles end in *-ing*.
     I am *studying*.
   - In Spanish, present participles end in **-ando, -iendo,** or **-yendo.**
   - In the following sentence, **estudiando** is a present participle.
     Estoy **estudiando.**

3. **Commands—Mandatos**

   - Commands are direct orders given to people to do something. In the following sentence, *help* is a command.
     Help me!
   - In the following sentence, **ven** is a command.
     Niño, ¡**ven** aquí en seguida!

4. **Conjugated Verbs—Verbos conjugados**

   - In the following sentence, *am* and *is* are conjugated verbs. Their infinitive is the verb *to be*.
     I *am* smart, and this *is* easy.
   - Conjugated verbs are any verbs that are not infinitives, commands, or present or past participles.
   - Conjugated verbs can be in the present, past, future or conditional tense, as well as in the perfect tenses, and they can be in both the indicative and subjunctive moods.
   - In the following sentences, the conjugated verbs are in bold.
     Ella **trabaja** para la IBM.
     ¿Dónde **comieron** Uds. anoche?
     Quería que ellos **vinieran** a mi casa.

Object pronouns include direct-objects (**me, te, lo, la, nos, os, los, las**), indirect objects (**me, te, le, nos, os, le**), and reflexive pronouns (**me, te, se, nos, os, se**).

When two object pronouns are used in succession, **le** becomes **se** when followed by **lo, la, los,** or **las.** When two object pronouns are used in the same phrase, they are not separated and must be used in succession.

The placement of object pronouns is as follows:

1. Before a conjugated verb:
   Lo habré hecho para el lunes.
   Lo haré el lunes.
   Te lo voy a hacer el lunes.*
   Quiero que **lo hagas** el lunes.
   Lo hago los lunes.
   Te lo estoy haciendo.**
   Si **lo hiciera** ahora, no podría terminar.
   Lo hice el lunes pasado.
   Lo hacía los lunes.
   Lo había hecho el lunes antes de trabajar.
   Si él **lo hubiera hecho,** yo no **lo habría sabido.**

2. Before the verb in a negative command:
   ¡No **lo hagas**! ¡No **se lo compre**!

3. After and attached to an affirmative command:
   ¡Hazlo! **¡Cómpreselo!**† **¡Dáselo!**†

   When the reflexive pronoun **os** is attached to the **vosotros** command, the **-d** is dropped.
   bes**aos** quer**eos**

   The only exception is the verb **irse: idos.**

   When the reflexive pronoun **nos** or the indirect-object pronoun **se** is attached to the **nosotros** command, the **-s** is dropped.
   Comprémonos un coche. **Comprémosela.**

   Note: Either **vámonos** or **vayamos** can be used as the affirmative **nosotros** command form of **ir.**

4. After and attached to an infinitive:
   Voy a **hacerlo*** el lunes. Voy a **hacértelo*** el lunes.

5. After and attached to a present participle:
   Estoy **haciéndolo.*** Estoy **haciéndotelo.***

* See point 1 or 4.
** See point 5.
† When another syllable is added to a command consisting of two or more syllables, or when two pronouns are added to monosyllables, place an accent over the stressed syllable.

Appendix D: Numbers

0 cero
1 uno (un/a)*
2 dos
3 tres
4 cuatro
5 cinco
6 seis
7 siete
8 ocho
9 nueve
10 diez
11 once
12 doce
13 trece
14 catorce
15 quince
16 dieciséis (diez y seis)
17 diecisiete (diez y siete)
18 dieciocho (diez y ocho)
19 diecinueve (diez y nueve)
20 veinte
21 veintiuno (veintiún, veintiuna; veinte y un/o/a)*
22 veintidós (veinte y dos)
30 treinta
31 treinta y uno (un/a)*
40 cuarenta
50 cincuenta
60 sesenta
70 setenta
80 ochenta
90 noventa
100 cien + *noun*, ciento
101 ciento uno (un/a)
110 ciento diez
200 doscientos*
300 trescientos*
400 cuatrocientos*
500 quinientos*
600 seiscientos*
700 setecientos*
800 ochocientos*
900 novecientos*
1.000 mil
2.000 dos mil
100.000 cien mil
200.000 doscientos mil*
500.000 quinientos mil*
1.000.000 un millón
2.000.000 dos millones
1.000.000.000 mil millones

Notes:

a. Numbers ending in **uno** drop the **-o** before a masculine noun: **veintiún libros, cuarenta y un libros.** But: **veintiuna chicas.**

b. The numbers 16 through 29 are more commonly written as one word: **veintitrés.**

c. The numbers 16, 22, 23, and 26 have an accent.

d. The word **y** is only used between the numbers 16 through 99: **treinta y dos,** *but* **tres mil doscientos cuatro.**

e. *1,000,000,000 = one billion*, but **1.000.000.000 = mil millones.**

* Starred items agree in gender with the nouns they modify. **Había *trescientas personas* en la conferencia.**

Spanish-English Vocabulary

This vocabulary includes both active and passive vocabulary found throughout the chapters. The definitions are limited to the context in which the words are used in the book. Exact or reasonably close cognates of English are not included, nor are certain common words that are considered to be within the mastery of a second-year student, such as numbers, articles, pronouns, and possessive adjectives. Adverbs ending in **-mente** and regular past participles are not included if the root word is found in the vocabulary or is a cognate.

The gender of nouns is given except for masculine nouns ending in **-l, -o, -n, -r,** and **-s** and feminine nouns ending in **-a, -d, -ión,** and **-z.** Nouns with masculine and feminine variants are listed when the English correspondents are different words (*son, daughter*); in most cases, however, only the masculine form is given (**carpintero, operador**). Adjectives are given only in the masculine singular form. Irregular verbs are indicated, as are stem changes in the present and preterit.

The following abbreviations are used in this vocabulary:

adj.	adjective	*inf.*	infinitive	*pl.*	plural
adv.	adverb	*irreg.*	irregular verb	*p.p.*	past participle
conj.	conjunction	*m.*	masculine	*prep.*	preposition
f.	feminine	*n.*	noun	*sing.*	singular

a: a fines de at the end of; **a las ...** at ... o'clock; **a la vuelta de** around the corner from; **a menos que** unless; **a menudo** often, frequently; **a principio(s) de** at the beginning of (time); **a propósito** on purpose; **a través de** through; **a veces** sometimes
abarrotar to become packed (with people)
abierto open
abortar to have an abortion, miscarry
aborto abortion, miscarriage
absoluto: no, en absoluto no, not at all
abuela grandmother
abuelo grandfather; *pl.* grandparents
aburrido bored; boring
aburrirse (de) to become bored (with)
acabar de to have just
acallar to stifle, silence
acampar to go camping
acceder to ascend; to consent
aceite oil
acogedor welcoming, warm
aconsejable advisable
aconsejar to advise
acontecimiento event
acordarse (ue) de to remember
acoso harassment
acostarse to go to bed
acostumbrarse (a) to become accustomed (to)
actitud *f.* attitude
actriz actress
actual present-day, current
acuerdo *n.* agreement; pact; **de acuerdo a** according to; **estar de acuerdo** to be in agreement
acusado accused
adelgazar to lose weight
adivinar to guess
afeitarse to shave
agobiante exhausting
agrandarse to grow larger
agregar to add
agridulce sweet and sour
agrio sour
aguantar to tolerate, stand
águila *f.* (*but* **el águila**) eagle
aguinaldo end-of-the-year bonus
aguja needle
agujero hole
ahorrar to save
aire air; **al aire libre** outdoors
aislado isolated
ajustado tight
alcalde *m./f.* mayor
alcanzar to be sufficient
alegrarse (de) to become happy (about)
alemán *n., adj.* German
alfabetización literacy
algo something; **algo así** something like that
alguien someone
alianza alliance
aliviarse to get better (from illness); to feel relieved
almorzar (ue) to have lunch
alondra lark
alquilar to rent
alguiler *n.* rent
alto en calorías high in calories
alumbrado *n.* lighting
ama *f.* (*but* **el ama**) **de casa** housewife
amante *m./f.* lover
amargo bitter
ámbito atmosphere; field
amenaza threat
amenazar to threaten
analfabeto *n., adj.* illiterate
ancas *pl.* **de rana** frogs' legs
anidamiento nesting
año: año clave key year; **año escolar** school year

anoche last night
anorak *m.* parka
anteanoche night before last
anteayer day before yesterday
antepasado ancestor, forefather
anterior previous
antes *adv.* before; **antes de** *prep.* before; **antes (de) que** *conj.* before
apariencia appearance
apenas hardly
apoyar to support
apoyo *n.* support
apreciar to appreciate
aprieto: sacar a alguien de un aprieto to get someone out of a jam
aprobar to pass (a course); to approve
apuntar to write down; to make note of
apuntes class notes
armario closet
arquitecto architect
arrancar to start (a motor); to tear out
arrecife *m.* reef
arreglarse to dress up
arreglo *n.* repair
arrepentirse to regret
arruga *n.* wrinkle
artista *m./f.* artist
ascendencia ancestry
asegurar to assure
asemejarse a to resemble, be like
asignatura *n.* subject, course
asilo político political asylum
asimilarse to assimilate
asimismo in the same way, likewise
asistir a una clase/reunión to attend a class/meeting
asombroso astonishing
aspiradora vacuum cleaner
aspirar a ser to aspire to be
astuto clever
asunto político/económico political/economic issue
atentado *n.* attempt
atento polite, courteous
atrevido *adj.* daring; *n.* daredevil, bold person (negative connotation)
atún tuna
ave *f.* (*but* **el ave**) bird
averiguar to find out (about)
avisos clasificados classified ads
ayer yesterday
ayudante de cátedra *m./f.* teaching assistant
azafata airline stewardess

ballena whale
bañarse to bathe
bandeja tray
barajar to shuffle
barbaridad: ¡Qué barbaridad! Wow! (*Literally:* What a barbarity!)
barra (de chocolate) (chocolate) bar
bastante quite, very
basura garbage
batalla *n.* battle
batazo *n.* hit (baseball)
bautismo baptism
bautizar to baptize
beber to drink
beca scholarship
belleza beauty
beneficio laboral work benefit
bisabuela great-grandmother
bisabuelo great-grandfather
blando soft
bloqueador solar sun block
boda wedding
boletín newsletter
boquiabierto open-mouthed, shocked
borrador first draft
bosque *m.* woods
botella *n.* bottle
botón *n.* button
breve brief (in length)
brillante brilliant
bruscamente abruptly
bucear to scuba dive
buceo *n.* scuba diving
bueno: ¡Qué bueno ...! How good . . . !
bufón buffoon
búho owl
bullicio noise, din
burla mockery
burlarse de to mock, make fun of
búsqueda *n.* search

cabe: no cabe duda there is no doubt
cabina telefónica telephone booth
cadena chain; **cadena perpetua** life sentence
caer: caerle bien/mal (a alguien) to like/dislike (someone); **caerle de visita (a alguien)** to drop in (on someone); **caerse** to fall down
cajero cashier
calentar (ie) to heat
calidad quality
callarse to shut up
calorías: alto/bajo en calorías high/low in calories
calzoncillos *pl.* boxer shorts; briefs
camarera waitress
camarero waiter
camino a on the way to
camiseta T-shirt
campaña electoral political campaign
Canal de la Mancha English Channel
cansancio tiredness
capacitación *n.* training
capa de ozono ozone layer
capaz capable
caprichoso capricious, naughty
cárcel *f.* jail, prison
carcelero jailer, warden
cariño affection; **con cariño** fondly
cariñoso loving, affectionate
carnet *m.* ID card
carpintero carpenter
cartero mail carrier
casa de ancianos nursing home
casado married
casarse (con) to get married (to)
casero homemade
castigar to punish
castigo *n.* punishment
casualidad: por casualidad by chance
cautiverio: en cautiverio in captivity
celoso jealous
cenar to have dinner/supper
censura censorship
cepillarse (el pelo, los dientes) to brush (one's hair, teeth)
cerrado closed; narrow-minded
cerrar (ie) to close
cesante *adj.* unemployed
césped *m.* lawn
chaleco vest
chaqueta jacket
charlar to chat
cheque regalo *m.* gift certificate
chisme *m.* piece of gossip
chismear to gossip
chismoso gossipy
chiste *m.* joke; **chiste verde** dirty joke
chocar to crash
chofer chauffeur, driver
ciego blind
cielo heaven; sky
ciencias *pl.* **políticas** political science
científico scientist
cierto certain; **(no) es cierto** it's (not) true; **por cierto** by the way

cinturón belt
cirugía surgery
cita appointment; quote
ciudadanía citizenship
ciudadano citizen
claro clear; **tener en claro** to have it clear in your mind
clase particular *f.* private class
clavo: dar en el clavo to hit the nail on the head
clonización cloning
cocinero *n.* cook
codo *n.* elbow
coger el sueño to fall asleep
colar (ue) to drain
colgar (ue) to hang
colorín, colorado esta leyenda ha terminado and so the legend ends
combinar to match
comenzar a (ie) to begin, start to
comer to eat; **comérselo todo** to eat it all up
comestible *m.* food
cómico *adj.* funny
comienzo beginning
como si as if
compartir to share
complacer to please
comportamiento behavior
comprobar (ue) to prove
comprometerse (con) to get engaged (to)
compromiso commitment, engagement
con: con cafeína with caffeine; **con frecuencia** frequently; **con gran esmero** with great care; **con tal (de) que** provided that
concienzudo conscientious
concuño (concuñado) brother of one's brother/sister-in-law
concurso contest
condena sentence
condenado *n.* convict
conejo rabbit
confianza *n.* trust
confiar to trust
congelado frozen
conjetura *n.* conjecture
conmover to move, touch (emotion)
conquista *n.* conquest
conquistador conqueror
conquistar to conquer
conseguir (i, i) to obtain
consejo (piece of) advice
conservador *adj.* conservative
consiguiente: por consiguiente therefore
consumir drogas to use drugs
contabilidad accounting
contador accountant
contaminación pollution
contaminante *adj.* contaminating
contaminar to contaminate, pollute
contratar a alguien to hire someone
contribuir (y) to contribute
contribuyente *m./f.* taxpayer
control de natalidad control of the birth rate
convenir (ie, i): te conviene it's better for you
convivencia living together
cónyuge *m./f.* spouse
coquetear to flirt
cordón shoelace
corona crown
correr to run
corto short
cosechar to harvest
cosquillas: hacer cosquillas to tickle
costar (ue) to cost
costumbre *f.* custom, habit
coyote *m.* person who helps another to cross the border with Mexico illegally (slang)
creador creator
crear to create
creativo creative
creído vain
cremallera zipper
crianza upbringing, raising
criar to bring up, raise (a child)
cristal glass (material)
cristiano Christian
crítica *n.* critique
criticar to criticize
crítico *n.* critic
cuando when
cuanto: en cuanto as soon as; **en cuanto a** with reference to
cuchara *n.* spoon
cuello *n.* collar
cuerdo sane
cuesta hill
cuidar niños to babysit
culpa guilt, blame
culpabilidad guilt
cultivo *n.* crop
cumplir to fulfill
cuñada sister-in-law
cuñado brother-in-law
curriculum (vitae) *m.* résumé
cursar (una clase) to take, study (a class)
cuyo whose, of which

damnificado victim
dar *irreg.* **: dar a luz** to give birth; **dar en el clavo** to hit the nail on the head; **darle igual** to be all the same to someone; **darle la espalda a** to turn one's back on; **darse cuenta (de)** to realize
de: de acuerdo a according to; **de alto/bajo contenido graso** high/low fat content; **de hecho** in fact; **de por vida** for life; **de repente** suddenly; **de todos modos** anyway; **de una vez por todas** once and for all; **de vez en cuando** every now and then; **estar de acuerdo** to be in agreement
deber *n.* duty; *v.* should, ought to
debido a due to
década decade
decano dean
decidir to decide
decir *irreg.* to say, tell; **el qué dirán** what others may say; **¡No me digas!** Don't tell me, You don't say, Wow!; **Te lo digo en serio.** I'm not kidding.
declaración de la renta income tax return
dedicarse a to devote oneself to
dedo: viajar a dedo to hitchhike
deducir to deduce
degenerarse to degenerate
dejar a medias to leave unfinished
delantal apron
delito misdemeanor, felony
demás: los demás others
dentro de (diez) horas/días/años/etc. in (ten) hours/days/years/etc.
Derecho Law
derechos humanos human rights
derrotar a to conquer
desafiar to challenge
desaparecer to disappear
desaparición disappearance
desarrollo development
desbordar to overflow
descafeinado decaffeinated
descendiente *m./f.* descendant
descompuesto (*p.p.* of **descomponer**) broken

descortés impolite
descubridor discoverer
descubrimiento discovery
descubrir to discover
descuidar to neglect
desde luego of course
desechable *adj.* throwaway, disposable
desechar to throw away
desecho *n.* rubbish, waste
desempeñar to fill; to occupy
desempleado: estar desempleado to be unemployed
desequilibrar to throw off balance
desequilibrio imbalance
desesperado desperate
desfile *n.m.* parade
desgracia: por desgracia unfortunately
deshacerse de *irreg.* to get rid of
deshecho (*p.p.* of **deshacer)** undone
desovar to lay eggs (turtles)
desove *n.* egg laying (turtles)
despacho office
despedir (i, i) to fire, dismiss; **despedirse de** to say good-bye to
desperdiciar to waste
desperdicio *n.* waste
despertarse to wake up
desproporcionado disproportionate, out of proportion
después *adv.* later, then, afterwards; **después de** *prep.* after; **después (de) que** *conj.* after
destierro exile, banishment
destruir to destroy
desventaja disadvantage
desvestirse to undress
detener *irreg.* to arrest; to stop
devolver (ue) to return, give back (something)
día feriado holiday
dibujar to draw
dibujo *n.* drawing
dieta: hacer una dieta to be on a diet
difícil difficult
difundir to spread (news)
dineral great deal of money
dirán: el qué dirán what others might say
director de cine movie director
discriminar (a alguien) to discriminate (against someone)
discutir to discuss; to argue
diseñador designer
diseño *n.* design
disfrazar to disguise
disfrutar to enjoy
disgustarle to dislike, displease
disminuir to decrease, diminish
dispuesto willing, ready
divertido fun
divertirse (i, i) to have fun, have a good time; **divertirse un montón** to have a ball, a lot of fun
divorciado divorced
divorciarse (de) to get divorced (from)
dominador dominator
dominar to dominate
dorar to brown
dormir (ue, u) to sleep; **dormirse** to fall sleep
drogarse to take drugs; to get high
ducharse to take a shower
dudas: sin lugar a dudas without a doubt
dudoso doubtful
dulce *adj.* sweet
duque duke
durante during

echar to pour, put in; **echar a perder** to waste; **echar de menos** to miss; **echar un vistazo** to glance at
ecologista *m./f.* ecologist
economía sumergida underground economy
eficaz effective
eficiencia efficiency
ejemplo: por ejemplo for example
ejercer to exercise; **ejercer autoridad** to exercise authority
ejército army
electricista *m.f.* electrician
elegir (i,i) to choose, select, elect
embarazada pregnant
emborracharse to get drunk
embrión embryo
emisora broadcasting station
empezar a (ie) to begin, start to
empresa company, business
en: en absoluto not at all; **en caso (de) que** in the event that, if; **en cuanto** as soon as; **en cuanto a** with reference to; **en el extranjero** abroad; **en seguida** at once
enamorarse (de) to fall in love (with)
encantador charming
encantarle to really like
encontrar (ue) to find; to meet; **encontrarse a** to run into
encuentro *n.* finding; meeting
encuesta *n.* survey
enfadarse to get angry
enfermarse to get sick
enfermero *n.* nurse
enfermizo sickly
enfocar to focus
enlatado canned
enmienda amendment
enojarse (con) to become angry (with)
enorme enormous
enseguida at once
enseñanza *n.* teaching
entender (ie) to understand
enterarse de to find out about
entregar to hand in
entrenamiento *n.* training
entrevista *n.* interview
entrometerse to intrude, meddle, interfere
entusiasmarse to become excited
envase *m.* container
envuelto (*p.p. of* **envolver)** wrapped
época era, period of time
equivocarse to err, make a mistake
escoger to choose
escrito (*p.p.* of **escribir**) written
escritor writer
esforzarse to make an effort
espalda: darle la espalda a to turn one's back on
especia spice (food)
esperanza *n.* hope; **esperanza de vida** life expectancy
esperar to hope; to expect
espesar to thicken
espiar to spy
esposa wife
esposo husband
esquí: hacer esquí acuático to water-ski; **hacer esquí alpino** to downhill ski; **hacer esquí nórdico** to cross-country ski
esquina corner
estar *irreg.*: **estar de acuerdo** to be in agreement; **estar de moda** to be in style; **estar pasado de moda** to be out of style; **estar rebajado** to be on sale
estupefaciente *adj.* narcotic
etapa era, period of time; state, phase
evadir el pago de impuestos to evade taxes

exigencia *n.* demand
exigente demanding
exigir to demand
experiencia laboral work experience
experimentado experienced
explotador exploiter
expulsar to expel
extinguirse to become extinct
extrañar to miss
extranjero *n.* foreigner; *adj.* foreign, alien; **en el extranjero** abroad
extraño strange
extremo *n.* end

fábrica factory
fácil easy
factible feasible, possible
facultad academic department
falta de comunicación lack of communication
faltar to be lacking, missing; **faltar (a)** to be absent (from)
fascinarle to really like
fastidio: ¡Qué fastidio! What a nuisance/bother!
faz face (metaphorical)
felicidad happiness
feliz happy
ferrocarril railroad
ficha index card
fiel faithful; **serle fiel (a alguien)** to be faithful (to someone)
fijarse (en) to notice
filosofía philosophy
final: al final de at the end of
fines: a fines de at the end of (time)
flujo flow
folleto pamphlet
frac *m.* tuxedo
fracasar to fail
francés *n., adj.* French
frasco *n.* jar
frecuencia: con (gran) frecuencia frequently
freír (i, i) to fry
frente: hacer frente a to stand up to
fresco fresh
frontera *n.* border
fronterizo on or near the border
fuego heat; fire
fuente de inspiración source of inspiration
fumar to smoke
fundación founding
fundador founder
fundar to found

ganancia earning, profit
ganas: se me fueron las ganas de I lost the urge (+ *inf.*), I didn't feel like (doing something) anymore; **tener ganas de** to feel like (doing something)
gandules *pl. m.* pigeon peas
ganga good buy, bargain
gaseosa soda pop
gastar to spend
generación anterior previous generation
general: por lo general in general
genial brilliant (idea)
gerente *m./f.* manager
glorificar to glorify
golpe de estado *m.* coup d'état
gorra *n.* cap (hat)
gracioso funny, amusing
grato pleasing, agreeable
guapo good-looking
guardería daycare center
guerra war
guión script
gustar: me gustaría... I would like to. . .

había there was/were; **había una vez. . .** once upon a time, there was/were. . .
habichuela bean
habilidad innata innate ability
hacelotodo *n.* jack-of-all-trades
hacer *irreg.* to make; to do; **hacer alas delta** to hang-glide; **hacer cosquillas** to tickle; **hacer dedo** to hitchhike; **hacer ecoturismo** to do ecotourism; **hacer esquí acuático** to water-ski; **hacer esquí alpino** to downhill ski; **hacer esquí nórdico** to cross-country ski; **hacer frente a** to stand up to; **hacer investigación** to do research; **hacer preguntas** to ask questions; **hacer una dieta** to be on a diet
hacia toward
hasta que until
hecho fact
hecho (*p.p.* of **hacer**) made, done; **de hecho** in fact
heredar to inherit
herida wound
hermana sister; **media hermana** half sister
hermanastro/a stepbrother/sister
hermano brother; **medio hermano** half brother
hervir (ie, i) to boil
hija daughter; **hija adoptiva** adoptive daughter; **hija única** only daughter
hijastra stepdaughter
hijastro stepson
hijo son; **hijo adoptivo** adoptive son; **hijo único** only son
hogar home
holgado loose
holgazán lazy
honradez honesty
honrado honest
hora: ¿A qué hora es ...? What time is . . . at?
horario schedule, timetable
hormiga ant
hormiguero anthill
hoy: hoy en día these days
huérfano orphan
huésped *m./f.* guest
humo smoke
humor: sentido de humor sense of humor

imagen *m.* image, picture
impermeable *m.* raincoat
importarle to matter
imprescindible essential
impuesto *n.* tax
incendio *n.* fire
inclusive even
incómodo uncomfortable
inculcar to instill, inculcate
independizarse (de) to become independent (from)
índice *m.* rate
indígena *m./f.* native person; *adj.* indigenous, native
inesperado unexpected
infiel: serle infiel (a alguien) to be unfaithful (to someone)
influir en to have an influence on
informe *m.* report
ingeniería engineering
ingeniero engineer
inglés *n., adj.* English
ingresos *pl.* income
inmaduro immature

insistir en to insist on
insoportable unbearable
insulso bland (food)
intentar to try, attempt
interesar: interesarle to interest; to find interesting; **interesarse (por)** to take an interest (in)
íntimo amigo very close friend
inundación flood
invasor invader
inversión investment
invertir (ie, i) to invest
investigación *n.* research; **hacer investigación** to do research
irritarse to become irritated
irse *irreg.* **(de)** to go away (from), leave

jamás never
jarabe *m.* syrup
jarrón vase
jaula cage
jerga slang
jeringa syringe
jeroglífico hieroglyph
jornada working day
joya de fantasía costume jewelry
jubilado: estar jubilado to be retired
judío *n.* Jew; *adj.* Jewish
jugar (ue) to play; **jugar al (nombre de un deporte)** to play (a sport)
juguete *m.* toy
juguetón *adj.* playful
junta militar military junta
juntos *adv.* together; **vivir juntos** to live together
jurado *n.* jury
jurar to swear
justo fair, just

lado: por un lado on the one hand; **por otro lado** on the other hand
ladrón thief
lamentable: es lamentable it's a shame
lanza lance
lápiz de labios lipstick
largo long
lástima: es una lástima it's a shame; **¡Qué lástima!** What a shame!
lata *n.* can
lavaplatos *sing./pl.* dishwasher
lavarse (el pelo, las manos, la cara, etc.) to wash (one's hair, hands, face, etc.)
lazo *n.* tie, bond
lealtad loyalty
leer *irreg.* to read
lenteja lentil
lento slow
leve *adj.* light (*weight*)
leyenda legend
liber(t)ador liberator
libertad: freedom; **libertad condicional** parole; **libertad de palabra/de prensa** freedom of speech/of the press
licencia por maternidad/enfermedad maternity/sick leave
ligero *adj.* light (weight)
linterna flashlight
liquidación sale
liviano *adj.* light (weight)
llamarle la atención to find something interesting
llanta *n.* tire
llanura plain
llevar: lleva(n) . . . it takes (+ time period); **llevar a cabo** to carry out (a task)
locutor announcer, commentator, speaker
lograr to achieve
luego later
lugar: tener lugar to take place
luna de miel honeymoon
lunes: el lunes on Monday; **el lunes pasado** last Monday; **los lunes** on Mondays
luz: dar a luz to give birth

machacar to crush, mangle
madrastra stepmother
madre mother
madrugada daybreak, early morning
maestría master's degree
mago magician
mal evil
malcriar to spoil, pamper, raise badly
maletín briefcase
malhumorado moody, ill-humored
mancha stain
mandamiento commandment
maní *m.* (*pl.* **maníes**) peanut
mano de obra labor, manpower
manta blanket
mapa *m.* map
maquillarse to put on makeup
maravilloso: es maravilloso it's marvelous
marca brand name
marcha: ponerse en marcha to start off (on a trip); to start up
mariposa butterfly
más: más de lo debido more than required; **más seguido** more often; **más tarde** later
masticar to chew
materno/a on your mother's side
matrícula tuition
matutino *adj.* morning
mayorista wholesaler
mecánico mechanic
media: media hermana half sister
médico *n.* doctor
medida measurement
medio: medio ambiente environment; **medio hermano** half brother
mejilla cheek
mejor: es mejor it's better
mejorar to improve
membrete *m.* letterhead
menor de edad minor (age)
menos less, lesser, least; **a menos que** unless; **echar de menos** to miss; **por lo menos** at least
mensaje message
mentir (ie, i) to lie
mentira *n.* lie
menudo: a menudo often, frequently
mercadeo marketing
mermelada jelly
mestizo person of mixed European and American indigenous blood
mezclar to mix
mientras (que) while, as long as
migra Immigration and Naturalization Services (slang)
militar *m./f.* military person
minusválido handicapped
mochila *n.* backpack
moda: estar de moda to be in style; **estar pasado de moda** to be out of style
modales de la mesa *m.* table manners
modos: de todos modos anyway
mojados wetbacks (derogatory slang)
molestarle to be bothered by, find annoying
molesto bothersome, annoying
monja nun
montón a lot; **divertirse un montón** to have a ball, a lot of fun

morir (ue, u) to die
moro *n.* Moor, Moslem; *adj.* Moorish
mostrador counter (store, airline)
mostrar (ue) to show
mucama chambermaid
muchas: muchas personas many people; **muchas veces** many times
mudarse to move
muerto (*p.p.* of **morir**) dead; **estar muerto** to be dead
muestra *n.* sample
mujeriego womanizer
multa *n.* fine
mundial *adj.* world, worldwide

nacimiento birth
nada nothing, anything
nadie no one
navaja suiza Swiss army knife
navegante *m./f.* navigator
negar (ie) to deny; to negate
negocio business
negocios *pl.*: **hombre/mujer de negocios** businessman/woman
ni: ni... ni neither . . . nor; **ni (siquiera)** not even
nieta granddaughter
nieto grandson
niñera nanny
nivel del mar sea level
no obstante nevertheless
noche *f.*: **la noche está en pañales** the night is young; **noche de boda** wedding night
novato novice, beginner
nuera daughter-in-law
nuez nut (food)
número par/impar even/odd number
nunca never

o... o either . . . or
obra maestra masterpiece
obvio obvious
occidente *m.* West
ocio leisure time; relaxation
ocuparse (de) to take care (of)
odiar to hate
oferta y demanda supply and demand
oficina de reclamos complaint department
ola *n.* wave
oler to smell
olla *n.* pot
olvidarse (de) to forget (about)
olvido *n.* forgetfulness
orgullo *n.* pride (emotion)
oriundo *adj.* originated, derived from
ostra oyster

padecer to suffer from
padrastro stepfather
padre father; priest
pagar impuestos to pay taxes
pago *n.* **mensual/semanal** monthly/weekly pay
paisaje *m.* landscape
paja straw
paladar palate
paloma *n.* dove
palomitas *pl.* **de maíz** popcorn
pandilla gang
pandillero gang member
pañales *pl.*: **la democracia/la noche/la fiesta está en pañales** the democracy/night is young/party
pañuelo scarf
papel role
paquete *m.* package
para que in order to, so that
pardos *adj.* hazel (eyes)
parecer muy educado to seem well mannered
pareja pair, partner, significant other; **pareja casada** married couple
parentela relatives
pariente *m./f.* relative; **pariente político** in-law
parte *f.*: **por una parte** on the one hand; **por otra parte** on the other hand
particular *adj.* private, personal
partido *n.* game; party (politics)
pasa *n.* raisin
pasado: el lunes/fin de semana/mes/año/siglo pasado last Monday/weekend/month/year/century
pasaje de ida *m.* one-way ticket
pasar una noche en vela to pull an all nighter; to stay awake all night
pasatiempo hobby
pasear el perro to walk the dog
paterno/a on your father's side
patinar to skate
patrocinar to sponsor
pavo turkey
pedazo piece, slice
pedir (i, i) to ask (for)
peinarse to comb one's hair
peligroso dangerous
pellizcar to pinch
peluca wig, toupee
pena: es una pena it's a shame; **pena capital (de muerte)** death penalty; **¡Qué pena!** What a shame!
pensar (ie) (+ *inf.*) to plan to (do something); **pensar en** to think about
perder (ie) to lose (someone); **echar a perder** to spoil, ruin
pérdida loss
perfil *n.* profile
perjudicial harmful
pertenecer to belong
pertenencias *pl.* belongings
pesado heavy; **ser un pesado** to be a bore
pez vela sailfish
picar to chop
piel skin
pincel paintbrush
piscina swimming pool
pista *n.* clue
placa license plate
plátano plantain
plomero plumber
pobreza poverty
pocas: pocas personas few people
poder (ue) to be able to, can; **(no) puede ser** it can/can't be
poderoso powerful
policía *m./f.* policeman/woman; *f.* police
política *n.* politics; policy
político *n.* politician; *adj.* political
poner *irreg.*: **poner la mesa** to set the table
ponerse *irreg.*: **ponerse** (+ item of clothing) to put on; **ponerse de acuerdo** to agree, reach an agreement; **ponerse en marcha** to start off (on a trip); to start up
por: por casualidad by chance; **por cierto** by the way; **por consiguiente** therefore; **por desgracia** unfortunately; **por ejemplo** for example; **por eso (por esa razón)** that's why, for that reason; **por lo general** in general; **por lo menos** at least; **por lo tanto** therefore; **por otro lado (por otra parte)** on the other hand; **por si las dudas (por si acaso, por si las moscas)** just in

case; **por supuesto** of course; **por una parte/por la otra** on the one hand/on the other; **por un lado/por el otro** on the one hand/on the other
porción *n.* serving
porquería *n.* junk
posgrado *adj.* postgraduate
postal: tarjeta postal post card
preciso: es preciso it's necessary
predecir *irreg.* to predict
preferible: es preferible it's preferable
preferir (ie, i) to prefer
prendedor *n.* pin, brooch
prender to start (a motor)
preocuparse to become worried; **preocuparse (de, por)** to worry (about)
prepararse (para) to prepare oneself (for)
presencia: la buena presencia good appearance
presión *n.* pressure
preso prisoner
préstamo *n.* loan
prestar atención to pay attention
presupuesto *n.* estimate, budget
pretender (+ *inf.*) to try (+ *inf.*)
previsto (*p.p.* of **prever**) foreseen
primero *adj.* first
primo cousin
primordial primary, fundamental
principio *n.* beginning; **a principios de** at the beginning of
prisa: tener prisa to be in a hurry
privar to deprive
probador dressing room
probar (ue) to taste; to try; **probarse** to try on (clothing)
producto lácteo dairy product
profecía prophesy
profesorado faculty
promedio *n.* average
prometer to promise
promoción advertising
propietario owner
propina gratuity, tip
proponer to propose
propósito purpose; **a propósito** on purpose
proteger to protect
provecho: ¡Buen provecho! Enjoy your meal!; **sacar provecho** to take advantage of
proveedor supplier
provenir (ie, i) to come from
psicólogo psychologist
pudrir to rot
puesto *n.* position (job); (*p.p.* of **poner**) put, placed, set (table)
pulir to polish
pulpo octopus
puntaje *m.* score (sports)
punto: y punto and that's that

quebrantar to break
quejarse (de) to complain (about)
quemar to burn
querer (ie) to want; to wish; to love **quisiera...** I would like to . . .
química chemistry
químico *n.* chemist; *adj.* chemical
quiosco kiosk
quitarse to take off (clothes)

raptar to kidnap
raro strange, unusual
ratero *n.* pickpocket
realizar to carry out (a plan)
rebaja sale; **estar rebajado** to be on sale
rebanada (de pan) slice (of bread)
receta recipe
rechazar to reject
rechazo *n.* rejection
recién casados newlyweds
reclutar to recruit
recto straight
recuerdo *n.* memory; souvenir
recursos *pl.*: **recursos humanos** human resources, personnel; **recursos naturales** natural resources
redactar to compose (prose), write
reducir to reduce
reemplazar to replace, substitute
reemplazo *n.* replacement
reflejo *n.* reflection
refrán proverb
regalo gift
reina queen
reírse (i, i) (de) to laugh (at)
relaciones *pl.* **públicas** public relations
rellenar una solicitud to fill out an application
remojar to soak
remordimiento *n.* remorse, regret
renta income
repente: de repente suddenly
repetir (i, i) to repeat
rescatar rescue
rescate *m.* ransom; rescue
respetar to respect
restringir to restrict
resuelto (*p.p.* of **resolver**) resolved
retratar to paint a portrait of; to photograph
reunirse (con) to meet (with)
revivir to revive
revolcar (ue) to knock over
revuelto (*p.p.* of **revolver**) overturned, scrambled
rezar to pray
rígido rigid, stiff
riñonera waist pouch
riqueza riches
róbalo bass (type of fish)
robo *n.* robbery
rogar (ue) to beg
roto (*p.p.* of **romper**) broken

sábalo shad (type of fish)
saber *irreg.* to know; **¿Acaso no sabías?** But didn't you know?; **¿A que no saben ...?** Bet you don't know . . . ?; **No saben la sorpresa que se llevó cuando ...** You wouldn't believe how surprised he was when . . . ; **¡Ya sé!** I've got it!
sabio wise
sacar: sacar a alguien de un aprieto to get someone out of a jam; **sacar buena/mala nota** to get a good/bad grade; **sacar provecho** to take advantage of
saco de dormir sleeping bag
sagrado sacred
salado salty
salario mínimo minimum wage
salir *irreg.* to leave, go out; **salir bien/mal (en un examen)** to do well/poorly (on an exam)
saltar to jump
salvar to save
salvavidas *m./f. sing./pl.* lifeguard
sano healthy
sátira satire
secarse (el pelo, la cara, etc.) to dry (one's hair, face, etc.)
secuestrador kidnapper; hijacker
secuestrar to kidnap; to hijack
secuestro *n.* kidnapping; hijacking

seda silk
seguida: en seguida at once
seguir (i, i) to follow
según according to
segundo *adj.* second
seguro: es seguro it's certain
seguro médico/dental/de vida health/dental/life insurance
selva forest
semana pasada last week
semilla *n.* seed
señal signal
sencillamente simply
Sendero Luminoso Shining Path (Peruvian guerrilla group)
sensato sensible
sensible sensitive
sentarse (ie) to sit down
sentido: (no) tener sentido (not) to make sense; **sentido de humor** sense of humor
sentirse (ie, i) to feel
ser *irreg.*: **serle fiel/infiel (a alguien)** to be faithful/unfaithful (to someone); **ser un pesado** to be a bore
serio serious; **¿En serio?** Really?; **Te lo digo en serio.** I'm not kidding.
servir (i, i) to serve
siempre always; **siempre y cuando** provided (that)
sin: sin lugar a dudas without a doubt; **sin que** without
sindicato *n.* union (workers)
smoking *m.* tuxedo
sobornar to bribe
soborno *n.* bribe
sobrina niece
sobrino nephew
sofreír (i, i) to fry lightly
soga rope
solapa lapel
soler (ue) to do . . . habitually
solicitar un puesto/empleo to apply for a job
soltero single (marital status)
somnífero sleeping pill
sordo deaf
soroche *m.* altitude sickness
sorprendente: es sorprendente it's surprising
sorpresa: ¡Qué sorpresa! What a surprise!
soso bland
sostén bra
subir to raise
subrayar to underline
suceso event
sucio dirty
sudadera sweatsuit, sweatshirt
suegra mother-in-law
suegro father-in-law
suela sole (shoe)
sueldo salary; **bajar/aumentar el sueldo** to lower/raise salary
sugerencia suggestion
sugerir (ie, i) to suggest
sumar to add
superar to overcome; to surpass
suplicar to implore, beg
supuesto: por supuesto of course

tacaño stingy, cheap
tachar to cross out
taller workshop
tamaño size
tan pronto como as soon as
tanto so much; as much; **por lo tanto** therefore; **¡Tanto tiempo!** Such a long time!
tapar to cover
tarjeta card; **tarjeta verde** green card (residency card given to immigrants in the United States)
tarta pie
tatuaje *m.* tattoo
taxista *m./f.* taxi driver
tecla key (typewriter, piano)
tejer to weave; to knit
tela material, fabric, cloth
telenovela soap opera
tema *m.* theme, topic
tener *irreg.* to have; **(no) tener sentido** (not) to make sense; **tener en claro** to have it clear in your mind; **tener ganas de** (+ *inf.*) to feel like (doing something); **tener lugar** to take place; **tener prisa** to be in a hurry; **tengo que...** I have to . . .
teñido dyed
tercero *adj.* third
terminar: al terminar after finishing
ternura tenderness
terremoto earthquake
tesoro treasure
tía aunt; **tía política** aunt-in-law
tiempo: ¿Cuánto tiempo hace que ...? How long have you . . . ?; **¡Tanto tiempo!** Such a long time!; **trabajar medio tiempo** to work part-time; **trabajar tiempo completo** to work full-time
tienda de campaña tent
tiernamente tenderly
tijeras scissors
tío uncle; **tío político** uncle-in-law
tira cómica comic strip
todavía still, yet; **todavía no** not yet
todo everything; **todo el mundo** everyone
todos everyone; **todos los días/domingos/meses** every day/Sunday/month
tomar cursos de perfeccionamiento/capacitación to take continuing education/training courses
torpe clumsy
tostar (ue) to toast
trabajar: trabajar de sol a sol to work from sunrise to sunset; **trabajar medio tiempo/tiempo completo** to work part/full-time
trabajo escrito written paper
traducir to translate
traición betrayal
traidor traitor
trampa *n.* trick, trap
tranquilo calm
transpiración perspiration
trasladar to transfer
trasnochar to stay up all night
trastorno *n.* inconvenience, upheaval
tratado treaty
través: a través de through
trigo wheat
trillizos triplets
tristeza sadness
tronco trunk (of a tree)
trozo piece
turquesa turquoise

ubicarse to be located
unirse to unite
uno a(l) otro each other (two)
(los) unos a (los) otros one another (more than two)
útil useful

vacilar to kid around
vacuna vaccine
vaina pod (bean)
valer la pena to be worthwhile
valioso valuable

variedad variety
vasco *n., adj.* Basque
veces: a veces sometimes
vencedor conqueror
vencer to defeat
vencimiento conquest
vendedor salesperson
vender to sell
venir *irreg.* to come
venta sale
ventaja advantage
verdad: no es verdad it's not true
vergüenza: ¡Qué vergüenza! What a shame!
vespertino *adj.* evening
vestido de fiesta evening dress
vestirse (i, i) to get dressed
vez: de una vez por todas once and for all; **de vez en cuando** every now and then; **una vez** once
viajar a dedo to hitchhike
víctima *m./f.* victim
vida: de por vida for life
violación *n.* rape
violador rapist
violar to rape; **violar los derechos humanos** to violate human rights
viruela smallpox
vistazo: echar un vistazo to glance at
vitrina store window
viuda widow
viudo widower
vivienda housing
vivir to live
volver (ue) to return, come back; **volver a** (+ *inf.*) to do something again

ya already; yet; **ya no** no longer, not anymore; **¡Ya sé!** I've got it!; **¡Ya voy!** I'm coming!
yerno son-in-law
y punto and that's that

Index

Permissions and Credits

Text Permissions Continued

(continued from p. iv)
Chapter 10: page 240 (also IAE xxxiv), Reprinted with permission from *20 de Mayo*, Los Angeles, CA; 257, Reprinted with permission from *La Nación*, Buenos Aires, Argentina; **Chapter 11:** page 277, *Uno Mismo*, No. 126-Diciembre, 1993, Edición Mensual-Publicada por Editorial Agedit, S.A., Buenos Aires, Argentina; **Chapter 12:** page 300, Courtesy the Coca-Cola Company.

Text Sources

Chapter 4: page 88 (also IAE xxviii), Legend based on Otilia Meza, "La leyenda del maíz," *Leyendas del antiguo México: Mitología prehispánica* (México, D.F.: Edamex, 1985); **Chapter 5:** page 133, Data taken from Raymond Sokolov, *Why We Eat What We Eat* (New York: Summit Books, 1991); **Chapter 7:** page 172, Data taken from *1993 Earth Journal Environmental Almanac and Resource Directory* (Boulder: Buzzworm Books, 1993); **Chapter 9:** page 216 (also IAE xxxiii), Some data taken from Harry Rosenholtz, "On Top," *Cigar Aficionado*, vol. 1, no. 4 (New York: M. Shanken Communication, 1993); **Chapter 11:** page 264, Data taken from Instituto Indigenista Interamericano (III), *La coca: Tradición, rito, identidad* (México, D.F.: Instituto Indigenista Interamericano, 1989); **Chapter 12:** page 296, Some data taken from *The Hispanic American Calendar*, ed., Nicolas Kanellos. (Detroit: Gale Research, 1992); 297, Some data taken from *Notable Hispanic American Women*, ed. Diane Tenglen and Jim Kamp (Detroit: Gale Research, 1993); 298, Some data taken from *American Demographics* (Ithaca: Dow Jones and Co., February, April, and June 1993); 299, Data taken from *American Demographics* (Ithaca: Dow Jones and Co., February 1990, June 1993); 300, Data taken from *American Demographics* (Ithaca: Dow Jones and Co., February 1990).

Illustrations

Anna Veltfort

Photo Credits

Preliminary Chapter: page 1, © Jeff Greenberg/Photo Researchers; 2, © David R. Frazier; 3, © Robert Frerck/Odyssey/Chicago; 12, © Robert Frerck/Odyssey/Chicago; **Chapter 1:** page 15, © Chip & Rosa Maria Peterson; 16, © Richard T. Howitz/Photo Researchers; 31, © Robert Frerck/Odyssey/Chicago; 32, © Robert Fried; 36, © Shahn Kermani/Gamma-Liaison; **Chapter 2:** page 38, © Suzanne Murphy; 39, © Robert Frerck/Odyssey/Chicago; 44 left, © Ron Dahlquist/Tony Stone Images; 44 right, © Chip & Rosa Maria Peterson; 59, © Cosmo Condina/Tony Stone Images; **Chapter 3:** page 64, © Owen Franken/Stock Boston; 65, © Frerck/Odyssey/Chicago; 76 top right, © Rob Crandall/Stock Boston; 76 bottom left, © Nik Wheeler; 84, The Bettmann Archive; **Chapter 4:** page 87, The Bettmann Archive; p. 89, © Nik Wheeler; 95, © Comstock; 113, © Guillermo Aldana E.; **Chapter 5:** page 115 bottom left, © Victor Englebert; 115 top right, © Robert Frerck/Odyssey/Chicago; 133, © Robert Frerck/Odyssey/Chicago; 137, © David Simson; **Chapter 6:** page 139, © Bosio/Gamma-Liaison; 140, © Stuart Cohen/Comstock; 147, © Alyx Kellington/Gamma-Liaison; 157, © R. Wollmann/Gamma-Liaison; **Chapter 7:** page 164, © Cindy Karp/Black Star; 165, © James D. Nations/DDB Stock Photo; 174, DDB Stock Photo; 175 left, © Robert Frerck/Odyssey/Chicago; 175 right, © Frances S./Explorer/Photo Researchers; 177, © Eduardo Gil/Black Star; 181, © Kent Coorrell/Sygma; 188, © Buddy Mays/Travel Stock; 189, © Alan and Sandy Carey/Sygma; **Chapter 8:** page 191, © Eduardo Aparicio; 196, © Oscar Bonilla/Impact Visuals; 211 left,

Courtesy of Brookstone; 211 right, Courtesy of Brookstone; **Chapter 9:** page 215, © Victor Englebert; 216, © B. Brent Black; 220, © Erich Lessing/Art Resource; 223, Ayuntamiento de Cordoba. Area de Servicios Socioculturales. Dirección de Museos Municipales.; 230, © Schalkwijk/Art Resource, NY; 231, © Barbara Alper/Stock Boston; 233 right, Art Resource; 233 bottom left, Courtesy of Ma. Estela E. de Santos; 237 left, © Jack Picone/Liaison International; **Chapter 10:** page 239, © David R. Frazier Photolibrary; 240, © Jose Azel/Aurora; 249, © Reuters/Bettmann; 253, © Jose Azel/Aurora; **Chapter 11:** page 262, © David J. Sams/Stock Boston; 263, © Carrion/Sygma; 266, © Peter Menzel; 275, © Vera Lentz/Black Star; **Chapter 12:** page 296, © Sygma; 297 right, Wide World Photos; 297 bottom left, NASA/Liaison; 300, Courtesy the Coca-Cola Company. "Coca-Cola Classic" and "The Genuine Coca-Cola Bottle" are registered trademarks of The Coca-Cola Company. 303, Wide World Photos.

Realia

Chapter 1: page 25, Reprinted with permission from Moto Paella, Madrid, Spain; 34, Reprinted with permission from *Guía del ocio*, Madrid, Spain; **Chapter 2:** page 46, Copyright © Quino/Quipos; 51, Reprinted with permission from *Debate*, Lima, Peru; 62, Reprinted with permission from *Crónica*, Guatemala; **Chapter 5:** page 116, Reprinted with permission from El Colmao Restaurant, Los Angeles, CA; 126, Reprinted with permission from *Univisión*, New York, NY; 128, Reprinted with permission from *Univisión*, New York, NY; 135, Reprinted with permission from *Univisión*, New York, NY; 136, Reprinted with permission from *Univisión*, New York, NY; **Chapter 6:** page 150, Copyright © Quino/Quipos; **Chapter 9:** page 232, Reprinted with permission from Mexicana Airlines; 232, Reprinted with permission from Aeroméxico, New York, NY; 232, Reprinted with permission from Estancia el Carmen S.R.L.; **Chapter 10:** page 241, Reprinted with permission from *Diario Las Américas*, Miami; 251, *Revista Mía de México*, Editorial Televisa/Publicaciones Continentales de México; 252, Copyright © Quino/Quipos; 259, Reprinted with permission from *La Nación*, Buenos Aires, Argentina; **Chapter 11:** page 270, Reprinted with permission from *MAD en México*; 276, Reprinted with permission from *El País*, Internacional, S.A.; **Chapter 12:** page 284, *American Demographics* magazine, 1994. Reprinted with permission; 285, Univisión Publications; 286, Center for Disease Control, Atlanta, GA; 295, Reprinted with permission of McDonald's Corporation; 302, Reprinted with permission from The United Nations High Commission for Refugees; 305, top middle, Reprinted with permission from Community Action, Inc. Haverhill, MA; 305, bottom left, Reprinted with permission from Ross, Martel & Silverman, Boston, MA; 305, bottom right, Cabletron Systems.

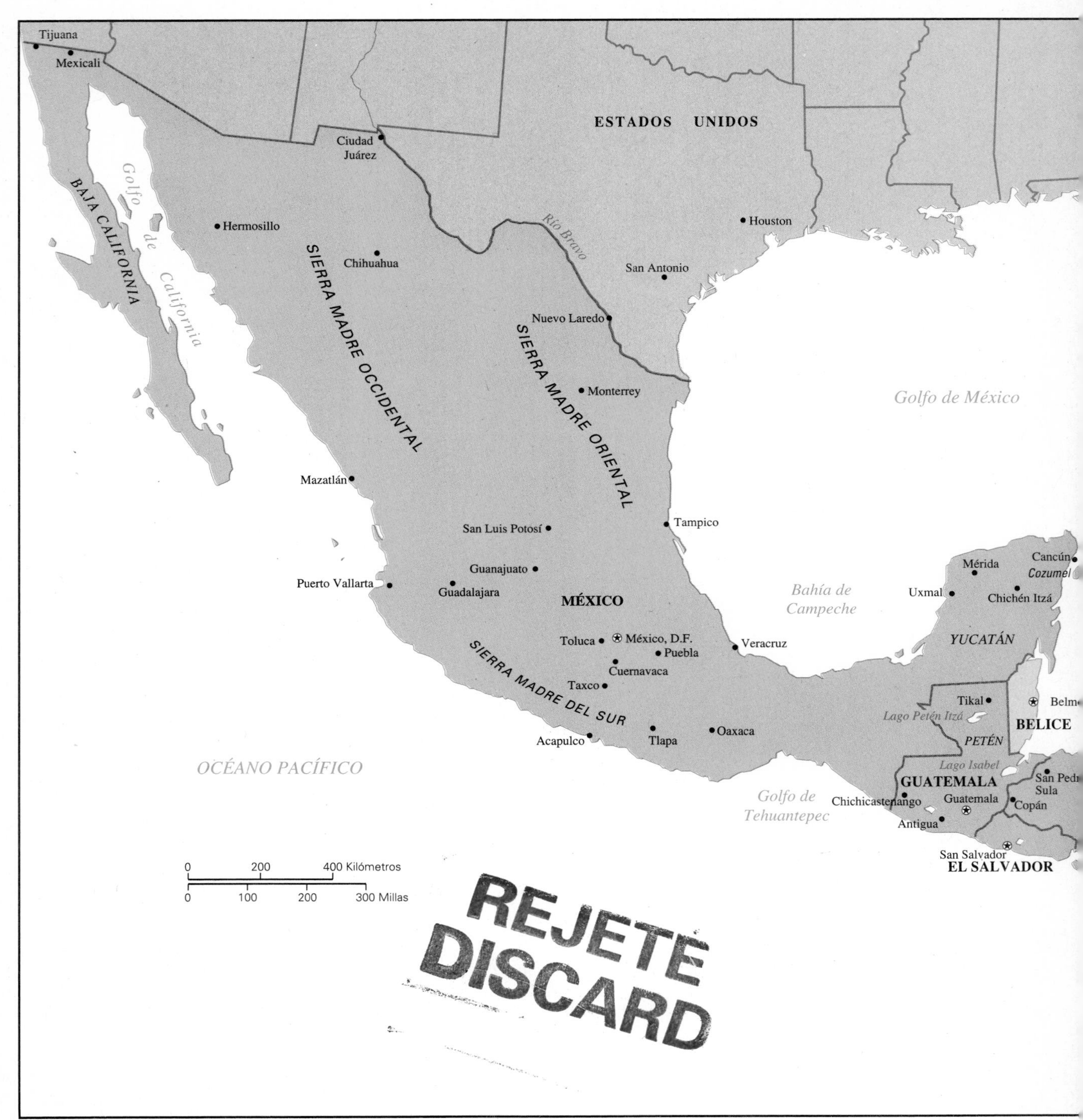

MÉXICO, AMÉRICA CENTRAL Y LAS ANTILLAS